府谷文史第33辑

天南地北

府谷人

政协陕西省府谷县委员会 编

中国文史出版社

《天南地北府谷人》编委会

主　任

尚建林

副主任

郝慧仙　谭玉山　苏晓华　李瑞华

委　员

李军罕　郭　文　李　鹏　杨　曦　高　云
杨　峰　张维民　刘少峰　越　宽

主　编

张向君

责任主编

刘少峰

执行主编

吴来如　刘　丽

编　辑

石治宽　闫荣福　张党旗　张志丽　司志美
张晓兵　石锐杰　袁文亮　马赵军　郝先锋

校　对

付　欣　段虹霞　张　云

序　一

　　府谷历史悠久、人文荟萃。一代又一代的府谷人薪火相传、孜孜以求，赓续千年的历史绵延至今。龙山文化时期，先民的一支就在寨山一带夯基筑城。据守府州二百余年的折氏家族屡屡击败契丹、西夏。明朝末年黄甫人王嘉胤揭竿而起，掀开了明末农民大起义的序幕。抗日爱国将领马占山驻守哈拉寨，府谷成为抵御外辱、拱卫西北的前线阵地……

　　追昔抚今，砥行致远。府谷作为塞北高原上的一颗璀璨明珠，改革开放以来，经济社会发生翻天覆地变迁。特别是近年来，我们立足于主动过好自己的日子，持之以恒补短板、强弱项、固底板、扬优势，县域发展发生历史性、突破性、转折性变化，地区生产总值连跨 4 个百亿台阶，历史上首次接近千亿目标，人均 GDP 超 35 万元，蝉联县域经济高质量发展考核全省第一。这是府谷人民开拓创新、团结奋斗的结果，也与在外贤达的关怀和支持密不可分，他们为家乡发展所做的贡献，厚意深情，历久弥新。

　　黄河落天走东海，万里写入胸怀间。如今的府谷，沐浴着新时代的浩荡东风，阔步踏上高质量发展、现代化建设新征程。府谷新一代的建设者，当以杰出人物为榜样，以服务发展为己任，解放思想、改革创新、再接再厉，以勇立潮头、争当时代弄潮儿的志向和气魄，奋力谱写中国式现代化建设的府谷新篇章。

　　讲好新时期府谷故事，是责任，也是使命。《天南地北府谷人》一书，辑

录和选取 32 名家乡骄子的成长历程和发展成就。他们从小耳濡目染，深受地方文化的熏陶；他们奋发图强，经世致用，继承和发扬着府谷人执着坚毅、敢为人先的精神，在异域他乡创造了极不平凡的业绩，书写了一个又一个传奇。一段段创业历程、一个个奋斗身影……感人肺腑，令人钦佩，催人奋进。

本书的出版，是府谷文化建设的一大成果，也是宣传府谷的重要媒介。期间，县政协及编委会成员以审慎的态度、负责的精神，多方寻觅，广征博采，付出艰辛努力。值此付梓之际，向所有为编纂工作做出贡献的同志们表示衷心的感谢！

府谷的明天一定会更加美好！

府谷人民的日子一定会越过越红火！

是为序。

中共府谷县委书记

2023 年 12 月

002

序 二

府谷，自古俊彦驰列。

有地方志书《延绥揽胜》记载："有清乾道之际，府谷文化水准居陕北第一，科甲联捷，人文蔚起。"据民国《府谷县志》记载，有清一代府谷考取进士人数高达 15 名，时列陕北各县之首，府谷美名，闻名遐迩。他们延续了府谷的文脉，夯实了府谷的文基。

时至今日，府谷骄子遍布全国各地，甚至海内外。一方水土养育一方人、造就一方人。府谷深厚的文化积淀和独特的地域属性造就府谷人志存高远、发愤图强的秉性。他们讷言敏行，却身怀浓厚的家乡情结，更有厚实的感恩之心。

今年，府谷县政协出版发行第 33 辑文史资料《天南地北府谷人》，通过采访全国各地的家乡骄子，旨在追寻他们成长奋斗的足迹，为后来学子树立楷模，同时也为增益家乡与骄子们的血脉连通，故土情深，荣光与共。

毛泽东说："人总是要有一点精神的。"那府谷人的精神和品质是什么？可谓仁者见仁，智者见智，难以用一两句话表述。或许入选《天南地北府谷人》的众多人物可以来诠释。该书辑录了 32 名家乡骄子的成长故事，他们穷则思变，贵当自强；他们吃苦耐劳，拼搏向上；他们以德立业，奉献社会。曾任新华社社长的田聪明，一篇回忆文章《妈妈的心》让无数读者动容，字字写母亲，句句怀礼孝。武警少将边保民参军报国，勤学奋进，从一名小兵成

长为将军，他多年珍藏的一本《党费证》，密密麻麻记录的每一串数字都是他忠诚爱国、肝胆昆仑的真实写照。丁喜才，府谷县二人台的奠基人。他从一位民间艺人蜕变成上海音乐学院的教授，其间辛苦，不言而喻。青年才俊付瑞吉意气风发，担任"快手"科技技术总监、清华大学等硕士生校外导师，在人工智能领域的研究工作已走在世界前列……

山河远阔，人间星河。府谷骄子数不胜数，动人事迹不胜枚举，本集《天南地北府谷人》辑录的人物只是其中的一部分，他们的业绩骄人，催人奋进。不论是从政、从军，还是从事各种专业技术或兴办实体，虽经历迥异，但都有一个共同点：他们经受过艰苦磨炼，靠真才实学，实现自己的价值，成为社会的栋梁之材、家乡的荣耀之光。

经过将近两年艰苦细致、紧张繁忙的工作，《天南地北府谷人》一书终于付梓并公开出版发行。在成书过程中，政协文史工作者和文史资料员付出了辛勤劳动，但由于成书时间紧，采访任务重，书中不可避免地会存在不足，但瑕不掩瑜，我们相信，本书潜在的社会价值将熠熠生辉。书中人才人物集中展示出来的府谷精神，亦可起到启发今人、激励后人之作用，这就是编辑出版此书的旨意。

文史工作是政协工作重要的组成部分。新时期赋予政协文史工作新的时代特征，在此也希望社会各界文史爱好者支持关心府谷政协的文史工作，同心合力，以期多出文史精品，打造有影响力的文史资料品牌。

府谷县政协主席

2023 年 12 月

目　录

华北
地区

华北地区

田聪明

田聪明（1943 年 5 月—2017 年 12 月），男，汉族，陕西府谷人，1965 年 12 月加入中国共产党，1970 年毕业于北京师范大学政教系。历任内蒙古自治区党委副书记、西藏自治区党委副书记、国家广播电影电视总局局长、新华社社长；第十一届全国政协常委、全国政协民族和宗教委员会主任；中国记协主席；中共十四大、十五大、十六大、十七大代表；中共十四大、十五大当选为中央纪委委员。中共十六大当选为中央委员会委员。

妈妈的心

田聪明

编者按：

　　田聪明出生于府谷县哈镇，身为国家高级干部，深怀故乡情结。他是家乡骄子，他的名字，家乡人一直感念在心，他的事迹被府谷人广为传颂。他犹如矗立在府谷大地上的一座高峰，与山川河流血脉相连。

　　2012年7月，田聪明在阔别家乡60余年后，与家人一同回到了故乡田家梁村。在曾经生活的窑洞前，他久久停留，往事一幕幕地浮现在眼前。村里人闻讯纷纷而来，他用乡音与他们亲切地交流，还能熟悉地喊出本家兄弟的名字。他向自己的女儿、侄儿和外孙们介绍了曾在此居住生活的情形。

　　在本书编辑出版过程中，编者征得田聪明夫人史永华女士的同意，特意收录一篇田聪明生前撰写的回忆母亲的长文《妈妈的心》，以示对他的缅怀和纪念，读者诸君也可以通过这篇饱含深情之作了解到他的人生经历。

虽然世上的妈妈都有一颗充满母爱的心，但在我的心里，我的妈妈还是有些不寻常——不寻常的经历、不寻常的"决策"、不寻常的观念，特别是她那颗只有我能理解的心。

妈妈过世已有 13 个年头，但在我的情感深处仍难以接受。妈妈 79 岁过世，一般说也算高寿了，可我心里就是疼不过。我和妈妈都懂得人总是要死的。在父母刚过 60 岁时，在很困难的情况下买了比较好的木料，并按照当地比较好的样式和厚度做好了两副寿木。按当地风俗，老人看到过世后有好的"归宿"，有利于健在时安享晚年。但妈妈过世后，我还是觉得这样好的妈妈怎么也应该活上八九十岁啊！

我 1990 年底到广电部分管电影工作，听说台湾电影《妈妈再爱我一次》在内地放映后，一是票房收入居当年全国榜首，二是从影院出来的观众大多眼带泪痕。我找来看了，确实是一边看一边以泪洗面，我和这部影片的情感旋律产生了强烈的共鸣，但同时也特别觉得自己不知要比影片中的小男孩幸运多少倍。因为当时我已年近 50，妈妈不仅健在，还一直和我生活在一起；我从小受穷，也吃了不少苦，但我有一个世上最好的妈妈，一个与我从未离开过的妈妈，因而更加知足、更感幸福。后来，影片中饰演妈妈和小男孩的演员来京，我见了他们，谈了很多。在妈妈过世后最悲伤的日子里，影片中妈妈和小男孩的形象，特别是那首《世上只有妈妈好》的主题歌反复地在我脑海中回荡："世上只有妈妈好，有妈的孩子像块宝。投进妈妈的怀抱，幸福享不了……没妈的孩子像根草……幸福哪里找？"每当闲下来，我满脑子都是妈妈，特别是见到亲人，提到有关妈妈的事，总是说不出话来，只想流泪；只要看到妈妈用过的东西，想到妈妈说过的话……妈妈的音容笑貌、形影动作就立刻浮现出来。那一时期，同事、朋友安慰我，姐姐、弟弟等亲人更是不断安慰我，其中，我外甥的几句话最触动我的心。他说，我知道很难安慰您，只是希望大舅能从姥姥的"呵护"中走出来。其实，我何尝不在寻

1957年夏，在内蒙古达拉特旗梁家圪堵小学少先队大队委员会合影。前排中是田聪明（大队长）

找各种理由"自我安慰"，并努力从失去妈妈的悲伤中解脱出来呢！妈妈过世不久，我从报纸上看到陕西省委退下来的老书记李瑞山同志过世了，且正好与妈妈同年。我心里就反复想着一个道理：人老了总要走的，只是由于各种原因，有的寿数大些，有的寿数小些，这是不以人的德行优劣、地位不同来定的；所有父母过世，子女都会悲痛，但都得面对。尽管我完全懂得这个自然规律，也曾安慰过许多人，可就是觉得妈妈不该这么早过世，真是"理好顺""情难通"啊！

父亲去世以后，妈妈给我唯一的嘱咐，就是她百年之后能与父亲安葬到一起。妈妈是农民，但我作为党员干部也应该响应党和政府实行火葬的号召，做好亲友的工作。可到了这时，心里边却怎么也过不去，我如实向组织作了报告，得到了组织的理解。

　　我参加工作后真正因个人的事请假，主要是妈妈过世安葬和三周年、十周年的上坟祭祀，每次都要径直回到千里之外的农村住上几个晚上。妈妈过世不久，我为妈妈塑了一尊铜像，就摆放在书房的写字台旁，想能常看到妈妈微笑的面容，也让妈妈能常看到她的儿子在学习和工作。在妈妈九十周年诞辰时，我们全家还举行了简朴而又真诚的纪念活动……

　　不少人认为我对妈妈如此深情无尽的思念，是因为妈妈一直在我家生活。这确是一个重要因素，但我对妈妈这种割舍不断的感情绝不只是由于一起生活时间长，而更加重要的是妈妈身上那种令人敬佩的德行，并随着我的长大、成熟，了解、认识在不断地由言到行、由表象到内心世界的深入，不断地与自己的品行产生了共鸣、共识。在我的意识中，妈妈的形象太典型、太鲜明了：一方面，她是"世上最称职的母亲"，她的全部心思、精力和希望，都倾注和寄托在我们姐弟特别是我的身上。为了儿女们的生存和成长，妈妈从未犹豫、从未打盹、从未惜力、从未退缩，以至舍生忘死；另一方面，她是儿女们始终如一的良师和全家大事不糊涂的"掌门人"。她有太多不寻常的经历、不寻常的"决策"、不寻常的思想观念使我难以忘怀。所以，我始终认为，虽然世上的妈妈都有一颗充满母爱的心，但我的妈妈不寻常，她有一颗只有我能够深切理解的心。

　　妈妈曾一度陷入绝望，决意要去跳崖自尽。就在妈妈走出家门时，回头望了一眼躺在炕上的我，我也正好睁大眼睛望着要走出家门的妈妈。正是我这稚气的"一望"，使妈妈彻底摆脱了绝望，看到了希望。

　　妈妈是位典型的吃苦耐劳持家，真心爱孩子、惜子弟的陕北农村女性。她21岁时生了第一个孩子，是个女儿，可没几天就夭折了。妈妈心疼不已，整天在哭。过了20天，我堂婶生了一个女孩，因儿子刚1岁多有意过继给别人。妈妈得知后就求奶奶给抱了回来。这就是我现在的姐姐。过了两年多生

1971 年 5 月，田聪明与母亲在天安门广场留影

了我二姐。三年后我的出生，带给妈妈的喜悦是可想而知的。

　　可那时，国家正处在抗日战争相持阶段，政治形势、经济形势都很紧张。陕西省府谷县农村保甲机构，除摊派杂税，还规定凡有三个男子的农户都要出一个"保丁"。在当时，爷爷一家的日子虽然紧巴一点，但按农忙吃干、农闲吃稀的习惯，还可以过得去。不幸的是，那年冬天二婶因难产而死，二叔因此离家"出走"，三叔仅 15 岁，于是父亲就被迫当了"保丁"，后听父亲说是给保长喂马。由于爷爷奶奶一直对二叔倚重，所以后来不惜出重彩礼又给二叔娶了比他小 9 岁的姑娘做媳妇，致使几乎倾家荡产。全家节衣缩食度日，三叔当然是爷爷奶奶的重点保护对象，父亲常在外边，挨饿受冻的就主要是我们母子四人了。

陕北烧煤比较方便，去不远处沟底就可以挖到，冬天冷，不出门就是了，但饥饿难忍。听妈妈说，每顿饭都是奶奶亲自给我们盛，吃饱吃不饱就是碗里那些。对妈妈来说，自己吃不饱难熬，但更使她撕心裂肺的是我们姐弟三人挨饿时的哭叫。几十年以后，妈妈每提到我胃肠不好就说是那时落下的病；在怀我时妈妈常吃不饱，生下来后奶水很少，没多久就不得不从她吃的饭中挑一点给我喂，再后来连我能吃的东西也越来越少了。所以，我到1周岁生日时脖子还直不稳。

农忙了，妈妈饿着肚子，忍受着孩子因饥饿哭叫声的折磨，还得去干男劳力干的农活。那时，爷爷奶奶的日子也不好过，艰难岁月使得奶奶时不时地发脾气。向谁发呢？对两个叔叔她不忍发，向爷爷要发点，但出气筒主要是妈妈及我们一家。因为我们一家吃饭的人多，干活的人少。常常是妈妈还不知为什么，奶奶就连骂带数落，从这间窑洞数落到那间窑洞，有时要数落上一两个时辰。那时的儿媳对公婆的数落是不能问原因，更不敢还口的。父亲给保长喂马常不在家，妈妈一肚子苦衷无处诉说，就渐渐地感到"撑"不下去了。年仅27岁的妈妈满嘴牙掉了一大半，头上生了疮……她陷入了绝望。我们那儿随处都有山崖深沟，一天早上妈妈决意要去跳崖自尽了。

妈妈不忍就这样与我诀别，就在从家门走出想回头再看我最后一眼时，发现躺在炕上的我也正在扭着头睁大眼睛望着她。正是我这稚气的"一望"，深深打动了妈妈的心——儿子黑豆豆的眼睛满怀期待地望着她。正是由于这一刹那的母子"目光对视"，使妈妈彻底摆脱了绝望，看到了希望。她关门回到炕上将我紧紧抱在怀里，眼睛里不停地流泪，嘴里在自言自语：我有儿子，有这桶一般粗的根，为什么要跳崖寻死呢？！从此，妈妈坚定了一定要活下来、一定要活好的决心和信心，妈妈也从此开始逐渐摆脱在公婆面前"逆来顺受"习俗的束缚。有时她看到我和姐姐饿得不行就找奶奶要点吃的；有时因我们的衣服需要缝补就提出不下地干活了。当时尽管奶奶也困难，也不情愿，但多数情况下也不得不满足些小要求。可时间长了，奶奶觉得"不好办"了，就决定分家。一天早上，妈妈照例去做早饭时奶奶对她说：你们自己做饭吃吧。实际上，当时的妈妈不仅料到有这一天，也在等着这一天，所以转身就走了。爷爷给分了五升小米、几升豌豆和一些土豆等，并安慰了妈妈几句。妈妈分家后的第一件事，就是找来平时拾下的杏核，一个一个砸开取出杏仁，经水浸泡后用小石磨磨成浆，熬小米杏仁稀饭喂我。妈妈说，过了十来天我的脸色就好看多了。但父亲回来看到我们的艰难时日后，在爷爷奶奶面前哭了，他觉得我们母子四人很难这样活下去。见此，奶奶就对父亲说：如果你们还想合在一起过就和你媳妇商量好。意即要"顺从"。可父亲说后被妈妈一口回绝：死也不回去了。妈妈后来说，分开来过哪怕只有一碗米，我也能给儿子熬点稀粥喝。至于穷，妈妈说"那又没根"，我有两只手，天底下总能搞到点吃穿养活娃娃。

童年时，妈妈凡有悲伤就把我紧紧抱在怀里；看到妈妈流泪，我就把头

1989 年春节，从西藏回呼和浩特过春节的田聪明与妻子和母亲一起留影

倚靠在妈妈身上；妈妈走到哪里我跟到哪里，常向妈妈问这问那，妈妈常为我"惹事"而向人家说好话。

分家后，爷爷一家为了躲避抓丁迁到了相邻的内蒙古准格尔旗，父亲因此也不再当保丁了。妈妈又生了个弟弟，但1岁多就夭折了。这对妈妈无疑是个极大的打击。听妈妈说，每当她心疼不过的时候就紧紧把我抱在怀里。那时我家只能耕种一些贫瘠的旱地，由于十年九旱，一家人吃的东西年年青黄不接。从我记事起，每年春天妈妈都要早早地去向阳的坡地上挖些即将出土的苜蓿根吃，而且经常是挖出来后将土搓吧搓吧先生吃上点，然后再挖些带回家。我也常跟妈妈去挖，也和妈妈一起生吃，现在想起来都能回味起洁白的苜蓿根嚼在嘴里的"甜"味儿和"脆"劲儿。还记得有一次我跟着妈妈挖野菜，看到远处走过来一个女人，就拉长嗓子问人家是哪里的，连喊几声不见应声，就用当地不好听的话骂人家。这下"惹祸"了，人家过来盯住问我："是谁教你的？"妈妈赶忙过来给人家说好话，说我好比是"哑牲口"，懂不得好赖话。当地有个乡俗：常把自己最疼爱的孩子比作牲口，甚至以动物起名，传说这样可以避开"妖魔鬼怪"的伤害。

1947年春夏府谷县大旱，已到农历五月下旬了连一滴雨也没下，不仅一垄地也没能种，就连野菜也挖不到了。我第二个弟弟已半岁多，我们一家六口人不得不随着陕北逃荒大军踏上了"走西口"之路。走了10多天，过了黄河来到内蒙古土默特右旗。那里的庄稼长得很不错，黄河岸边到处长着水红花，高高的水红花林里有时能碰到扁豆苗，上面稀稀拉拉地长着些豆角，豆角已经发黄，可以煮着吃了。那是黄河防洪堤外的河头地，扁豆生长期短，如汛期水淹不了就有收成。而那年地被水淹了，水退下去后长得较高的扁豆苗活了下来，主人不要了。我们在唐圪旦村住下了，父亲给人家打短工，赚点吃的，二姐看弟弟，我和姐姐跟妈妈拾扁豆，捡田（捡收割后的庄稼地里丢下的穗粒、土豆地里丢下的土豆），除了现吃还能积存点。可1948年春节过后不久就没了吃的，饿病交加，第二个弟弟又夭折了，被迫将刚过10岁的

1994 年秋，田聪明（后排中）全家合影

姐姐卖给人家当童养媳。当时妈妈极度心痛悲伤，一坐下来就情不自禁地流泪，而我一看到妈妈流泪就将头倚靠到妈妈怀里，妈妈就抱住我。晚上我常常是双手摸着妈妈的奶睡着的。

　　这年秋天，得知姥爷、舅舅逃荒到了竹拉沁村，我家四口人也来到这里，住在村子附近的瓜茅庵里，没有窗户，晚上用一捆草堵门。父亲给人家包月子（即按月付工钱），妈妈给人家收割庄稼，做家务，捡田。妈妈走到哪里我跟到哪里。当地有个习惯，干一天活中午管吃一顿饭，多数人家也给我吃了。可有一次妈妈给温三寡妇家割糜子，我也跟着去了。那天中午是吃莜麦面、葫芦汤卤，远远就闻得到香味。可管家说"不给娃娃管饭"。听到这话，妈妈已拿来的碗筷又放下了，我只好蹲在墙脚等妈妈。这件事妈妈在几十年后说起来都心疼不已。当然妈妈也为我的举动而得意，有跟去的孩子还是吃了，说我不吃是有骨气。

冬天了，瓜茅庵里住不成了，就借了温三寡妇一间库房，将炕和炉灶收拾了一下住了进去。但仅靠做饭烧炕取暖很有限，特别是进入数九天后冻得很难熬。父亲去看爷爷去了，妈妈、二姐和我冻得晚上没法睡觉。常常是妈妈将我和二姐搂在身边，再把少得可怜的破衣被全盖上，她又把两手压上。实在冻得不行，妈妈再用秋天攒下的一点烧柴"烤干锅"，随后再将燃烧过的柴灰挖到破盆里，母子三人围着取暖。眼看柴火要烧完了，妈妈就找温三寡妇借柴火，说开春后用劳动来还上。老太婆这次发善心了，告诉儿子温红世，让妈妈到场院里背一背麦秸。妈妈得到这一许诺后就找了一根长绳子，与二姐一起到场院里捆这"一背"麦秸。反正是"一背"，妈妈就使劲往上垛。但妈妈穿的是一件烂山羊皮袄，加上左缝右补僵硬得使两膀肩套不进背绳里，不得已一咬牙就索性将烂皮袄脱掉，只穿着一件破布衫子背。结果，很大一背麦秸背回来了，一家人过冬取暖有了着落，可妈妈却冻得感冒咳嗽，大口吐痰。由于没有钱治疗，竟咳了一冬，以致落下了一着凉就咳嗽吐痰的疾患。

1949年春天，我们家又搬到村外周家一间库房里住。进入农历五月，妈妈怀着我现在的弟弟已临近生产，可为了生活仍要给人家薅谷子。六月初一，妈妈和父亲都在苗厚家劳动。按当地风俗，中午吃油炸糕，我仍然跟着妈妈，也让我吃了。劳动到下午五六点钟时下起了瓢泼大雨，就在这时妈妈要生产了，出羊水了。妈妈在父亲的搀扶下冒雨往家赶，我就跟在妈妈后边跑。上炕不一会儿妈妈生产了，父亲请房东家周奶奶给"包"了一下（主要是剪断脐带），弟弟出生了。妈妈和父亲为又添一子而高兴，也深为吃穿而发愁。

1950年开春后，我们一家五口人又流落到黄河以南的达拉特旗梁家圪堵村，入冬后又到了什拉胡同村。那里是库布齐沙漠腹地，是牧区，人口比较少，植被还可以，特别是到处长着一种半灌木叫沙蒿，所以烧柴取暖有保障。再加上当地生长着一种叫灯香子的野草，草籽磨成面比较好吃，能食用的野菜也比较多，所以觉得是个"养穷人"的地方，就住下了。为了生计，父亲在1951年春给村里放了一群羊，有260多只。

2012 年 7 月，田聪明（中）携家人回陕西省府谷老家留影

　　就是这年冬天，减租反霸工作队来到我们村，其中有一条规定就是"外来户"都要到原籍开户口迁移证。12 月份，父亲回陕西省府谷县开迁移证去了，来回步行，走了 20 来天，这群羊就全由 8 岁的我放了。每天羊出坡，妈妈都要和我商量要去的方向。一天刮大风，人出去连眼睛都很难睁开。妈妈着急了，就朝着羊出坡的方向去找我。翻过几道沙梁，妈妈站在一个沙丘高处远远看到了一群羊，可站了好一阵也看不见人，分不清是我的羊还是别村的羊。当她走到羊群跟前才看到我就蹲在羊群中。我告诉妈妈蹲在羊群中间感觉风要小些，暖和一些。妈妈心疼地说：你站着也比羊高不了多少，还知道蹲在羊群中"暖和"。她抚摸着我的头说："妈妈瞭不见你就'没好心了'（出事了）。"我要妈妈回去，可她放心不下，硬坐在我跟前不走，我怕妈妈冷，就用放羊铲挖沙蒿拿到明沙地上烧着了烤火。

　　在独自放羊的这 20 多天中，我努力遵守父亲的做法，但有两件事没做好：一是给小羊羔嘴里、眼里弄进沙土。冬羔开始生产后，羊倌在羊出坡时要将可能当天生产的母羊留在圈里。可常有发现不了的，就要在野外产下后用羊袍将小羊羔背回。母羊产下羔后用舌头往干舔，然后就要有人把羊羔抱起来，将嘴放到母羊的奶头上让它吃，不然就可能造成"忘奶"。这些"程序"我都知道，但"操作"起来就很"笨拙"了，往往使小羊羔的嘴里、眼里沾上不少沙土，羊主家有意见是自然的。有的不说了，有的则骂，妈妈就去给人家"说好话"。二是一天傍晚饮羊时淹死一只羊。当时饮羊是在一个离村不远的天然水泡子里。冬天水泡子结冰后，每天都要用羊铲将冰敲开让羊喝。随着气温降低，四周冰层增厚，水泡子中间就形成了一个冰窟窿。那天一只绵羊低头喝水时滑到了冰窟窿里，我尽力往出拽，可本来就力气小，再加上冰滑，心里又害怕，没拽上来，羊被淹死了。我将羊群赶回村里战战兢兢地告诉了羊主家，叫人去将死羊捞了上来。根据当地的"惯例"，只要有羊的尸体在，甚至被狼吃后只剩下部分尸体，都不要"羊倌"赔偿。但羊主家骂骂咧咧是少不了的。我在羊主家面前说不出话来，见到妈妈后"委屈"得直掉泪。妈妈用手摸着我的头，反复给羊主家说好话。回到家里，妈妈一边揩我身上的冻冰泥土，眼里不停地流泪。妈妈坐在炕上了，我就趴在妈妈腿上哭，哭着哭着就睡着了。

减租反霸开始后，工作队员多次到我家"访贫问苦，扎根串联"，我们家与工作队员渐渐地熟了起来。我晚上放羊回来常参加工作队组织的学习、唱歌等活动，早上还按工作队要求到路口查问生人的路条。1952 年搞土改，农会指派父亲出民工，那群羊转给了村里的张五仁放。妈妈常参加工作队和农会的活动，有时我也跟着去。特别是诉苦会给我的印象很深，工作队员说"有苦诉苦，有冤申冤"，有"共产党、毛主席给做主"，不要害怕。

清明过后，张五仁来找妈妈，要我给他"搭伴子"（当小羊倌）。因为青草刚露出地面，味道很浓，但羊吃不到多少，而枯草又不愿吃了，所以就到处跑着寻找青草。这叫"跑青"，他拦不过来。经商量，搭伴子 40 天，付我

5 块钱和一块毛巾。那个张五仁不够厚道，经常是他坐着，让我四处拦羊。特别是有一次下了大半天的雨，他自己披着雨帽，而我穿着一件烂皮袄挨雨淋。天黑回到家里后，妈妈又心疼又气愤。一边挤皮袄上的水，一边含着泪骂张五仁"不仁"，说他怎忍心自己顶着雨帽而让一个娃娃挨雨淋？！妈妈说："娃娃不懂事，你大人也不懂？哪怕你让他将皮袄翻穿上"。（羊皮板着水晾干后发硬一弯就折，而毛朝外雨水可顺着毛往下流，皮板湿不了）可妈妈心里也清楚，雨帽是掌柜的按惯例给羊倌配的，而我是张五仁掏钱雇来的，并未约定下雨时怎么办，只好忍了。

后来，我和张五仁的"摩擦"多了起来。绵羊到春天新毛慢慢长出来，而旧毛被慢慢顶松了。在羊主家剪羊毛前，他就要我将羊拦住，而他从绵羊身上薅毛。我就不干，他拦羊我也拦羊，他薅毛我也薅毛，他怎么说、怎么骂我都不管用。张五仁气得咬牙切齿，举着放羊铲高喊：要不是土改了，光打你，多少根羊铲把都打断了！他还到掌柜那里给我使坏。一天，我突然发现给我带的干粮少了一半多（一个固定的小布口袋，两头口上串着一根绳子，收口后斜挂在身上，每天一碗炒米为午饭），一问才知道是张五仁的主意，说我不好好放羊，要羊主家少给我带点干粮。我气愤极了，特别是我原来每天都要省下一点，晚上回来给不到 3 岁的弟弟吃。我身底下已夭折了两个男孩，所以弟弟就成了妈妈及全家人的宝贝。那天晚上回来，弟弟又和往常一样满怀期待地跑到炕沿边等我给他炒米吃，我心里不知有多难受。此后我就和张五仁"硬干"了。羊出坡后，我就跟在他后边走。他让我走快点，我就说饿得走不动了，他骂我一句，我也骂他一句。欺软怕硬是普遍规律，过了两天张五仁就不得不告诉羊主家：还是带一碗炒米吧。

40 天搭伴子结束了，张五仁 5 块钱给了，但那块毛巾死活不给，理由是我搭伴子不听话。妈妈的气不打一处来，厉声厉色地盯住张五仁质问：原来说定我儿子给你搭伴子 40 天少一天没有？张五仁说没有。妈妈说，那你就非给不可，少一根线也不行。张五仁还胡搅蛮缠，叫嚷他要是给了这块毛巾就不

再姓张。妈妈找了农会领导，说明了情由，农会领导批评了张五仁。张五仁不得不给了毛巾，妈妈手拿这块毛巾在村子里当着众人的面，一边晃一边取笑说：张五仁从今天起不姓张，姓田了。在场的人都笑了。妈妈昂首挺胸说，新社会了，我能给我娃娃做主了！我从小亲妈妈、爱妈妈，一步也不愿离开妈妈，而到了这个时候，我又产生了一个新的观念：妈妈真了不起！从而发自内心敬佩妈妈。

妈妈深信"养儿要用千张纸"；失学一年后妈妈说"只要不到万不得已你就一直念下去"；考上了大学你就去念；"咱再穷他五年"。

从我记事时常听妈妈说两句话：养儿要用千张纸，养女要费千条线。意思是说，做父母的，要培养儿子多读书，而女儿则要练就一手精巧针线活才算抚养成人。对女性的这一封建观念，我家祖辈、父辈均认同，而对让儿子读书这一点则有不同说法。

据说，在我曾祖父那一辈曾有一本家叫田红，读了一些书，但由于嗜睡而一事无成。由此留下话柄：读书没用。而妈妈则常说起少年时就去世的二舅，说他比大舅、三舅都懂事，原因就是念了书，知书达理。说二舅晚上睡觉前要读书，早上起来就背书。妈妈说不清二舅读书读到什么程度，但常听妈妈说二舅背诵《名贤集》。妈妈还说二舅有空就帮大人干活，对兄弟姐妹都忍让，特别说二舅很孝敬老人，因此二舅的早逝对姥爷一家打击特别大，妈妈的奶奶心疼得常常不由自主地发出悲伤的呼唤。

我亲眼见到读书是在土默特右旗竹拉沁村。那是1949年冬，当地还没有进行土地改革。村里有个"堂院"，实际是神父办的学校，常看到一些小孩拿着书在那里出入，当地叫作"上书房"。有时赶上那里上课，我就悄悄站在窗外听里边的读书声。从那时起我就向往着有一天也能够进"上书房"。

可我们家太穷了，又四处流浪。达拉特旗土改比土默特右旗还晚，且什拉胡同村方圆几十里内也没有一所学校。1952 年土改后，同院范里权家来了一位识字老人，经妈妈同意，我和村里的几个孩子用给范家砍沙蒿作柴烧，来换取老人教我们认字，就是拿一个器具，盛上沙土，用柴棍在土上写字。就在这时，听说土默特右旗竹拉沁村舅舅家的两个孩子都已经上学了，我就不断地向父母表达想读书的愿望。

当地土改时有个政策，就是农民要从牧区迁到农区种地，耕地要从 30 里以外的黄河沿岸分，但何时能分下要等待。为了我读书，我家于 1953 年春节后赶着土改时分得的一头驴，驮上仅有的一点"家当"，再次来到竹拉沁村。开春后在舅舅家的土地边种了些荒地，我给人家放了一夏天牛。9 月 1 日，我与二姐一同上了竹拉沁小学一年级。1954 年秋天，学校决定让我和二姐"跳班"上三年级。就在这时，达拉特旗刘五圪堵村给我家分了 25 亩耕地。父亲首先考虑第二年春天的耕种。当时我家的情况是：父亲有腿疼病，耕畜仅一头毛驴。且人缺口粮、毛驴缺草料。据此，父亲就决定我和二姐停学参加劳动。在妈妈的力主下我还是上了三年级，但到了 1955 年春节后，父亲就不让我上了。是啊，父亲盼望了半辈子的土地分到了手，当然要克服各种困难来耕种，当时还能有什么选择呢？我虽只 12 岁，干不了多也可干个少啊！看得出妈妈当时是两难的心情，她没吭声；我则是"只做不说"。开学后我照例去报了到、领了书、去上课。

后来，父亲从离竹拉沁村不远的南窑子村借了一头母牛，与我家的毛驴"合犋"组成一副犁杖，条件是我给人家放牛。清明过后的一个早上，父亲要我去南窑子村放牛。我知道这回没办法了，只说等到学校将书取回来再去，但父亲让我当时就去。无奈，我跟着父亲一边哭一边往南窑子村走……大概是由于心情复杂，妈妈始终未说一句话，我想她也一定会和我一样在掉泪。我的班主任常俊德老师得知后专门来我家，试图说服父亲让我继续读书，但父亲最清楚家里的处境。事后听妈妈说，常老师也是流着眼泪离开我家的。

我三叔是毡匠，六、七月间带着擀毡家什从准格尔旗来到我家。这时的我仍是身在放牛心想念书，一肚子不痛快。二叔听后要我跟他去擀毡子。当时，父亲和二姐到刘五圪堵村将25亩地分夏田、秋田种上后，全家也从竹拉沁村搬到了刘五圪堵村。我扔掉了放牛棒，跟三叔背着家什在达拉特旗、准格尔旗、伊金霍洛旗等地走村串户擀毡子。

三叔让我做什么我就做什么，担水、烧水、扫地、倒垃圾等我都主动做。特别是一家一户送来的羊毛我都要看有无杂质、称分量，问清要求，并一一记下来，还要在头一天安排第二天在谁家吃饭。毡子擀好后交给主家，将工钱算好收回后交三叔。我当时个子比较矮，人们说我是个碗大的毡匠，但几乎都说我应该念书。达拉特旗何家圪堵村有个叫杨河的老人，曾在傅作义的部队干过，属起义人员。老两口反复向三叔说应该让我去读书，不要"枉"了孩子。三叔对我很满意，一说我"宁可身吃苦，不让脸吃苦"。这是陕北的一句俗话，意思是说我宁愿多受点累把活干好，也不愿因不干或干不好活而受人数落。二说我记账、算账很利索。

这些话也都传到了父母的耳朵里，他们对我的失学更加无奈和后悔。1956年春天，我又回到了竹拉沁小学上三年级第二学期，妈妈还表示：以后不到万不得已你就一直念下去。从此，我先后上过三个小学、两个中学，直到1970年毕业于北京师范大学。其间，我家的基本状况是：父亲一直有病在身，不仅不能以整劳力记工分，还常需花钱治病；我如果在家就是一个整劳力，而上学不仅不能劳动挣工分，还需要花钱。对此，作为长子的我内心一直很矛盾。如果不是"里里外外挑大梁"的妈妈倾心支持，我不要说读大学，连中学甚至小学也不一定能读完。在我读书十几年中遇到的所有艰难曲折的坎，之所以能扛过来，无论物质上、精神上，妈妈都是"顶梁柱"。

1958年冬，给生产队放羊的父亲大口吐血，医生说是肺结核，扛不过去了。注射了几支链霉素有了好转，但实在没钱继续治疗了。为了相互照应，1959年春节后，二叔将我们一家迁到了他所在的乌拉特中后联合旗乌加河公社天仓圪旦村。父亲一直在病中，不久两岁的小弟弟夭折了。就在这样极端困难的条件下，妈妈仍支持我到五原县一所农村小学读六年级最后一学期。高小要毕业了，我觉得难以再上学了，生产队也希望我回队里当会计。可学校决定保送我上初中后，又是在妈妈的力主下跨进了五原县第一中学的校门。三年困难时期，班里同学多数离校了，而妈妈则说再苦也要念下去，除非领导说不念了。1962 年，我要初中毕业了。由于国家困难，全地区只招三个高中班，五原一中不招了。为此，除考试分数线外还规定了一条年龄线，即超过 18 周岁的不招，而我已超过 19 周岁。我已死心塌地准备回家务农，照顾父亲了，只是由于我任班团支部书记，班主任是体育老师，常外出，就要我领着全班同学复习。为了稳定人心还要我也参加考试。让我没想到的是，我竟被杭锦后旗第一中学（今奋斗中学）破格录取了，中学离家 240 里路。

对此，我确实没有一点思想准备，还在犹豫的时候妈妈说话了：让你念就念，反正有妈两只手。我按规定从生产队领了 5 个月的口粮交到五原县粮库，县粮库给杭锦后旗粮库开了手续，学校给了我助学金。我就这样读完了三年高中。而这三年家里的基本状况是：队里分得的口粮加上每人一份自留地基本能吃饱。妈妈一年挣 100 多个工，父亲身体稍好些时就给队里放羊或给场院下夜（打更），也能挣百十来个工。可所有工分加起来也不够 4 口人的口粮钱。这一处境逼出了妈妈一个新的劳动本领：缝皮衣。爷爷早年做过皮活，父亲也曾帮爷爷做过羊皮的熟、晾、钩、铲等工序的活，但剪裁和缝纫从没做过。爷爷年岁大了，就将这套皮匠家什交给了父亲，但未用过。我至今也不知道妈妈是怎么想起来的。她比着皮衣的前襟、后襟、两袖子、两裤腿等都剪成纸样，再照纸样很细心地拼对皮茬和毛的色样等，解决了皮衣裁剪的问题，缝相对要好办些。妈妈先给我缝了一领山羊皮袄，中间有几次缝了拆、拆了再缝的"返工"。这领皮袄缝成了，妈妈也"练"成了"缝皮匠"。妈妈靠这一新的本领，每年冬天能挣大几十块钱，对解决家里这一时期的困难起了很大的作用。但妈妈付出的辛劳也是常人难以承受的。我 1963 年放寒假回到家，一进门看见妈妈正坐在炕上缝皮衣，妈妈抬头时我发现她瘦了许多，脸色也很不好，鼻子不由得酸了。而妈妈看见我后却立刻精神了起来，一边说"我的儿子回来了！"一边放下针线起身下地。原来，妈妈入冬后感冒就未断过，除了咳嗽有时还头疼，而且一头疼就吃不进东西。可她吃上个去痛片，躺下歇一会儿就又坐起来缝皮衣。这一幕"镜头"一直深深地刻印在我的记忆中，每每想起来就不由自主地自言自语：有谁能理解我那妈妈的心啊！

1965 年夏，我要高中毕业了，可父亲又犯病吐血了。课程上完后，我借了同学家里一辆自行车，一天骑了 240 里路赶回家。父亲到公社卫生院打了几针、躺了几天已好些了。公社领导对我家的处境很同情，王虎高副社长建议我毕业后回公社办农业中学，既可增加收入也好照顾父亲。是啊，怎么办呢？我回学校后和班主任齐茂成老师讲了情况。齐老师是校党支部委员，还给我们带政治课。他对我的家境和心情既同情也理解，但他还是很认真地说：贫下中农政治上、经济上翻身还不够，必须要在文化上翻身。党的精神是"一颗红心，两种准备"，你一定要参加高考。于是，我参加了文科班复习，学校和齐老师对我一直很关心。但我心里常牵挂着父亲的病和妈妈的艰辛，所以内心里确实是"两种准备"：考上好，考不上也好！

高考后学校组织同学劳动，我就带上行李回家了。临走时五原的几个同学约定，8 月 15 日在县邮局碰面，给学校打电话询问高考情况。我们 5 个同学按时到了，并凑钱打了电话，得知只收到我的录取通知书，考上了北京师范大学政教系。几个同学都为我高兴，而我在高兴的同时，原本已比较踏实的心又忐忑起来。回家给父母弟弟一说，全家又喜又忧。考上了大学，又是首都的大学，不仅祖祖辈辈没有过，就连我也没敢多想。如今考上了怎能不高兴？但也确实很为难。且不说父亲有病，家里生活困难，就连我去北京上学的衣服和路费也没有啊！更何况公社正在根据上级部署筹办农业中学，有意让我负责。这是个可按月拿工资的工作，对于当时的我无疑是很有吸引力的。第二天，我和妈妈赶着驴驮着一口袋小麦去加工面粉。快要加工完的时候妈妈突然问我："上大学要几年？"我说 5 年。妈妈便斩钉截铁地说："你去

2012 年 7 月，田聪明（左一）在老家陕西省府谷县田家梁村与家人在炕上聊天

上吧，咱再穷他 5 年！"我一时不知该说什么好，但感觉到这是妈妈考虑两天后的"决定"。我觉得眼前亮了，脑子里的思绪清晰了，全身有劲了，心气也足了。妈妈将我秋天穿的外衣又缝补了一遍，然后买了袋煮黑（染料）染了一下，"统一"了颜色。在公社李子玉书记的支持下，县文教科补助了路费，信用社贷了 35 元款，我带了 25 元于 8 月 26 日踏上了赴京上大学的路程。

咱在家，老有老样，小有小样；咱在外，地分高低，人分老幼；咱无论走到哪里，分里外，知好歹，咱就甚时候也是个有模有样的人。对那些不把自个儿当人看的人，他有钱咱不爱，有权势咱也不向他低头，咱抬起一只脚也比他孙子们头高三分。

妈妈的很多地方口头语一直铭记在我脑海中，如我从记事起就常听妈妈说："鞋新鞋旧利落点儿，穷来富个直骨点儿"，意思是鞋不论新旧都不能走样，人不论穷富都不能没有骨气。小时候只是觉得说起来很上口，听得多了，特别是随着逐渐长大、经历的事情多了，才慢慢体会出其中一些做人做事的道理来，也在不知不觉中影响着自己的思想和行为。

妈妈说我从小就"多嘴"，特别爱问妈妈"是什么"和"为什么"。尽管我问得很幼稚，而且由于不能全听明白而反复地问，妈妈却没有一点"不耐烦"，有时哈哈大笑也充满爱意。她常常一边抚摸着我的头一边比山说水地反复给我讲：比方你脚上穿的鞋，从新鞋穿成旧鞋，它的基本模样始终是一个：底是底，帮是帮。这才能穿在脚上走路。如果鞋破了，不管是底还是帮，都得钉补，不论底掉了、帮倒了，就穿不在脚上了，也就不成鞋了。妈妈说，咱现在穷，吃糠，吃野菜，穿得烂，挨饿受冻，但咱在家里，老有老样，小有小样；在家外，地分高低，人分老幼。咱无论走到哪里，无论对谁，分里外，知好歹；咱无理的不做，反胃（受欺负）的不吃……这样，咱就甚时候也是个有模有样的人，而不像某某那样的人，人前一套，人后一套。遇到不顺或有权势的人就点头哈腰当孙子，自己的脸面早就丢在一边了；而一旦得点势，就连爹娘老子也认不得了，见了平常人眼睛总是朝着天看。这种人说话做事，想的都是他自个儿，特别到了"事头"上，不是乱咬就是乱吹，不是拿就是讹，没准头，没良心……时间长了，谁还能把他当人看？这种人有金钱咱不爱，有权势咱也不向他低头，他自己就不把自己当人看，咱抬起一只脚也比他孙子们头高三分。

妈妈这样"说人"，也这样"做人"，且天长地久。在家，妈妈总是先人后己、尊老爱幼。当地早饭多为酸粥。妈妈总是先给父亲和我们盛，剩下的往往比较少了，她就加点米汤用锅铲子将锅旁锅底铲一遍，不管多少、稀稠就是她自己的早饭。姥姥去世早，姥爷每年冬天都要来我家住些天，妈妈一是让姥爷睡在"热炕头"。那时我家的炕经常是只靠烧柴做饭取暖，一到冬天就只有靠炉灶的炕头热，越往后越不热。加上铺盖少，睡热炕头就成了家里的"最高待遇"。二是尽量做点顺口饭给姥爷吃。土改后，我家每年喂口当年猪（春天买猪仔冬天宰），养几只鸡，有时还养几只家兔。杀猪后，比较能多放些时候的骨头和头、蹄等，尽量等姥爷来了吃。夏天姥爷来了总要给杀只鸡或兔子，而且头顿是全家人吃，给姥爷要留下后顿。记得弟弟到七八岁时，想吃点好的就调皮地对妈妈说：姥爷要来了！有时妈妈还真被"骗"了。弟弟成家后有两儿一女，对女儿意重。有人说起来，他就笑着说是为老了能睡上"热炕头"。妈妈对待奶奶也是辈分分明，礼数周到。1971年秋，我和妻子带着几个月的女儿回到家里，一家人都很高兴。父亲赶着毛驴从20里外接奶奶来我家。妈妈瞭见奶奶来了，远远就迎上前去热情地问候：妈妈来了？妈妈常说：亲从亲上来，不亲要从礼上来。

在家外，妈妈确信世上好人多，凡她走过的地方都有很好的朋友。在旧社会，妈妈不仅有很多一起受苦的朋友，还能与有的掌柜家老太婆成为"朋友"。我至今记起有两个有钱人家的老太婆称妈妈"你嫂"（即她孩子的嫂子），说妈妈干什么活儿像什么样儿，对别人的东西连边也不沾。妈妈常意外地得到同情和关照，土改时农会给困难人家发救济粮，父亲出民工了，妈妈有身孕，农会发给我家一些糜米后又加了一点谷米，让妈妈坐月子时吃。妈妈常说，咱给人家初一，人家才可能给咱十五。妈妈特别同情有困难的人。在农村"大锅饭"时期，内蒙古河套地区的农民吃饱肚子还是有保障的，经常有从外地到那里讨饭的人。一天吃午饭的时候来了一个讨饭的。妈妈刚端起饭碗就下地给开门，听了诉说后顺手就将自己的碗筷递给讨饭的人吃，走时又给了些土豆。有人说妈妈不该将自己饭碗给讨饭的人吃，妈妈却说：都是人，都是嘴，有甚不能的？

也有人说妈妈脾气不好，主要是因妈妈不愿受欺负或对看不惯的事常表示不平。妈妈是个爱憎分明、疾恶如仇的人，她既敢于据理抗争，又知恩图报，特别看不起和痛恨那些恩将仇报的人。我头脑中"毛主席大救星，共产党爱穷人"的观念根深蒂固，首先是土改时从妈妈嘴里听到的。在我的记忆中，解放以后，妈妈从来都说现在生活好。即使在困难时期和"文革"中受苦、受委屈，她骂的只是有人没有听毛主席的话，不像共产党。是啊，是减租反霸工作队和农会发给我家救济粮和救济衣，开始能吃饱穿暖；是土地改革使我家第一次有了自己的土地、耕畜；是国家免学费、助学金使我读了书……所以，妈妈经常教育我们多会儿也不要忘记共产党、毛主席对咱的好。妈妈对所有的人也都是这样。困难时期，见到了曾经深夜为父亲请大夫的胡喜大叔，妈妈热情招待，走时还给带了吃的；1959 年春大队支部书记刘二才交代卫生院及时给父亲治病，妈妈经常要我们记住这样的好干部；公社书记李子玉支持我上大学有恩，"文革"中挨批斗在广播中播放，李子玉哭着"检讨"，妈妈哭着听；在亲戚中，多数对父母不顾困难供我和弟弟读书不够支持，二姑却借给我们 30 元钱，妈妈按时还了钱，还要我们一定记住这个好，二姑已 87 岁高龄，我和弟弟有机会就感恩……

我参加工作了，妈妈一直帮我们带孩子，还尽力做些家务。妈妈对于"个人的事再大也是小事，国家的事再小也是大事"这个说法，好像有着天然的"顺劲"。中央决定我去西藏工作，妈妈听到长期在那里会对身体有害的议论后，有担心也掉过泪，但她说天塌对众人，那里的那么多人也都是娘生的，人家能活咱就能活。她对到家里看望的西藏同志说，我的儿子有共产党关心，我放心的。妈妈从未要我利用职务之便办家里的事。我到北京工作后，有同志偶尔得知我两个姐姐仍在农村种地表示不理解。其实，我在呼和浩特工作的弟弟，也是我调西藏工作后中组部决定从巴彦淖尔盟调去照顾妈妈的。

妈妈不识字，但记忆力很好，而且常能把人们的一些说法和社会现象联系起来思考，形成自己的看法和说法。我任副省部级干部时间比较长了，不免会有人说些"应找找人，活动活动"的话。有时我在场有时我不在场，而妈妈却总是说：官不在大小在做事，在做"扬名留后世的事"。我们陕北农村流传着很多民间谚语和故事，妈妈常讲给我们听。这些故事的一个共同特点就是鞭挞那些欺上瞒下、一心为自己捞好处的昏吏贪官，颂扬那些敢为民做主、能为百姓做好事的清官。所以，在妈妈看来，不管职务高低，能为民做主、为民办好事的才是好官，老想着当"大官"就很难能把心思全用在为民做事上。这些话从我当小"官"开始妈妈就说过。对这些观点我都很赞成，也从未有过"找人""活动"的事，但同事们却觉得很不理解，只有我的老领导、内蒙古自治区党委原第一书记周惠同志十分赞同。20 世纪 90 年代，周惠同志由于修房子住在西直门的女儿家里，他在六层我家在十层。周惠同志当时还可以挂着拐杖行走，我们上班时他有时就乘电梯到我家与妈妈聊天。妈妈把这些话也给周惠同志说了，周惠同志说妈妈是"农民政治家"。

妈妈用慈爱、勤劳、坚强、正直"呵护"了我 50 多年。有道是"有生一日，皆报恩时；有生一日，皆伴亲时"。妈妈留给儿女们无尽的思念，和永远激励我们堂堂正正做人、做事的精神财富。我们将用忠诚对待党、对待国家、对待社会；用尊重他人、尊重自己的原则对待亲戚、朋友、同志；言传身教，把妈妈的精神一辈接一辈永远传下去！

关
继
高

关继高，男，中共党员，研究生学历，1963年8月出生。先后在府谷县一完小、二完小、府谷中学读书，1983年榆林师专中文专业毕业后分配到府谷县第二中学任教。1987年11月调入河北省承德大学任教，1990年7月调入承德市政府办公室工作。2002年6月始，先后任平泉县委副书记、滦平县委副书记、县长、承德市人力资源和社会保障局局长。2017年4月当选承德市政协十四届委员会副主席，一级巡视员。

身在承德　心在府谷

吴来如

关继高，1963 年 8 月出生于陕西省定边县城一间不足 10 平方米的小屋。那时，我国正经受严重的三年自然灾害，食品短缺，医疗条件差，他出生 7 个月后，母亲因患感冒未能及时治愈，发展成当时的难治之症——伤寒，不幸去世，年仅 24 岁。外公和外婆共有 7 个子女，母亲是老大，也是全家的支柱，她的不幸去世给外公和外婆带来沉重的打击，他们一时难以承受，便想离开伤心之地。经请示，榆林地委把他的外公调到府谷县任工交局长，年仅 1 周岁的关继高便随外公、外婆于 1964 年 8 月来到府谷县定居。

几年后，"文化大革命"开始了，他的外公被定为"黑三线"的骨干，被关进监狱整整一年。红卫兵反复到他家抄家、恐吓，年幼的关继高深受其害，乃至上中学时，与同学去县革委会机关都十分胆怯。到了上小学的年龄，他先后就读于县城二完小和一完小。由于家庭困难，除学校减免一定的报名费外，都是靠自己捡拾牙膏袋、破鞋底、猪羊骨头卖给供销社的废品回收站，到山上割青草卖给搬运队，来解决上学的费用。有一年实在无钱报名，外婆和小姨就剪了自己留了多年的长发，卖给外贸公司的回收站，才得以报名上学。小学毕业照也因交不起 5 角钱而始终没有拿到相片，直到前几年一个在广州的同学翻拍了照片给他，才看到几十年前的毕业照。看着眼前的毕业照，回想起当年的艰难岁月，他的心里酸酸的。

　　随着形势的缓和，他的外公得到平反，重新回到工作岗位，家庭经济状况虽然还困难，但较之前已经有了很大的改善。这期间，他在府谷中学完成了初中和高中阶段的学业。高一期间，在全县首次举办的知识竞赛中获语文组第一名。1981年9月，考入陕西师大榆林专修科中文专业。由于喜欢写作，在校期间所有写作课作业均为全校的教学范文，并以《眼睛》一文获得全省大学生作文竞赛三等奖。同时，也收获了爱情，子洲籍的女同学李鸿毕业后跟随他一起来到府谷任教，与他结为伉俪。

　　关继高在幼时失去母爱，也没有得到多少父爱，但外公和外婆在只有外公一人工作来养育六个子女，且已经十分艰苦的条件下养育了他。虽然物质上极度困难，上高中前几乎没有吃过几顿饱饭，但是外公和外婆把他当作掌上明珠，舅舅和姨妈也时时处处呵护着他，给了他浓浓的爱。为了他的成长，他们竭尽全力无私地付出，不仅在生活上关心他，还教会他自强自立的做人理念，培养了他文艺和体育等多方面的爱好。他在课余时间自学了小提琴和手风琴，尽管没有专业老师指点，却成为中学和大学里文体方面的骨干。他是大学校乐队成员，同时还一直是校队、县队的篮球队员。

　　1983年7月，关继高在陕西师大榆林专修科毕业后，分配到府谷县二中任教。他的身世和所受的教育，使他养成了凡事都希望能做到最好的习惯。学校安排他教重点班的语文，并任班主任，他所带的班在全校的学习、纪律方面都名列第一。其间，在全县初中语文赛讲中获得第一名，同时光荣地加入中国共产党。这一时期，他也完成了婚姻家庭的人生使命。

　　爱人李鸿现为河北旅游职业学院的三级教授，国家级精品课、国家级精品资源共享课负责人，省政府特殊津贴专家，全国导游专业委员会委员；女儿关秦月在国家博物馆工作，同时攻读中央音乐学院世界民族音乐博士并顺利毕业。

　　1987年11月，在府谷生活工作了23年后，关继高调动到河北省承德大学工作。刚到承德，学校便派他到南开大学旅游系进修专业课，回校任88级

1997 年 7 月，关继高和家人在府谷

旅游班班主任并讲授旅游概论、旅游地理课程，同时还给文秘班讲授文学概论课程。在教学过程中，他充分发挥自己和学生年龄相近、共同语言多的优势，在完成课程教授的同时，以身作则，引导学生自强自立、爱国敬业、诚信自律。

1990 年 7 月，关继高被调到承德市政府办公室工作，从而结束了七年的教学生涯。在市政府办公室工作期间，先后服务于当时的承德市副市长齐续春同志和承德市市长、市委书记傅贵武同志。在综合一室负责市长公开电话的办理时，因市中心医院新建搬迁到新楼的几百户居民供水增压问题迟迟不能解决，居民情绪激烈，多次进行群访。他作为市政府的干部，带领双桥区政府办公室、市房管局、市自来水公司和市中心医院的负责人到现场处理了信访问题，确定了增压供水的长效机制，保证了几百户居民的供水。在城建科工作期间，因拆迁户不满安置条件，采取持刀堵开发公司、扬言炸开发公司办公楼等恶性事件，他带领双桥区法院、中华路派出所、房管局的相关负责人进行了妥善处理。1997年上半年，由于城市拆迁力度加大和企业改制，群众和改制企业职工到市政府上访有了增加的趋势。他敏锐地观察到这一情况，向当时的市政府主要领导建议，在政府办公楼大厅设立领导接待岗，同时要完善群访接待预案。建议被领导采纳，并通过政府常务会议予以确定。1999年8月，由于工作出色，他被任命为承德市委办公室副主任，负责市委书记的事务、信访、宣传报道审核工作。其间负责了多位党和国家领导人来承德视察的接待工作。

2002年6月，关继高被组织安排到平泉县工作，任县委副书记。在县委、县政府主要领导的信任和支持下，得到了全面的历练。2003年5月，在抗击"非典"过程中，作为常务副总指挥协助县长主持日常工作。其间，在蒙中学生集中发热的处置中，四天三夜没有休息，两个多月没有回家。经过全县的共同努力，圆满完成了抗击"非典"的任务。后来，与主管县长一起，成功处理了杨树岭镇防疫站为全镇儿童注射过期疫苗的事件，既保证了注射疫苗儿童的身体健康，又维护了社会的稳定。2005年，县委、县政府决定开展国家级文明县城、省级卫生县城和环保模范城的"三城联创"，他负责主持了此项工作，并采取多种方式保证创城过程中拆迁建设的进度和信访维稳，为后来平泉撤县建市做出了自己的贡献。

2008年6月，关继高调到滦平县工作，先后担任滦平县委副书记、代县长、县长。上任伊始，就面对席卷全球的金融危机，一场调结构、转方式的硬仗从此打响。面对长期以来靠冶金矿产业一业独大支撑发展的滦平而言，带来的影响是前所未有的。他在深入各个乡镇调研的基础上，带领县政府一班人，牢牢把握"绿色崛起、环首（首都）突破"的发展路径，科学规划并重点实施了承德张百湾新兴产业示范区、红旗矿业循环经济统筹区、金山岭生态文化旅游经济区、县域西部现代循环农业园区和城市中心区"五大功能区"建设，促使华都食品工业园、凤凰谷休闲庄园、金山岭区域旅游资源综

2003 年 8 月，关继高带队参加第八届中国西部博览会作主题发言

合开发等一批优势项目成功落户。在滦平县工作的 5 年多时间里，该县生产总值从 58 亿元达到 140 亿元，年均递增 15.3%；财政收入由 9.58 亿元达到 23 亿元，年均递增 15.7%；该县被评为全国农牧产品加工创业基地、国家国土资源节约集约模范县、全国基层中医药工作先进县，以及河北省民营经济发展先进县、首都菜篮子供应体系示范县，为如今的县域经济转型、脱贫攻坚奠定了坚实的基础。作为一县之长，除了发展县域经济外，更是把全县 32 万人民的民生冷暖放在了第一位。坚持把保民生放在全县工作的重中之重，每年财政支出的 70% 以上用于民生支出，每年都要集中财力实施 10 个以上民生工程项目，获得全国 20 个"最关注民生的县区"之一。特别是为了提升县域综合竞争力和群众的生活条件，亲自主持开展"五城同创"工作，2012 年一次性获得了省级园林县城、省级卫生县城、省人居环境进步奖和省人居环境范例奖 4 张城市名片，广大群众的幸福感持续增强。

2022年8月，关继高（右一）在承德市职业技能竞赛现场视察

　　在政府班子和党政机关干部眼里，关继高不仅是一个求真务实、狠抓落实、清正廉洁的好官，更是一个敢于担责、认真负责、值得信赖的好"班长"。2010年3月28日，小营乡宝通二库发生尾矿库泄漏，严重威胁着下游居民的生命财产安全。他立即与分管该项工作的副县长赶赴现场，果断决定连夜转移下游哈叭沁村上千户群众，确保了人民生命和财产安全。2010年6月28日，滦平县滦河矿业岑沟废弃露天采坑发生山体坍塌事件。当时他正在省委党校参加培训，得知该消息后，第一时间连夜赶回事发现场指挥救援工作，并嘱咐主管工业的副县长放下包袱、做好善后工作，所有责任自己一人承担，使其他同志减轻了顾虑，全身心投入救援工作当中，最终妥善处置了"6·28"滦河矿业露天采坑山体坍塌事件。在几次大事难事面前，体现了一个"一把手"应有的担当和果断的决策，让班子成员看到了一个难事面前敢于担当、责任面前勇于担责的好"班长"，大家都能够放心大胆地工作，打造

了一个干事有为的政府团队，为推进滦平创新发展打下了坚实的基础。

2013 年 11 月，关继高被组织安排到承德市人力资源和社会保障局工作，先后任中共承德市委组织部副部长（兼），承德市人力资源和社会保障局党组书记、局长，承德市公务员局局长。在他的带领下，人社局在全市的劳动就业、社会保障、脱贫攻坚、人才引进等方面做了大量卓有成效的工作，取得了一系列可圈可点的业绩。特别在全面构建和谐劳动关系方面，为了让广大农民工朋友都能足额拿到自己的血汗钱，在全省率先制定了农民工工资保证金、工资预储金、应急周转金"三金"制度，连续两年分别对 18 家和 12 家建筑施工企业实施劳动监察协管员驻点监管，有效维护广大劳动者合法权益。被评为河北省优秀农民工工作先进集体，多次被评为全省清理整顿人力资源市场秩序专项行动先进单位。

2017 年 4 月，关继高当选为政协十四届承德市委员会副主席、党组成员。分管财经委、教科文卫体委和农业农村委。到承德市政协工作后，坚持经常到县区考察调研，同时结合到先进和发展水平相似的地区学习，就全市工业经济、农业供给侧结构性改革、质量兴市、教育、科技、文化等方面的发展提交了有价值的调研报告，所提建议都被市委、市政府采纳。

虽然离开府谷县 30 年有余，但他心里时刻都牵挂着曾经养育自己的黄土地，每每看到家乡经济社会的发展变化，心里都会感到无比的自豪和骄傲。他说他的身在承德，心永远在府谷。

作者简介：

吴来如，男，中共党员，1962 年出生于府谷县赵五家湾乡柏草峁村，1982 年毕业于榆林师专中文系，先后在神木中学、府谷中学、府谷县民政局、残联、政协工作。

刘基亮

刘基亮，男，1968年2月生，府谷县新民人，中共党员。1991年毕业于中国人民公安大学，先后在首都机场公安分局、原中国民航总局公安局、办公厅，北京首都机场餐饮发展有限公司，北京空港航空地面服务有限公司工作。现任北京首都国际机场股份有限公司党委副书记、纪委书记、工会主席。

吾心安处是吾乡

吴晓莉

1968 年 2 月，刘基亮出生在府谷县新民镇城峁村。作为家里最小的孩子，他享受着长辈的宠爱和哥哥姐姐的呵护。小时候，他和小伙伴们在广阔天地里尽情撒野，爬墙、上树、掏鸟窝……形成了不受约束和勇于探索的个性。父亲中医学校毕业后被分配到大昌汗工作，那里靠近内蒙古，比新民老家自然条件好。1972 年他们举家搬迁到大昌汗定居。在他的心里，大昌汗是他的家乡，那里承载着他最温暖最纯真的过往。淳朴的民风、善良的邻居，都对他的人生产生了深远的影响。

淳朴自在少年郎

1975 年至 1987 年，刘基亮先后在村小学、公社学校、府谷中学读书。村小仅有两名老师，复式班教学，五个年级在两间教室里上课。公社学校的条件也很差，理化基本没做过实验，初三才学了一点不正规的英语。闭塞的环境、落后的条件，不能阻挡他对知识的渴求和对外面世界的向往。课外读物少，他就翻看家里的《毛泽东选集》和一些政治学习书籍，原文和注释一起看。他对中共党史的浓厚兴趣就是在那时形成的。他还经常去父亲单位收集过期的报纸，有时还通过哥哥的"海燕"牌收音机收听新闻和喜欢的节目，

2018 年 4 月，刘基亮（左二）检查"五一"假期保障准备工作

找到了通往世界的大门。刻苦好学的他，学习成绩一直名列前茅。那时，正值 20 世纪 80 年代初农村包产到户，他初一入学时的 42 个同学大多辍学回家干活，好多聪明的同学失去了学习的机会，毕业时仅剩下 8 名同学。在自己的努力和家庭的支持下，他考入府谷中学，接受了比较正规的教育，最终以优异的成绩考入中国人民公安大学。

1987 年，刘基亮开始了在中国人民公安大学四年的学习生活。图书馆、阅览室是他最喜欢去的地方。对于历史知识，他总有一种说不出的情愫。多年之后，他慢慢品味出，这种情感就叫热爱。四年博览群书、博闻强记，使得他在 1992 年的第四次全国律师资格考试中，成绩名列北京市前 30 名。大学四年的学习生活，培养了他缜密的思维，锻造了他刚毅果敢的性格。

青春无悔献民航

1991 年，从公安大学毕业的刘基亮被分配到首都机场公安分局工作。两年半后就被选调到中国民航总局公安局工作。一年后，又选调到民航总局办公厅（综合司），在这里他工作近 18 年，担任副处长、处长 10 年。

在局机关工作期间，让刘基亮印象深刻的是 2002 年行业管理体制改革和 2008 年民航行政管理机制的改革。

改革开放 40 年来，我国民航经历了三轮重大改革。第一轮是 1977 年至 1980 年，由归军队管理改为企业管理；第二轮是 1984 年至 1992 年，政企分开，航空公司、机场和服务保障系统分设；第三轮是 2001 年至 2004 年，航空企业与原民航总局脱钩，机场移交地方管理。刘基亮深度参与的便是第三轮改革。这是新中国民航成立以来最彻底、最深刻的一次改革。

"这次改革实现了民航总局直属企业的重组和'脱钩'，以及民航行政监管机构的深化改革等，过程实属不易，他们当时在组织协调上下了很大功夫，冲破了层层阻力。"通过这次改革，刘基亮进一步认识到政府与企业的职责边界，也切身感受到充分发挥市场机制对民航业发展的重大意义。

2008 年，以构建服务型政府为核心的"大部门制"改革过程中，民航总

2019 年 9 月，刘基亮（左三）出席首都地服市场推广会

局由国务院直属机构调整为交通运输部归口管理的国家局。这期间，刘基亮频繁地与交通运输部办公厅沟通协调，形成了相对规范的工作机制，为新的体制机制运行奠定了基础，也练就了他上传下达、协调各方的本领。他清晰地记得2010年建立的"计时办文制度"——对机关受理的公文都要通过一个系统，记载每个环节的办理时间，凡属急件和其他能够确定时限的，则列入"计时"，在规定时限内办结。这一制度对提高机关办事效率发挥了较大的促进作用。

在局机关工作的这段日子，刘基亮被身边同事们津津乐道的要数他的"火眼金睛"。这个"火眼金睛"指的是他过手海量材料时一针见血的分析与敏锐的纠错本领。工作中，大到政策解读、小到格式规范，他都保持高涨的钻研热情，时刻绷紧严谨细致这根弦。

大展拳脚谋发展

2012年，刘基亮从政府部门来到了企业，先后担任北京首都机场餐饮发展有限公司党委书记、副总经理，北京首都机场航空安保有限公司党委书记、副总经理，北京空港航空地面服务有限公司董事长、党委书记，北京首都国际机场股份有限公司（首都机场管理机构）党委副书记、纪委书记、工会主席。

转换赛道，头脑一贯冷静清晰的刘基亮很快厘清了政府部门和企业工作的最大区别。他提出，政府部门重在出政策，搞顶层设计，要的是程序优先、兼顾效率；企业对市场反应最为灵敏，要坚持效率优先，兼顾程序，否则机会稍纵即逝。

说到北京空港航空地面服务有限公司，业内人都知道，这曾经是中国首家中外合资的航空地面服务公司。刘基亮到这里任职时，地服公司经历了最初的辉煌、股权改革震荡、大股东重新控股后的振兴的三重波折。一到公司上任，摆在他面前的是"三基"工作不稳的历史遗留问题、两场协同运行的现实

2015 年 5 月，刘基亮在悉尼考察交流

问题、深化改革发展的长远问题，迫切需要探索中外合资企业的高质量发展路径。在这样的形势下，刘基亮主要干了三件大事。

一是强化战略统筹。与首都机场其他专业公司相比，地服公司的独特之处是中外合资，新加坡新翔集团持有 29% 的股份。为切实统筹好中新双方的领导力量，刘基亮创新性地提出了"两充分""两不"的工作思路。"两充分"即充分尊重新方股东权益、充分支持新方总经理行使职权，调动双方积极性，积极发挥新方作用；"两不"即不输送意识形态、不干涉日常经营管理，发挥好党建和合资两个优势，在落实好党委把方向、管大局、保落实领导作用的基础上，进一步团结新方，凝聚合力。这一经过了深思熟虑、高度凝练的判断，在他离开后，仍然对地服公司的发展发挥着积极的影响力。

二是加强风险防控。安全是民航业的生命线，确保安全万无一失是一项非常重要的政治任务。为此，他与新方经常沟通，不断提升其认知和重视程度，明确政治任务是做好一切工作的基础，必须确保"不讲条件、不打折扣、不出问题"地完成好安全工作。在他的带领下，地服公司探索实施"公司领导包干到班组"督导制度等，一般工作不折腾基层，安全工作必须遵章守纪、不打折扣地完成，如此举动延续了地服公司最长安全纪录。

三是深化改革创新。面对地服公司成本激增和竞争压力，他坚持把资源整合作为改革举措，创新管理，精简职能保障部门，建立容错机制，优化流程，强化督办，提升效率；坚持把新技术应用作为创新手段，建设生产运行系统、推进智慧冷链，加大科技对业务发展的支撑和拉动力度，打造智慧地服。

在深化内部改革的同时，一个个更重要的考验落在了刘基亮的肩头。考验之一是筹建运行新地服，保障大兴机场如期通航。在起步晚、时间紧、任务重、困难多等诸多不利因素面前，他通过加强组织领导，发挥新方管理优势和班子集体力量，提升决策质效；认真研判阶段性工作特点，制定详细实施方案，有序推进干部配备、物资采购等重要工作，如期打赢了大兴机场开航保障关键战。

另一个大的考验便是应对新冠疫情来袭。2020年初，疫情来势汹汹，各航司陆续停飞或大幅减少航班。刘基亮敏锐地发现，各国对医疗防疫物资需求迅速增加，航空货运需求量会大幅上涨。在他的大力推动下，地服公司不断优化保障方案，创新操作模式，开辟出一条"客改货"的创新道路，不仅帮助公司渡过了疫情初期的难关，也助推公司在精细化、专业化发展上迈出了一大步。

履新首都机场管理机构不长，他用多年来在行业主管部门和专业公司工作积累中的思想"富矿"，为股份公司破解高质量发展难题，提出"放管服"建设服务型机场管理机构的设想并付诸行动，受到业界广泛称赞。

在同事和下属们的眼里，刘基亮是一个有独到见解、才华横溢的人。他客观冷静，始终发挥"定盘星"作用，敢拍板、会决策、能担当。他宽厚包容，对于下属的小错误或存在的小困惑，总能给予理性的理解，因为没有架子，平素下属们总爱往他的办公室跑，谈心或者聊天。他淡泊明志，工作多年始终积极为年轻干部"搭台铺路架梯",总说"这样的工作机会我不需要了,让年轻同志上",从他手下培养出来的"徒弟"已经不计其数,在各个重要领导岗位发光发热。

光阴荏苒,刘基亮阔别家乡已有近40年的时间。在外拼搏的岁月里,他乡情浓郁,老家人有事都爱找他,大到地方机场选址规划建设审批,小到孩子高考填报志愿抑或是家里老人生病住院等事情,他都热情回复,能帮忙的帮忙,帮不了的帮着出出主意。

在北京求学、工作数十载,刘基亮一直关注着家乡的发展。他深受这片热土的滋养,也深知家乡迅猛发展的不易。府谷县地处山区,历来交通不便。近年来虽然府谷县经济社会发展迅速,成为全国百强县,但商务活动和群众出行依然不便,影响了投资环境,制约了进一步发展。工作后,投身民航事业的刘基亮总盼望着能用自己所学所长为家乡发展,特别是交通建设贡献一份力量。2010年前后,陕西省和榆林市向国家有关部门提出"十二五"期间建设府谷支线机场,刘基亮积极推动这项工作,特别是在事关全局的机场规划、申报、审批等方面为家乡提供了精准指导。民航机场项目审批层级高,涉及军、地等诸多部门。历经十余年,几经波折,2023年机场工程实质性开工建设。每每谈起这件事,刘基亮总觉得,这可能是他职业生涯中最有成就感的事情之一。预计2025年府谷机场通航,刘基亮充满期待。他希望有一天自己能够坐飞机回家乡,看看通航后的发展变化。

"吾心安处是吾乡"简单的七个字,我们看到一位陕北汉子的豁达淡然,更有一份落地生根、倔强生长的意味在其中。首都之大,天地之广,在刘基亮的身上,渐淡的是乡音,更加坚定的是他敢闯敢拼、务实笃行的赤子之心。

作者简介:

吴晓莉,北京首都国际机场股份有限公司党群工作部副部长,曾在中国民航报担任记者。

赵
彦
功

　　赵彦功，1976 年 9 月生，府谷县清水镇人，中医内科心血管专业博士。解放军总医院副主任医师，硕士生导师，主要从事老年心血管疾病诊治研究。

医学专家赵彦功

司志美

黄土高原上蓄势待发

"童年时代生活在乡村，对外面的世界充满了向往。经常坐在山头上看外面，包括来往的车辆，那时候车很少，来一辆车看半天，一直看到它消失不见。当时想北京天安门有多好，但是根本没敢想能去看看。那时物资贫乏，但生态环境却异常好。"在回首往事时，赵彦功说，他的童年是在田间、山上、河里度过的，夏天耍水，冬天溜冰，蔚蓝的天空、清澈的河水，还有宁静的田野，他拥有一个真正的童年，那段时光是最纯净、最快乐的，陕北黄土高原上留有他最美好的回忆。

赵彦功出生于府谷县清水镇清水村，是家里唯一的男孩子，有三个姐姐。他的祖父和父亲两代从医，以半农半工的形式治病救人。受家庭环境的影响，他从小就真切地见过乡亲们的病痛，立志长大要成为一名能为民众解除病痛的医生。

1982年秋天，姐姐拿着一元的学费把他带进了清水小学，在带有浓重鼻音和乡音的老师引领下开始了学习。当时小学是五年制，小升初是要考试的，考语文和数学，全乡的小学毕业生在一起考试，不是所有的学生都能进入初中学习，竞争很激烈。但是赵彦功小学毕业时，还是轻松过关，顺利升入初中。初

一时他被分在甲班，语文和数学老师都是刚从榆林师范学校毕业的老师，还不到 20 岁的样子，赵彦功很喜欢上他们的课。初二开设了物理课，初三开设了化学课，理化老师的授课富有感染力，对物理现象和化学反应的好奇，是他学习的动力源泉。从初一到初三的英语课，是由学校唯一的英语男老师代课的，老师用生硬的英语朗读一遍英语课文，就是一堂课的内容。初中三年一晃而过，去县城参加中考，是赵彦功第一次走进县城。1990 年，他考入了府谷县中学的重点班。"入学后第一件事是英语摸底考试，全是选择题，当时没有公布成绩。高中快毕业时，才从一位老师口中得知自己考了不到 20 分。"他自嘲式地谈起那次考试。在当时，"英语不好学"是绝大多数人的共同感受。赵彦功在高中期间，刻苦努力，勤奋好学，高中毕业，他以优异的成绩考取陕西中医学院，进入了自己向往已久的高等学府。

医学海洋里奋楫争先

1994 年 9 月，赵彦功走进了陕西中医学院。他回忆说，到学校报到要乘坐火车，兴奋掩盖了初出家门的忐忑不安。刚入大学不免有些激动与好奇，但是自小对医学的热爱和想成为一名"好医生"的人生目标，使他很快沉静下来，这也成为他大学期间学习进取的动力。

"大学五年，乐于把自己当作一名苦行僧，在长时间单调简朴的生活中奋斗，经常鼓励自己，督促自己不能被周围的繁华所诱惑，坚持自己的理想。"他说，"当从医学知识中找到兴趣，学习就不再是负担，常规的教学计划已经不能满足自己的需要，而是通过请教、自学等方式不断拓展自己的知识面，对中医和西医的知识均有钻研。"

得益于从小背中药药性赋、汤头，大学期间，赵彦功对医学知识的学习相对轻松一些。经常别人背不上来的汤头，他都能背上来。他在注重中医知识学习的同时，投入大量的精力与热情自学西医。那时，他每天早上 6 点就

2023 年 5 月，赵彦功（中）参加驻京医疗单位协作启动会

起床，晚上 12 点以前很少休息。毕业的时候，他是几百名毕业生中成绩最好的，"很庆幸自己一直坚持到最后，成绩是次要的，重要的是自己不仅学到了知识，也磨砺了意志。值得骄傲的是，1997 年 5 月 30 日，在大学三年级，我光荣地加入了中国共产党，这是对我最大的褒奖；1999 年毕业时，我考取了本校的研究生，能够在医学领域继续深造。"

从本科学习到硕士阶段，又是一个全新的开端。赵彦功"参加军队，投身军旅"的报国志向，就是在攻读硕士时产生并为之努力的。他至今还记得，澳门回归的那一夜，看着电视上中国人民解放军雄赳赳地进驻澳门，民族自豪感油然而生。从那时开始，他梦想自己能够成为一名人民解放军战士，为祖国的国防事业奉献力量。

20 世纪 90 年代的西部城市与沿海城市有着很大的落差，不仅体现在经济发展方面，也体现在思维和文化发展方面。赵彦功有了走出去看看外面世界的想法。2000 年冬天，他带着导师的任务到延安，利用一个月的时间，为

2022 年 10 月，赵彦功为患者会诊

参加自学考试的医学生讲授西医内科学，领到的课时费是他赚到的第一笔钱，他为知识变成了价值开心不已。2001 年初，他到西安交大第二医院神经内科进行了为期半年的学习。他说，系统的神经内科查体是一项了不起的内科基本功。2002 年夏天，硕士毕业后他选择了继续深造，他想到祖国医学最前沿的地方去。那年他成功考取了上海中医药大学中医内科心血管专业，攻读博士学位。

上海中医药大学本部和复旦大学医学院、中山医院紧邻，都属于上海西部高校教学板块，博士课程之间可以互相选择。赵彦功除了必修课外，大多数基础课程都选择在复旦大学医学院完成，专业课程在中山医院完成。半年多的时间，他每天骑着自行车奔波在两所医学院校之间。2003 年初，赵彦功到虹口区的上海中医药大学岳阳中西医结合医院心内科参加临床工作。心内科主任是华山医院心内科原副主任，刚接触中西医结合，想把科室做强做大，开展了心血管介入和起搏器植入的一系列新技术新业务。趁这个机会，赵彦功潜心学习研究心血管介入技术。之后为了更进一步开阔视野，在导师的推荐下，从 2003 年 9 月开始，他在北京阜外心血管病医院进修学习，一直到 2004 年 6 月结束。在阜外医院学习的那段时间，他的临床思维有了一个巨大转折。上午专家大会诊、中午住院医师培训、下午图书馆查阅相关文献、晚饭后院内专题讲座。知识的汲取丰富和拓展了他的心脏疾病理论和思维，他说："到了上海以后，确实是感觉思维与内地的不太一样。当时华山医院的科主任给我的评价是，'彦功就是个消防员'。老师查房的时候提问，包括他们的医生回答不上来，我能回答，所以老师有时也说我是'活字典'；有时候重症监护病房的医生忙不过来，主任就让我照看几天，让他想不到的是，我一个人能把重症监护病号都处理得平平稳稳，当时一般上学的学生是不会让独立去处理一些病号，但是在我待的那段时间，基本是我自己一个人要管一

赵彦功荣获 2021 年度"最美医师　最美导师"奖

组，所以主任对我特别地重视。一年以后，主任帮我联系了北京阜外医院的学习。"在北京阜外医院，赵彦功接触到大量的心血管病例和国内最先进的诊疗技术。后来，一直到博士毕业，他在岳阳医院心内科临床一线工作，不管普通病床还是 ICU 监护病房，用心内科主任的话说，赵彦功是绝对胜任的。

军医实践中逐梦前行

一次偶然的机会，赵彦功得知武警总医院面向地方招收医学毕业生，他报了名。经过一个月的试用，科主任韩盈推荐了他，赵彦功顺利被招收入伍。

2005 年 6 月，赵彦功从地方院校毕业入伍，如愿穿上了"橄榄绿"，成为一名现役武装警察。入伍即工作，他被分配到武警总医院老年科。参加工作和参军入伍，是他人生的重要开端。从那天开始，赵彦功立志献身武警部队的医疗卫生事业，争做让官兵满意、百姓放心的医疗战士。

作为一名医护工作人员，赵彦功急患者之所急、忧患者之所忧，不区别对待患者，始终把患者的生命安全放在第一位。对待每一位病人，他都能做到认认真真检查、详详细细解说、兢兢业业施诊。每当遇到患者和家属对疾病存在疑问时，他都不厌其烦地做好解释工作，不管工作多忙多累，都坚持详细查看每一位病人，掌握病人的病情变化，防患于未然；为了密切观察患者病情变化，经常不能正常上下班，节假日加班和夜间急诊抢救病人是常有的事。赵彦功认为，做一名称职的老年病医务工作者，首先要有过硬的医疗服务技术，这样才能赢得患者的信任。于是，他在工作中不断学习，向专家学习，向同事学习，向患者学习，学习各专业的诊疗规范和指南，抗生素的合理使用；勤练各项基本功，掌握各项内科新理论、新技术、新方法。从心血管专业医师逐渐成长为一名老年医学全科医师。

老年医学涉及范围广，涉及面宽。在工作中，从检查到治疗，赵彦功时刻为病人着想，合理制定诊治方案，不放过每一个疑点，不放弃每一次机会，做到早诊早治；每一项检查和每一次治疗都做到有理有据，恰到好处。对于需要多科协作的患者，他尽可能提前跟相关科室沟通联系，早期明确诊断，给予及时治疗。赵彦功给我们讲起一个病例："有一位肝癌患者，同时患有好多心血管疾病、冠心病、高血压、糖尿病、房颤、包括痛风。这个肝癌患者在我们这里从发现到去世大概是 8 年时间。他的情况是一天一天地恶化，但家属不懂医，他的子女要求都比较高。家属说怎么越治越差呢？实际

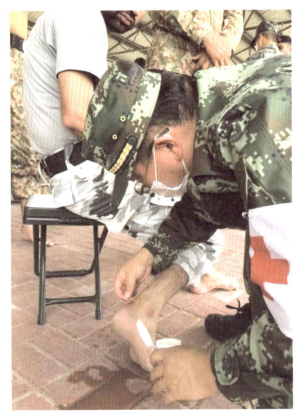

2015 年 9 月，赵彦功参加"纪念中国人民抗日战争暨世界反法西斯战争胜利 70 周年大阅兵"为外军保障

上是患者的病情已经发展到那种程度了，也不是我们医生所能左右的。后来家属觉得还是没有达到他们的要求，就要到别的医院去治，但是到了别的医院不到一周，患者就去世了。"赵彦功说，"后来患者家属回想整个过程，觉得在武警总医院为什么能平平稳稳，一个是我们能够坚持一些原则，再一个还是能全力为患者着想。好多老年疾病是按下葫芦起了瓢，太积极也不行，不积极也不行，必须找到一个合适的支点才行。"

工作总是紧张而繁重的，赵彦功平时几乎很少有自己的空闲时间，就连院里的强制休假时间也常常是"走不开"。"科室每一位患者的病情，都在我

心里有个底。所以他们有什么事，都是首先通知我。遇到什么事我先到，别的医生才知道下一步怎么做，最后拍板的也是我。"他说，"除了为武警部队的患者服务外，这么多年来，几乎每天都有老乡来找我看病。一开始他们可能是想让我找别人去看，到后来基本都是找我来看。我原来是学心血管的，实际上我现在就等于是个全科医生。"

对于家乡的来访者，赵彦功满怀热情，尽可能挤时间接待，全力以赴为他们解决问题。对于患者来说，一位北京的专家能操着一口地道的府谷话，叮嘱治疗方案，会让人格外地亲近、格外地信任。每次不管老乡亲自找他看病，还是电话微信问诊，无论认识不认识，问多少遍，他都不厌其烦地给患者讲清楚、说明白，让患者踏实。如果他解决不了，会帮忙找别的医生去看。还有些患者看了好多家医院，众说纷纭，最后不知所措。赵彦功会通过他的知识，帮助老乡们选择合适的治疗方法，避免了好多弯路和不必要的花费。"我离开家乡的这些年，是家乡经济和社会发展最快的时期，人民生活水平得到了极大的提高，人们对健康的认识和关注越来越多。我作为土生土长的府谷人，为了感恩和回馈家乡人民，我会用我所学的知识，尽自己的微薄之力，服务家乡人民。"他说，"我想告诉大家，健康的四大基石是健康的饮食、适量运动、戒烟戒酒、良好的情绪和睡眠；药物只是生活方式无法改变情况下的选择。古人说，良医者，常治无病之病，故无病；圣人者，常治无患之患，故无患。事后控制不如事中控制，事中控制不如事前控制，万事防为先，防患于未然。"

作为一名军医，他除了治病救人、服务官兵外，还有一项重大工作就是参加军队的卫勤保障，涉及国际维和、抗震救灾、跨国救援、热射病救治、重大任务保障等多项任务。武警总医院卫勤保障分队作为中国国际救援队和国家灾害救援队的重要组成部分，先后参加了汶川地震、玉树地震、海地地震、巴基斯坦水灾等灾害救援。2008年举世瞩目的奥运会在北京举行，上级命令他们时刻做好应急卫生保障工作。赵彦功先后参加了北京反恐基地卫勤训练和多次不定时拉练，强化了体能，锻炼了思想意志，增强了战斗作风，确保了遇有紧急情况随时"拉得出，展得开，救得下"。2015 年 "9·3 大阅兵"，他作为卫勤保障人员进驻北京阅兵村。根据阅兵指挥部外军保障组医疗保障救治组的安排，他承担了训练场巡诊任务，工作时间和外军方队及代表队在训练场训练时间一样，只要有队伍在训练，他们必须在场地周围做好救治防护工作。

生命相托，何以为医？夫医者，非仁爱之士不可托也，非聪明达理不可任也，非廉洁淳良不可信也。面对每一位患者的就医问诊，面临每一种疑难杂症的研究治疗，"健康所系，性命相托"的医学誓言，始终叩问着他的从医初心。赵彦功以对医术的精益求精、对生命的敬畏尊重，深刻诠释着"大医精诚"。

作者简介：

司志美，女，山东淄博人，现供职于府谷县融媒体中心。

王西琴

王西琴，女，1965年12月出生于府谷县府谷镇，民盟盟员，博士，中国人民大学教授，博士生导师。长期从事自然资源管理与环境经济领域的研究与教学工作。她的多项研究成果被直接应用于经济社会发展规划，为推进我国生态文明建设做出了积极的贡献。

若水茗心　善利万物而不争

——记中国人民大学教授王西琴

石锐杰

她，身材瘦俏，衣着朴素；她，学识渊博，成果卓著。从青丝到华发，她坚守在三尺讲台，呕心沥血，为国育英才；她奔走于江河大地，栉风沐雨，为民谋福祉。她就是中国人民大学教授，博士生导师王西琴。

热爱自然　选择自然

1965 年 12 月，王西琴出生在府谷县城石畔路旁边的一个小院里。她的父亲王宝奇是山西中阳县人，1947 年参加工作，同年加入中国共产党，曾在西北后勤部担任团级职务，主要负责转运银圆工作。1957 年由陕西省人民银行来到府谷县支援老区建设，先后担任中国人民银行府谷支行行长、党委书记，府谷中学校长、党支部书记等职，在府谷县工作长达 20 年。在这期间，王西琴的父亲积极响应国家号召，带头从府谷县城到农村落户，参加农业生产劳动，全家迁到了黄甫公社太家沟村。

黄甫在明朝时名为黄甫川堡，是明长城陕西境内第一座营堡，历史上曾是边贸重镇，极其繁华，素有金黄甫之美誉。太家沟村距离黄甫公社约 2 公里，紧邻黄甫川。那里土地肥沃，开阔平坦，春夏之际一片绿色，被称为塞上小江南。

在太家沟村王西琴度过了美好的童年，虽然只有四年多的时光，却给他留下了终生难忘的记忆。

1971年村里建了小学，王西琴和村里不同年龄的孩子一起进入学校，不同年级在一间教室上课，只有一个老师，老师讲完高年级的课布置作业，再接着给低年级的学生上课，大家在一起互相帮助，共同进步。在上学之余帮助家里干农活，割羊草、挖野菜、收玉米……不知不觉中慢慢长大，听到当地老人讲有关黄河、长城、黄甫古堡的传说，明末农民起义领袖王嘉胤的故事，以及黄甫川的来历。在古代有一条叫滴水的河，西汉时期河水荡漾，两岸芦苇茂密，一片生机盎然的景象。两千年后的滴水演变为季节性河流，就是今日的黄甫川。无拘无束的农村生活，淳朴的民风给她留下了深刻的印象，至今难以忘怀。这里不仅有儿时一起玩耍、上学的小伙伴，而且有黄土高原独特的风景，滚滚的黄河水，高坡上野花、酸枣，以及长城、烽火台……还有记忆中站在高处，远望洪水季节河水泛滥淹没河滩的情景，在她幼小的心灵埋下了对大自然的热爱和敬畏，使她的一生与农业和农村，农田和水利结下了不解之缘。

1973年她们举家迁回府谷县城，她先后进入府谷县第二小学和府谷中学上学。那时正值"开门办学"，学生除了上课，还有丰富的课外活动，排练文艺节目，义务劳动等。放学后通过课外学习小组完成作业，互帮互学，从而与同学们建立了纯真的友谊，直到现在她还与府谷小学和中学的同学保持着联系。

1977年随父亲工作调动，王西琴到了西安，进入西安市第三十五中上学，在这里度过了高中阶段。由于之前没有学过英语，刚开始考试成绩较差，但是她经过努力很快就步入正轨，并且在分班的时候她被分配到了"快班"。毕业之际赶上了改革开放和新的招生制度，1981年考入陕西师范大学自然地理学专业，踏入了地理学领域的学习。地理学是结合了自然科学和社会科学的一门交叉学科，涉及地貌、土壤、植物、人文、工业、气象等各方面内容，这个"综合"的特点非常符合她的兴趣，愉快地度过了四年大学时光，顺利地完成学业。毕业后被分配到西安旅游职业中等专业学校从事地理教学工作，一教就是八年，教学相长，为之后的硕士研究生考试打下了良好的基础。

厚积薄发　行稳致远

王西琴在教学的同时，一直不间断地学习和钻研相关知识，及时总结经验，从未停下探索的脚步。她想拥有更多的知识，更大的舞台，她决定报考研究生。天道酬勤，1994 年她参加了全国研究生统一招生考试，被西北大学城市与资源学院录取。对于这渴望已久的学习，王西琴格外珍惜，孜孜不倦地探索，对地理学的研究产生了浓厚的兴趣和无限的热爱。

1997 年硕士毕业时，她又考入西安理工大学，师从周孝德教授攻读博士学位，研究方向是水资源管理。在这期间，她有幸参加了"九五"国家重点科技攻关项目的课题，与该课题的专家学者一起讨论、调研，从基础工作做起，把所学到的理论知识同实践有机结合，在导师的指导下完成了博士论文。2000 年她顺利通过《关中地区水环境与经济协调发展战略研究》论文答辩，获得了博士学位。在攻读博士期间，她参与的"九五"国家重点科技攻关项目"渭河污染发展趋势及战略对策研究"（王西琴排名第二）和"关中地区水污染控制与生态环境研究"（王西琴排名第十）取得了重要成果。这两项成果于 2002 年均获得了陕西省环境保护厅科技进步一等奖。

破解难题　任重道远

2000 年 4 月王西琴进入北京师范大学环境研究所（现为环境学院）博士后流动站从事研究工作，师从刘昌明院士，主攻方向是环境科学与管理。

2004 年，王西琴调研都江堰水利工程

2002 年 12 月顺利出站。在北京师范大学博士后流动站工作期间，她参加了水利部重点科技项目"南水北调西线工程对调水区生态环境影响研究"（王西琴排名第二），取得了重要成果，2001 年度获得北京师范大学优秀科技成果奖。期间她还应邀于 2001 年 9 月至 2002 年 9 月到香港中文大学地理与资源管理学院做访问学者，从事水生态系统研究工作。同时她又参与了水利部重大科技项目"北方地区最小生态环境需水量研究"，于 2004 年获得了教育部提名国家科技进步一等奖。

2002 年 12 月王西琴调入中国人民大学环境学院任副教授，从事环境科学与环境政策教学科研工作。她深知自己的使命与职责。水是地球万物的生命之源，是人类生存和生产必不可少的基本条件，水的命运就是人类的命运。早在 1977 年联合国水资源会议上就有科学家预言：缺水问题将会成为人类社会发展中的下一个危机。中国是世界上缺水严重的国家之一，中国水资源的现状印证了这位科学家的预言。

王西琴一直从事这项研究，水资源短缺、水环境污染、水生态系统退化等，已经成为中国经济社会可持续发展中一个不可回避的世纪挑战。中国江河湖泊被污染的一组组数据，经常会触目惊心地横在她眼前；那条记忆中的滴水河如今的模样也时不时地在她脑海闪现。保护水资源，制定和实施科学合理的水资源战略成为她关注和研究的课题。

她教学与科研并重，在认真完成教学任务以及教授本科生、指导研究生工作的同时，开展大量的科研工作，在学术成果方面不断积累。

2002 年参加完成了水利部课题"南水北调西线调水工程生态影响评价"，

2008 年，王西琴（左二）在浙江省安吉县调研水资源利用与保护

2003年她参与完成了水利部重大课题"黄淮海地区生态需水研究",并由科学出版社出版了专著《生态环境需水理论方法与实践》(王西琴为第四作者),其间为了破解难题,寻找解决生态需水问题良策,她的足迹踏遍了西北、华北和华中大部分地区。艰辛的付出换来了丰硕的回报,2002年获得北京师范大学优秀科技成果奖(排名第四),2004年获得教育部提名国家科技进步一等奖(排名第三),2005年她获得了北京市优秀人才培养资助计划。

2007年,她独立完成了专著《河流生态需水理论、方法与应用》,系统地研究和阐述了河流生态需水的内涵、组成、特征、计算方法等,并对海河水系、渭河干流、黄河干流、辽河水系等河流生态需水进行深入探索,分析河流生态系统受到的威胁。在确定保护目标、生态需水类型的基础上,提出

2018年,王西琴(中)参加在北京召开的乡村振兴研讨会

了切实可行的管理措施，填补了我国在这一领域的空白，是我国较早的系统地论述河流生态需水的专著。这本专著由我国水资源领域著名的刘昌明院士和生态学领域著名的李文华院士作序。

2007 年至 2010 年，经过 3 年多时间的研究，王西琴完成了由澳大利亚国际发展署资助、澳大利亚环境和水资源部与中国水利部组织的"中国水权制度建设项目"，研究成果成为完善我国水权制度的重要依据，并于 2010 年出版专著《环境流量界定与管理》（王西琴为第一作者）。

王西琴的研究成果不仅在国内具有很高的应用价值，在国际上也具有一定的影响。2007 年，她被中国工程院聘为重大咨询项目"东北地区水土资源配置及其可持续发展研究"咨询专家；2008 年被西藏自治区环境保护局聘为"西藏自治区生态补偿研究项目"咨询专家；同年被联合国计划署（UNDP）聘为"二十一世纪城市规划、管理和发展项目"咨询专家；2010 年被国际水资源中心（IWC）聘为"中国和澳大利亚环境发展项目（ACEDP）"咨询专家。

由于工作需要，2010 年 5 月王西琴调入中国人民大学农业与农村学院任副教授，从事自然资源与环境经济学教学科研工作。2010 年 8 月应邀前去澳大利亚格里菲斯大学、澳大利亚河流研究中心做访问学者，从事水资源管理研究工作。在澳大利亚的一年里，她与国际知名专家学习、交流、合作，增进了自己的学术水平，扩大了专业视野，提高了科研能力。

2011 年 8 月她回到中国人民大学继续从事教学与科研工作，当年完成了农业部软科学课题"现代农业水资源战略研究"，核心内容被 2012 年《农村经济文稿》第五期转载，同时这项成果被农业部提交全国人大的咨询报告《现代农业与粮食安全》采用。

2012 年王西琴被学校破格聘为博士生导师。2013 年 9 月她又被中国人民大学农业与农村学院聘为教授、博士生导师，从事自然资源管理与环境保护教学与科研工作。同时，参与完成了联合国开发计划署（UNDP）长江流域重

要生态功能区的保护研究，提出的经济社会系统对环境压力的预警模型，为长江上游地区重要生态功能区的生态保护提供了依据，并由中国农业出版社出版了专著《经济社会发展对环境压力预警方法与应用》。她参与完成了国家重大水利专项子课题"太湖流域水生态承载力"，研究成果被《常州市生态文明规划》采用，并由中国环境出版社出版了专著《太湖流域水生态承载研究》（王西琴为第一作者）。

2018年，她完成了湖南省永州市政府委托课题"党建＋产业技术扶贫"，并由中国人民大学出版社出版专著《红色火种——湖南省永州市"党建＋产业技术扶贫"实践》和《新型职业农民论——源于湖南永州的实践》（王西琴均是第一作者），是我国较早阐述新型职业农民的著作，在新型职业农民培育体系和制度体系方面做了一些有益的探索，对于指导我国新型职业农民培育工作具有重要的参考价值。

2022年，她完成了国家重大水利专项子课题"京津冀地区水价改革方案"，提出的再生水定价方法、再生水利用政策等，被《天津市滨海新区十四五生态环境保护规划》采纳应用，提出的"低于灌溉定额奖励"农业水价改革思路与政策建议，被河北省沧州国家农业科技园区试点地区采用，并由科学出版社出版专著《京津地区水价改革政策研究》（王西琴为第一作者）。

王西琴多年从事自然资源管理与环境保护方面的研究工作，主持完成了

王西琴的部分著作

国家自然科学基金、国家科技重大水专项、教育部重点科技项目等 40 余项课题，发表国际国内论文 100 余篇，出版专著 9 部，参加编写著作 6 部。她的多项研究成果被直接应用于经济社会发展规划，为推进我国生态文明建设做出了重要的贡献。她是自然资源学会水资源专业委员会委员，是国家自然基金涵审专家，是自然资源学报、资源科学、中国环境科学、环境科学学报、环境科学研究、生态学报、*water resources management* 等期刊的评审专家。

源头活水　润物无声

王西琴作为中国人民大学教授，不仅在科研方面硕果累累，她对教育更有一种独特的情怀，这要从她的父亲说起。王西琴小时候，她的父亲曾担任府谷中学校长。他心中有韬略，眼中有未来，在那个动乱的年代，一心想振兴府谷教育事业，为国家建设培养有用人才。他经常情真意切、引经据典激励全体师生要胸怀大志，发奋努力，许多人深受感染。受父亲的影响，她的内心悄悄埋下一颗理想的种子，长大了要当一名受人爱戴的老师。

王西琴从 20 岁登上讲台，风雨兼程一路走来，始终把教书育人作为第一职责，用心发掘每一个学生的潜力，悉心守护每一个学生的成长，培养了大批生态文明建设的参与者、引领者，成了学生心目中可敬可爱的引路人。

在中国人民大学执教期间，王西琴始终坚持为本科生、研究生上课，用"源头活水"滋养学生的专业根基。教授《自然资源管理》《水资源经济与管理》《生态经济学》《城市生态学》《可持续发展概论》等课程，将自己渊博的专业知识和与时俱进的科研成果融会贯通，游刃有余地解答学生的各种疑问。

"研究生期间是学习的黄金时期，也是决定人生发展的一个关键阶段。"她激励学子们一定要利用好这段最宝贵的学习时间，为日后的学习和工作打下坚实的基础。她经常与学生一起讨论学术，交流思想，进行实地考察，锻炼学生解决实际问题的能力。学生的每一点进步都会给她带来无比快乐，她从学生身上总能看到新的希望，感受到新的力量。

她对学生要求"一丝不苟、从严从难"。当有学生请教一个具体问题时，她能耐心细致地与他们进行讨论，并推荐相关的文献。

她的学生在科研上遇到困难，出现畏难情绪时，她就通过种种方式缓解压力，激发他们的自信，引导他们走出困境。有时也变为"诤友"鞭策他们迎难而上，走出精神上的困惑。她说："人的一生会遇到很多挑战，绝对不能轻易放弃，一定要充分信任自己的能力，坚持认真踏实去做，一定会有好的结果。"她时刻关注着学生心理上、思想上的变化，用自己的人生智慧滋润着他们的心灵，陶冶着他们的性情。

截至 2022 年，王西琴共指导研究生 110 名（包括在校生 15 名），95 名学生已经毕业，取得了硕士或博士学位。这些学生毕业后分别从事教学、科研

2019 年，王西琴在北京城市排水集团有限责任公司酒仙桥再生水厂调研再生水利用情况

2016 年，王西琴与所带的博士班同学合影

和管理工作，成为行业的领军人物。

　　王西琴走过半生风雨，她对教育事业和环境事业的热情丝毫未减，一如既往地用自己的行动诠释着人民教师的初心和使命。

作者简介

　　石锐杰，女，1968 年 7 月出生于府谷镇西山村。本科学历，中学高级教师，先后任职于府谷县教师进修学校、府谷县继续教育中心。

蔺晓东

蔺晓东，男，1970年出生，汉族，府谷墙头人，中共党员，研究生学历。1990年参加工作，曾任内蒙古自治区巴彦淖尔市临河区副区长、区委副书记，政法委书记，2024年1月当选为临河区政协主席。

大道至简　实干为要

任　赓 / 供稿　张晓兵 / 整理

听民声　解民怨　纾民困　暖民心

　　蔺晓东祖籍府谷县墙头乡蔺家塔村，1970 年出生于内蒙古巴彦淖尔市临河区狼山镇爱国村。先后在爱国村小学、临河一中读书。受父亲和家里几位当老师的长辈影响，中考报考了内蒙古巴盟师范学校，进入普师专业学习。在读师范期间，参加了校篮球队，并在 1990 年参加了内蒙古自治区中专篮球联赛师范组比赛，巴盟师范队在 12 支师范参赛队伍中获得了第三名的好成绩。打篮球不仅锻炼了他的身体，也对他后来的工作轨迹产生了影响。

　　师范毕业后，蔺晓东被组织分配到临河市小召中学任教。当时临河市小召乡政府急需一名篮球运动员来组织每年的农民运动会，就这样他被调到了小召乡政府，开启了 32 年的农业农村工作生涯。1990 年开始，他先后从事新闻通讯员、团委书记、民政助理、人大办秘书、司法所长、党政秘书等工作。1999年进入镇党委班子，先后任组织委员、小召镇副镇长，之后小召镇合并到狼山镇，又任狼山镇副镇长、狼山镇党委副书记、纪检书记、人大主席、镇长，直到 2016 年到临河八一乡任党委书记。在狼山镇工作的 26 年，培养了他艰苦奋斗的精神、脚踏实地的性格、雷厉风行的作风、勇于担当的魄力、实事求是的原则和坚持学习的习惯。

2006 年，京藏高速过境工程项目需征用狼山镇幸福村部分土地，由于征用的地块是个沙窝，有些勤快的农民在那里开荒种地，土地权属不清，在施工过程中被群众拦住了。当时，包村领导陪同镇党委书记去现场调查处理问题，群众都不买账，场面比较混乱。由于镇党委书记有急事需要先走，安排包村领导留下继续处理，结果群众不同意，后来有群众提出："让小蔺来哇，他了解我们这里的情况。"正值中午 12 点，书记就给蔺晓东打电话，让他赶快去现场，他放下碗筷就跑。到了现场，蔺晓东与村民经过协商，让书记和包村领导先离开，所有问题由他负责处理。接着他让村民讲了具体情况，了解了大概情节，然后安抚了群众，让大家尽管放心，自己再深入了解一下就开村民会，混乱的场面立刻得到控制。

他利用一下午时间，对整体情况进行了摸底，对村长的履职情况也进行了解，决定晚上 8 点召开村民会议。刚开始 100 多号人七嘴八舌吵个不停，但问题集中于两点：一是土地权属问题，二是村长能力问题。当时蔺晓东心想，做群众工作就要听群众心声。他对与会村民说，问题需一个一个解决，如果大家不信任村长，咱们就重新选举，但选举要按程序进行，咱们先对村长的工作予以评价，如果大家满意就不再选举。他让一家出一个代表，组织村民民主投票，对村长的履职情况进行评价，结果还是原来的村长得票最高。事实摆在眼前，有几个村民尽管不乐意，也只能作罢。接下来蔺晓东让村民开始谈问题，村民谈了很多关于开荒地、承包地的问题。他先给村民讲解了一下政策，并告诉村民："修公路征用土地国家有政策，每亩土地多少钱有明确规定，大家选几个代表，明天我带你们去经管局、国土局，让管土地的干部再给咱们讲讲政策。"第二天他领上村民代表到有关部门了解土地征用政策，最终村民们得到的结论与蔺晓东讲的基本一样。后来近一个星期，他白天在单位上班，晚上和村民们讨论征地费用分配方案，最后事情得到圆满解决。

蔺晓东　内蒙古巴彦淖尔市临河区人民政府副区长

我们临河区 现有养羊户3万余户

2021年5月27日，蔺晓东在中央电视台《消费主张》栏目介绍临河区肉羊产业

勇创新　敢担当　勤调研　善作为

2016年，他调到临河八一乡任党委书记。八一乡是城郊乡镇，当时八一乡美丽乡村建设被亮了"黄牌"，征拆信访矛盾突出，党员干部队伍思想波动很大，各项工作陷于停滞。他临危受命，到任后迅速深入一线，深入群众家中、田间地头、征拆一线调查研究，转变工作思路和方式，提出了一套符合实际的工作方案，并耐心细致地做干部思想工作，调动激发各方面工作热情。在解决消极怠工、推诿扯皮问题上，通过动之以情、晓之以理，与干部谈心交流解决思想认识问题。2017年，在整顿软弱涣散基层党组织中，他顶住压力、较真碰硬，一次性调整4名不作为、乱作为的村支部书记，使原本战斗力不强的基层支部得到很大改观，有效激发了农村党员干部队伍活力，使村支书们切实感受到了责任感、归属感、自豪感，迸发出想干事、会干事、干

2022 年 9 月 2 日，蔺晓东（前排右二）调研太阳能储热温室扶贫项目

成事的激情。通过扎实工作和不懈努力，八一乡各项工作走在了全市前列，打了一场漂亮的翻身仗。其间，八一乡还接待了时任全国人大常委会委员长张德江同志调研，工作也得到了上级部门的肯定。

2019 年 3 月，他被提拔为临河区政府副区长，分管农、林、牧、水、科技、扶贫等方面的工作。2021 年 8 月，又任职区委常委，同时分管招商引资、道路交通等工作。他热爱农业农村工作，经常到农村去了解各方面工作进展，到现场调研、协调解决问题。他每年赴乡镇、农场、园区、企业等实地调研学习超过 100 天，工作卓有成效。农业农村工作方面，临河区先后获评全国农民合作社质量提升整县推进试点地区、全国农业社会化服务创新试点县、全国四好农村道路示范县、内蒙古特色农畜产品优势区（肉羊）、自治区农畜产品质量安全县，以自治区第一名的成绩入选"2020年中国乡村振兴百佳示范县市"榜单，入选全国第五批率先基本实现主要农作物全程机械化示范区。特别是2022年4月19日，通过大量的前期工作和从市到自治区再到国家有关部委逐级审批后，国务院终于正式批复同意建设内蒙古巴彦淖尔国家农高区（全国9个农高区之一），蔺晓东兼任巴彦淖尔国家农高区管（筹）委会办公室副主任。招商引资工作方面，他善于分析利用临河区优势特色积极对接推进合作，同时通过提供快速高效的"店小二"式的服务，明确任务分工和办理时限，临河区招商引资项目总数、完成任务占比均居全市前列。三一重能、龙腾光热、大北农饲料、君牛牧业、兴生源煤炭物流、江苏森联汽车小镇、兆鑫生物质电厂等一批企业成功落户或重新复工。

2023年9月4日，蔺晓东（中）在招商引资项目拟选地现场办公

2022 年 9 月至 2023 年 2 月，他担任临河区委常委、区政府党组副书记、常务副区长，同时区政府分工从农业农村和招商引资方面调整为负责审计、政务服务、教育、市场监管、应急管理、安全生产、消防救援等工作（其间，于 2022 年 9 月至 2023 年 1 月主持区政府全面工作）。这段时间，正处于新冠肺炎疫情期间，他带领区政府一班人顶住压力，通过科学划定风险区，精准管控风险人群，快速果断启动和解除管控，合理安排疫苗接种和药物储备，与全区干部群众一起打赢了多轮疫情防控阻击战，在尽量控制对生产生活影响小的情况下，以最小代价实现最佳防控，全力保障人民群众生命健康安全，群众干部对临河区当时的科学防控政策普遍评价较高。

2023 年 2 月至今，他担任临河区委副书记、政法委书记，主要精力放到了信访工作和政法工作方面。到了新的岗位，他的理念还是一贯的，继续为老百姓做实事，努力帮群众解决实际困难。有一次，临河白脑包镇的一户脱贫户，其子有严重精神疾病，用刀刺杀父母亲造成严重后果，在内蒙古第三人民医院就医后有很大好转，但医疗费用较高，有 26 万元之多，医保报销的政策是先缴费开票，再报销，但当事人家庭贫困，根本拿不出这么多钱，交不了钱就出不了院；而如果不及时出院，病人可能产生焦虑，对其精神疾病的治疗极为不利。当时，白脑包镇党委书记来找蔺晓东汇报这个情况，他在征询了医保、民政等部门的意见后，决定先从医保资金中借用一部分，再通过民政救济解决一部分，帮助这个家庭解决了困难。当时也有人提出医保资金一般是不能动的，但他认为，只要是有利于群众的事，就应该放手去干，即使上级有关部门询问这件事情，只要实事求是地向上级汇报，也能赢得上级的支持。后来这个事情得到了顺利解决，群众非常满意。

2023 年 6 月，习近平总书记组织有关省部级领导到临河区国营新华林场考察，并在临河区主持召开了座谈会，临河区圆满完成了这次接待工作。

在临河工作了 30 多年，蔺晓东吃苦耐劳、勤政务实，依靠较强的工作能力和领导水平、稳健踏实的工作作风，为老百姓服务，用实干担当彰显了初心使命，是干部与群众公认的好党员、好公仆。他也希望府谷与临河两地以"走西口"文化为纽带，以资源条件优势互补为动力，不断增强两地的经济、文化往来，让两地都走上高质量发展的快车道！

作者简介：

　　任赓，男，1993年出生，汉族，中共党员，现任内蒙古巴彦淖尔市临河区人民政府办公室翻译室主任。

　　张晓兵，无党派人士，府谷县第十届政协委员，现就职于府谷县人力资源和社会保障局。

张虎

张虎，男，汉族，1967年出生，祖籍府谷县墙头。包头市漫瀚艺术剧院创研中心主任、国家一级演员、内蒙古戏剧家协会会员、内蒙古曲艺家协会理事，包头市曲艺家协会主席、包头市首批二人台艺术导师，二人台非物质文化遗产传承人。

国家级非物质文化遗产二人台传承人张虎

张党旗

拜师学艺　苦尽甘来

1967 年，张虎出生于内蒙古巴彦淖尔市白脑包镇张家圪旦村一个农民家庭。儿时的张虎十分勤快，在家里挑水、扫院、劈柴，在地里拔草、施肥、割麦，农活样样都会。

张虎天生聪明，10 岁时开始上学，学习成绩一直名列前茅，特别对代数、几何很感兴趣，每次考试成绩在班里都数一数二。念到初二那年，父亲因病不能参加农业社集体劳动，家大人多，生活困难，作为长子，张虎为减轻家庭负担，便辍学回家务农。

1983 年，杭锦后旗晋剧团来到村里唱戏，演出期间还贴出了招收学员的广告。张虎经过报名、面试、试唱等一番程序，剧团领导当场宣布录取他。可是几天后，又说他太瘦小不能录取了。为了实现自己的愿望，张虎托人几次向剧团领导求情，最后勉强被录取。进入剧团起初干拉幕布、搬戏箱、管道具、照戏台等内勤杂活，同时兼帮照看剧团演员赵忠义师傅的小孩。在那时，干一天管三顿饭还可以挣到一元钱，对他而言已经很满足了。随团演出期间，他很想跟师傅当学徒，师傅看他长得又瘦又小，不是唱戏的料子，便拒绝了他的要求。他不甘心，师傅在台前教学徒，他偷偷地在幕后仿学，抬腿劈叉翻跟斗练台步，模仿各种动作要领。他有悟性且记忆力特别好，台词读两遍就熟记于心，表演一学便会，唱念做打有板有眼。赵忠义师傅看他勤快好学，人品好、人缘好，就收他为徒弟。赵忠义是晋剧名角"水上漂"王义山的大弟子，在剧团德艺双馨，在当地知名度颇高，能跟着赵师傅学艺，他高兴万分。1984年3月6日是张虎拜师的日子，直到现在说起来他还是记忆犹新，终生难忘。拜师学习期间，师傅给剧团24个学员集体教学，唯独给张虎单独教练。在赵师傅的精心点拨下，张虎起早贪黑，勤学苦练，熟练地掌握了唱腔技巧和动作要领，当学徒半年后就能登台演出。第一次登台演出唱的是《秦英征西》，扮演主角秦英，表演非常成功，得到师傅、同行和戏迷们的一致好评和高度赞赏。张虎在临河地区戏曲行当初露头角，他的名字在当地逐渐传开。

1985年临河撤县改市，张虎由农村户口转为城市户口，全家人非常高兴，村里人也对他刮目相看，赞许这个猴小子了不得。之后，他跟着师傅虚心学习，苦练基本功，从学徒一步一步走向骨干演员，1988年升任临河市晋剧团副团长。剧团每年正月初五出发到外地演戏，直到十月大雪封路才返回临河，主要在山西省河曲、偏关、保德、祁县、太谷等地方巡回演出。在农村基层演出，演员以天地为舞台，观众席地而坐，条件非常艰苦，演员要克服环境、场地等种种困难。无论刮风下雨，只要一开戏，张虎和他的同事们就会以最佳状态全身心投入戏剧角色中，奉献给观众最好的精神食粮。

1999年剧团改制，演员自谋职业。为养家糊口，照应老人兄弟姊妹们，他冬天骑上自行车转农村卖冻柿子换麦子，然后去粮站籴粮换钱。他还去乌兰牧骑和王占昕一起搭伙唱戏，参加农村白事宴八音队演出。随着社会文化多元发展，张虎从演唱晋剧逐步转向二人台艺术表演。

2002年内蒙古河套酒厂举办一场戏曲、歌舞综合性晚会，酒厂负责人联系张虎策划承办这场晚会，这时距演出时间仅有5天，他毫不犹豫地接下这场晚会任务。接着开始紧张有序地组织演员、筹划节目、调试灯光音响、编

2007 年，张虎参加第三届巴黎中国戏曲节演出

写串场词、彩排节目等一系列筹备活动，最终晚会演出非常成功，张虎一时名声大噪，轰动临河地区，成为当地的明星。河套酒厂晚会成功演出，是他艺术人生道路的转折点。随后河套酒业集团成立心连心艺术团，他初任副团长，过了 5 个月后又担任团长，带领艺术团在临河各地演出 30 余场次，一年盈利 10 万多元。

2003 年他被包头市委市政府以优秀人才引进招录为包头市漫瀚艺术剧院正式职员。2005 年张虎自编自导节目《五朵金花》在中央电视台音乐频道《魅力 12》栏目成功演出。 2007 年 12 月他在北京参加了中国曲艺新人新作汇报演出，受到时任中宣部部长刘云山同志的亲切接见。2009 年荣获包头市"五一劳动模范"奖章；2010 年任包头市漫瀚艺术剧院文化产业办主任兼导演；2013 年任包头市漫瀚艺术剧院创研中心主任。

演员是一个十分清苦的职业，身体和心理承受的痛苦和压力常常是外界难以想象和理解的。通常而言，在舞台上表演，演员不仅要精神高度集中，

2020 年 12 月，参加中国—东盟（南宁）戏剧周，张虎与女儿同台演出

全神贯注地完成人物角色塑造，还要不断深入揣摩剧中人物的内心。为了达到满意的效果，他仅排练《顶灯》节目的动作要领就达数万次。他没日没夜地高强度排练，让原本颈椎、膝盖、腰部等部位的旧伤都有不同程度的复发。但他白天打紧绷带简单地做些保守治疗，晚上有空隙就继续排练。艰辛的付出，让他的演出水平有了极大的提高。

精研创作　硕果累累

从艺 30 年来，他成功塑造了形色各异的舞台形象，多次荣获自治区、国家级各类奖项和荣誉。2007 年 11 月，中国文联、中国戏剧家协会举办的第二届"中国戏剧奖·小戏小品奖"暨第二届"全国小戏小品大赛"决赛中，他的参评剧目《寻找老扶贫》被评为优秀入选剧目奖和观众最喜爱奖；2007 年

张虎在录制节目时与中央电视台著名主持人董卿合影

11 月参演漫瀚剧《契丹女》参加法国第三届巴黎中国戏曲节，荣获传统优秀剧目奖；2009 年内蒙古首届二人台艺术节，他主演的《顶灯》《卖碗》《探病》荣获表演一等奖；2010 年参加全国第二届"新农村新文化新风貌"小品展演，他荣获最佳演员奖；2011 年内蒙古第二届戏剧"娜仁花"奖大赛中小戏《调包记》获金奖和观众最喜爱的演员奖；在包头市廉政晚会参演的小品《红包》荣获表演一等奖；2012 年他参演的大型漫瀚剧《草原阿妈》获内蒙古自治区"五个一工程奖"并荣获第三届中国少数民族戏剧会演银奖；2014 年在内蒙古二人台艺术节，他主演的《清风亭》荣获金奖；2014 年他参加"中华颂"第五届小戏小品大赛，荣获优秀导演奖，并赴台湾参加海峡两岸艺术学术交流；2016 年参加内蒙古第四届二人台艺术节暨首届内蒙古戏剧节展演，参演的《杀狗》荣获金奖；2016 年内蒙古草原文化艺术节，他参演的二人台小戏《农家乐》荣获演员表演金奖，该剧作为优秀剧目入选 2017 年十二省区

优秀剧目，在"中华梨园梦"十二省市春节戏曲晚会进行直播；2017年他与中国著名戏曲导演李慧琴联袂执导大型漫瀚剧《布衣郡守》，得到业内专家、观众的广泛好评；2018年他参加内蒙古二人台艺术节暨自治区戏剧节，演出《老扶贫》获得一等奖。

以德为先　致力非遗

张虎曾经是晋剧演员，后改唱二人台。在两个截然不同的艺术形式之间转换，有人说他"叛逃"晋剧，但经过多年摸索，他将晋剧、二人台、漫瀚调小戏、喜剧小品等多种表演形式结合，在地方艺术的舞台上独树一帜，成为百姓喜爱的二人台表演艺术家。

他是著名二人台表演艺术家武利平的大弟子，也是晋蒙陕冀地区家喻户晓的喜剧明星，在二人台舞台上张虎主要饰演彩旦反串（男扮女老太太）。他在代表作品《根旺相亲》《"钱串串"哭钱》《老扶贫》《招聘》《送礼》等中的精彩表演给观众留下了难以磨灭的印象，大家见了张虎就叫他"根旺"或"三毛猴"。

从艺的道路上张虎始终坚持贴近实际，贴近生活，贴近群众，秉承为塑造人民群众喜爱的文艺作品、与人民群众打成一片的创作原则，一直把社会效益放在首位，不做唯收视率马首是瞻，不将娱乐大众化作为唯一追求。同时文艺作品还要承担起引领时代，传播正能量的历史使命。正如习近平总书记嘱托："文艺要塑造人心，创作者首先要塑造自己。"张虎更加深刻地感受到，深入生活、扎根人民，才是文艺工作者创作的必由之路。

张虎作为一位优秀的文艺创作者，他力求创作每一部作品，都能给人以积极向上的精神力量。多年来他出版近百部演出光盘，销售量达到 2600 万张。

作为一名始终坚持在一线舞台表演的演员，同时也是为学生授业解惑的教师，张虎不仅严格要求自己，他还用自己的言行影响身边的文艺工作者，用实际行动感染、启迪、帮助身边更多的人，成为新一代演员的榜样。为了使二人台艺术发扬光大，他和妻子商量卖掉包头市区繁华地段 200 多平方米的房子，个人投资修建 2000 平方米二人台艺术传承培训基地和非物质文化遗产二人台博物馆，专注二人台艺术挖掘、整理、保护、传承、发展工作。培养更多优秀人才，创作出更加优秀的文艺作品，服务百姓，回报社会，这是张虎从事二人台艺术的不懈追求。

作者简介：

张党旗，男，1976 年 1 月生，府谷县墙头人，现供职于府谷县委巡察办，政协府谷县第十届委员会委员。

付瑞吉

付瑞吉，男，1984年2月出生，府谷县墙头人，中共党员，计算机博士，信息与通信工程博士后，高级工程师。曾任科大讯飞AI研究院副院长，现任快手科技技术总监，清华大学、北京理工大学硕士生校外导师。他在人工智能领域的研究工作走在了世界前列。

站在人工智能前沿的青年学者付瑞吉

吴来如

2013 年 10 月 18 日至 20 日，西雅图，这座位于美国华盛顿州西北部太平洋沿岸的美丽城市、世界著名企业微软公司总部所在地、比尔·盖茨的家乡正在举办世界人工智能国际学术会议。19 日上午，室外天气变冷，然而在一座五星级国际酒店的会议厅里却热气腾腾，会场上来自世界各地人工智能领域的专家学者正聚精会神地聆听一位中国青年学者的报告——《基于多信息源的开放域上位词发现》。报告结束，会场上响起雷鸣般的掌声。这位青年学者就是府谷墙头人付瑞吉。

翩翩少年 高考状元

墙头村位于府谷东部，这里是长城和黄河的交汇地，万里长城从这里起头蜿蜒西去，九曲黄河从它的东边奔腾而下。每当春夏之际，岸边的冲积平原绿意盎然，生机勃勃，如同镶嵌在塞上的一颗明珠。神奇的土地和厚重的历史文化哺育了一代又一代勤劳智慧的墙头百姓。这里地灵人杰，新中国成立至今，墙头共走出大学生和中专生 1000 余人，硕士研究生近百人，到国外名牌大学留学的有 20 多人，这对于户籍人口仅有 4600 多人的墙头来说，简直是创造了府谷教育的一个奇迹。付瑞吉就生长在这里。

付瑞吉的父亲和母亲都是墙头学校的教师，他从小就生活在校园里，浓郁文化氛围的陶冶和父母的言传身教，培养了他良好的思想品德和热爱学习的习惯。从上小学开始，他的学习成绩始终名列前茅。他不仅文化课成绩好，而且爱好和兴趣广泛，学什么会什么。剪纸、泥塑、书画、表演，一旦进入角色便十分投入。有一段时间，他看了电视连续剧《西游记》，便拿着纸和笔画孙悟空、猪八戒等剧中的主要人物，画得惟妙惟肖，十分传神。初中毕业参加中考，他以全县总分第二名的成绩，顺利进入府谷中学示范班。高中三年，他心无旁骛，如饥似渴地学习，尤其喜欢物理、化学和生物。在完成文化课学习的同时，他还经常参加学校和班里组织的各种课外活动。这位身高近一米八〇、长相帅气、热情而又有活力的少年，深受老师和同学的信任和喜爱，大家推举他担任班长。由于他学习成绩优秀，各方面的表现突出，在高中毕业之际，他光荣地加入了中国共产党。2003年参加高考，他成为府谷县的理科状元，被哈尔滨工业大学录取，进入他理想的计算机科学与技术专业学习。

2014年7月，付瑞吉于哈尔滨工业大学博士毕业留影

本硕博连读　步入人工智能领域

哈工大的校风学风敦本务实，以"规格严格，功夫到家"为校训。哈工大计算机专业建于 1956 年，是中国最早的计算机专业之一，为国家培养了一大批计算机领域的杰出人才。进入哈工大，博学多才的老师、浓郁的学习氛围和心仪已久的实验室让他如鱼得水，他将全部身心投入学习中。在本科阶段，他学习掌握了计算机领域的基础科学理论，获得三好学生标兵、优秀学生干部等称号。同时他还担任年级党支部书记，锻炼了他的领导能力。大学三年级的时候顺利保送本校研究生，进入社会计算与信息检索研究中心学习，首次接触到自然语言处理前沿技术，迈入人工智能领域。2009 年他顺利通过毕业论文《音乐命名实体识别技术研究》答辩，完成了他的研究生学业，获得了硕士学位。同时，在同实验室保送攻读博士学位，研究领域为信息抽取和知识图谱。2014 年他完成了高水平的《开放域命名实体识别及其层次化类别获取》论文，获得博士学位。在读博士和以后的工作中，他发表了 30 多篇在国际上具有影响的学术论文。先后应邀到美国西雅图、美国巴尔的摩、日本横滨、德国柏林、加拿大温哥华、泰国清迈等多个城市参加国际学术会议，宣讲自己的科研成果，与国际国内同行交流学术经验，开阔了视野，提升了自己的科研水平。

攻克教育认知智能技术难关　获得科技进步大奖

2014 年博士毕业后，他加入哈工大讯飞联合实验室，后担任科大讯飞 AI 研究院副院长、哈工大讯飞联合实验室副主任，主管教育认知方向技术研发和落地应用，主持研发了教育认知智能技术，其中包括智能阅卷和个性化学习两个部分。他入职讯飞后开展的第一项技术是智能阅卷技术。传统的自动阅卷系统只能完成客观选择题的自动打分，学生考试时用 2B 铅笔填涂答题卡，就是为了机器自动评分。智能阅卷是面向主观题，他们是国内最早开展主观题智能评阅技术研究的团队。经过长期研究和实践，从语文作文评分入手，克服了数据缺乏、评分维度复杂、评分尺度不统一等一系列难题，终于将该项技术研发成功并落地应用。他坦言，最难忘的是 2015 年合肥市的学业水平考试，他们的技术第一次在阅卷现场验证，付瑞吉带领几位工程师通宵达旦工作三天，完成试卷扫描、文字识别、评分标准学习和机器评分等工作，并且抽样和专家评分进行了比对，机器的评分结果相比现场老师的评分更加接近于专家评分，智能阅卷技术可行性验证取得了圆满成功。之后，该项技术被应用于更加重要的大型考试阅卷中，机器评分常被用于评分质检，可以将人工误判的试卷检测出来，经专家仲裁修正评分结果，辅助保证了考试的公平公正。

在此基础上，付瑞吉还面向学生日常练习，进一步研发了作文批改技术，在评分的同时，还能给出作文评语以及修改意见，帮助学生自主练习写作，该项技术应用于讯飞的 AI 学习机产品中。此外，付瑞吉带领他的团队还将阅卷技术扩展至各种主观题型以及英语、政史地、数理化等其他学科。

个性化学习技术是人工智能技术赋能的因材施教。"因材施教"是两千多年前孔子提出来的教育思想，那时候孔子的弟子人数有限，且与老师同吃同住，孔子对于每一个学生的特点都了如指掌，因此可以根据学生的特点进行个性化的指导。然而，工业革命催生了近代教育模式，几十甚至几百学生在一个班级接受规模化标准化教育。这种教育模式满足了大规模工业生产的需求，但却影响了学生的个性化

付瑞吉荣获 2020 年度吴文俊人工智能科技进步奖一等奖

发展。随着人工智能技术的发展，这两种教育模式的优势有机会相结合，也就有了他们的个性化学习技术。该项技术首先通过学生的学业数据，如考试答题情况、作业完成情况等对他们的学业水平进行评估，得到每个学生对各个知识点的掌握水平，然后结合教学知识点体系给每个人布置个性化的作业，针对薄弱知识点进行重点练习，提高学习效率。这项技术已经应用于讯飞个性化学习手册、AI学习机等产品中。有付出便有回报，人工智能阅卷技术获得了2020年吴文俊人工智能科技进步奖一等奖。其间他在中国科学技术大学完成了博士后研究工作，获得高级工程师职称。

机缘巧合　应邀到联合国做"售前"工作

付瑞吉的本职工作一直都是算法技术研究，在公司中处于"后台"的位置。而一次机缘巧合，竟然应邀去联合国做了一次售前工作。

科大讯飞以智能语音技术闻名于业界，基于语音技术的产品"讯飞听见"是国产智能会议系统的骄傲，可以将会议中参会人说的话自动转换成文字，大大提高了会议记录的效率，国家鼓励这样的技术和产品走出国门，走向世界。2017年9月，联合国国际电信联盟（ITU）副秘书长Malcolm Johnson来华，参观了科大讯飞公司，付瑞吉代表公司接待了Johnson先生，为他介绍了讯飞的人工智能技术和产品。其中"讯飞听见"系统特别引起了客人的兴趣，因为联合国的会议多（每年有200多天都在开会），希望能够利用"讯飞听见"将语音实时转换成字幕。Johnson先生当即邀请付瑞吉去国际电联在瑞士日内瓦的总部现场试验系统并洽谈合作。

2018年1月，恰逢国际电联召开年会，在工信部的组织下，付瑞吉作为讯飞公司的唯一代表赴瑞士日内瓦，客串了一次销售。从北京直飞日内瓦需要11.5个小时，抵达的时候是傍晚时分，接机的师傅把他送到了市中心距离日内瓦湖不远的一个小院里。小院镶嵌在一条并不宽敞的街道旁的一排建筑

2017 年 9 月，付瑞吉（左三）接待国际电联副秘书长 Malcolm Johnson 一行

中间，从外面看很不起眼，进去才知道那里是中国外交部在日内瓦的招待所，里面住的都是政府或国企去联合国出差的人员，他顿时感觉非常亲切。

第二天他随工信部的领导去了国际电联总部，它位于联合国所在区域的中心地带，三座办公楼相互连通。俯瞰万国广场，里面很大，安保很严，附近有不少国际组织和各国常驻日内瓦代表团。在那里，付瑞吉又见到了Johnson 先生，也见到了国际电联秘书长赵厚麟先生，他是中国人。付瑞吉向他们介绍了"讯飞听见"系统，并于当天下午和次日在真实的会议环境中试验了系统，总体非常成功，语音转文字的准确率很高，仅需要对专业领域的术语进行优化后即可应用。大家对于中国的技术赞不绝口，他第一次切身体会到了为国争光的自豪。三个月后，科大讯飞与国际电联签订了正式的合作协议，致力于推进国际电信联盟组织的办公和会议更加智能、高效和便捷，提高国际电联的工作效能和数据利用效能，降低重复性劳动时间和成本。

怀揣一颗善心 做有温度的技术

有人可能会觉得技术是冷冰冰的，是讲求客观的不能掺杂个人情感的，做技术的人也要尽量保持客观理性。而付瑞吉觉得做技术的人也特别需要有情怀，要怀揣一颗善心做技术。因为技术是一把双刃剑，可以造福人类，也可能伤害人类，人工智能技术也是如此。技术人员要想方设法将技术应用于造福人类的地方，避免对人类造成伤害。

他在科大讯飞期间主要从事智能教育方面的工作，用人工智能技术助力教育，帮助学生高效学习，帮助老师减轻负担，具有明确的社会价值。因此，虽然遇到了各种困难，但他还是一直坚守这个方向，带领团队不断前进。做科研从来都不是轻松的，2019 年讯飞拿到了很多智能教育的项目，对于技术的要求很高，付瑞吉组织了"百日战役"，带领团队连续 100 多天对技术难题发起了攻关，

2019 年，付瑞吉（左三）带领团队获得科大讯飞优秀团队奖励

2022 年，在快手 AI Day 技术大会上发言

最终顺利完成了项目支持。同年，他们团队因此获得了公司"十佳团队"奖励。

2021 年初，付瑞吉加入快手科技，有些人质疑他放弃了情怀。因为快手是一款偏娱乐化的短视频产品，人们主要用它来打发时间，而且容易上瘾。其实快手为广大用户提供了一个交流分享平台，每天有 3 亿～4 亿人使用快手。付瑞吉从 0 到 1 创建了知识图谱团队，提出要从海量短视频中挖掘知识类的内容，并把它们进行结构化梳理，这就是业界第一个多模态短视频百科知识图谱——"快知"。"快知"利用了快手短视频平台的优势，突破图文和表格的局限，通过更丰富的知识点和短视频来描述某一个实体或者概念，能够更加形象生动地传递知识，涵盖了教育、健康、美食、三农、亲子、法律、科技、金融等生活中方方面面的数亿知识短视频，对于人工智能技术发展和产品应用都有积极的作用。

目前，"快知"中的知识类视频已经超过 3 亿条，并且还在不断增长，为广大用户提供了学习知识技能的服务。付瑞吉说："未来，工作内容可能还会发生改变，但我会一直怀揣一颗善心做有价值、有温度、造福人类的技术。"

和时间赛跑　向大模型技术攀登

2022 年底，美国人工智能公司 OpenAI 发布了一款名为 ChatGPT 的聊天机器人，推出后几周内就风靡全球，甚至引发了全球的人工智能竞赛。

ChatGPT 理解和应用人类语言的能力非常强大，能够与人类进行自然流畅的对话，能够完成各种不同类型的任务。相对于传统的人工智能技术，ChatGPT 的应用方式更加灵活通用，几乎可以涵盖能够应用语言沟通解决的各种场景，比如对话、文摘、翻译、编写文章等，甚至包括编写程序、求解数学题等。

ChatGPT 背后是大模型技术，2023 年初开始，国内外众多科技公司都开始跟进研发自己的大模型。快手科技也不例外，目前付瑞吉所领导的团队负责基于知识图谱等技术，帮助大模型提高解决实际问题的能力，这对于大模型的落地使用非常重要。他们在和竞争对手赛跑、在和时间赛跑，希望能尽快研发成功自己的大模型，为中国的人工智能事业添砖加瓦。

付瑞吉告诉笔者：能够进入人工智能领域是幸运的，但也是艰辛的。幸运的是能够站在技术发展的最前沿，做改变世界的探索；艰辛的是人工智能技术日新月异，需要不断学习创新，同时从技术研究到落地应用需要付出非常大的努力。但唯有热爱才是最好的"解药"，我将继续带着热爱去学习和探索，利用人工智能技术为国家和社会尽绵薄之力。

就在本文即将付稿之际，快手科技传来好消息，付瑞吉所在的技术团队，经过拼搏，已将基础大模型——"快意"研发成功，成为快手科技在这一领域的第一个里程碑。然而他们并没有满足于现状，而是振作精神，一鼓作气向第二个里程碑迈进。

刘虎林

刘虎林，男，汉族，1958年7月出生。府谷墙头花豹峁村人。大学文化，高级工程师，国家一级注册建造师。现任内蒙古经纬集团董事长，历任中国施工企业管理协会常务理事、中国建筑业协会理事、内蒙古自治区工商联副主席等职，被授予建设系统全国劳动模范称号。

子午正道

白　漠

出路与初心

1979 年农历正月初八，正好立春，但丝毫也感觉不到春的气息，墙头公社花豹峁村的山梁上冷风还在呼呼地吹。21 岁的刘虎林抱着身子站在那里，望着山脚下的黄河，眉头紧锁，一副忧心忡忡的样子。

河面上结着厚厚的冰，不断有人在冰面上来往于两岸之间。河川的生产队已经有人赶着牛车往地里送粪，这些情景预示着属于农民的又一个轮回开始了。府谷人的习惯，过了初七，年就算过完了。他们所在的花豹峁生产队也开始上工，召集社员做一些春耕前的准备工作。

花豹峁村坐落在半山腰，虽然村里人一出门就能看到黄河，但所有的耕地都是山地，根本浇不上水，收成好赖全由老天爷定，有很多时候辛苦一年到头来颗粒无收。饥饿像云雾一样浸染着山村生活的底色，很多年都无法改变。最让他瞧不上的是村里的一些人，饿得都快活不下去了，却不是想法子把日子过好，让老婆孩子吃饱穿暖，而是热衷于折腾人。

刘虎林一直想跟这个世界好好讲讲道理，只是总也讲不通。他们家祖上有几千亩地，那也是真金白银换来的，早已无偿交给生产队，凭什么还要把土地的原主人定性为坏人？我刘虎林将近一米九的大高个，干活总是比别人多，凭什么因为家庭成分不好就低人一等？

1978 年是中国改革开放的第一年，但位于陕北高原的府谷还没有任何风吹草动，这些年除了可以让社员种自留地，养猪养鸡鸭之外，一切还按照集体化的路子按部就班。但机敏的刘虎林好像嗅到了点什么，他决定到口外去闯一闯。其实这个想法很早就有，由于母亲不放心一直不让他走。这一年，他觉得不能再拖延了，想尽办法说服母亲松了口。生产队也同意他外出，要求是按照常规年底向集体缴工资换工分。这本来是农村为手艺人定的规矩，外出耽误了集体劳动需要用钱来弥补，每个工作日的工分是 10 分，根据粮食价格换算价值在一毛到两毛钱之间。刘虎林没有学过手艺，能不能把该交给集体的钱赚回来还真没保障，但他还是决定出去闯一闯。

开弓没有回头箭。十几年后，他完成了原始积累决定创办企业，需要为企业起一个名号，他想了好几天，也找人请教过，最终确定将"经纬"作为公司的名号。他对经纬这两个字的理解就是不变的定位和方向，是条理和秩序。经线又叫子午线，预示正南正北；纬线则是正东正西。不管东西南北，守的都是正道。

苦难中磨炼

从一个背井离乡的打工者到巴彦淖尔市乃至内蒙古的知名企业家，刘虎林打拼了 14 年。但现在说起那时候的种种过往，他总是轻描淡写。那些曾经一起经历过苦难的伙伴们提起往事却不由得叹息，他身边的亲朋好友都知道刘虎林能有现在的成就真的不容易。

当年离开家的时候，母亲拿出一个布包，一层一层打开，从里面取出一沓零零碎碎的钱塞进他的手里，含着泪叮嘱：穷家富路，在外面不要苦了自个儿。

他知道这是母亲几十年来的所有积蓄，她自己几年都舍不得买一件新衣服，把好不容易省下来的钱全部给儿子却眉头都不皱一下，真是可怜天下父母心。趁着母亲去准备干粮的工夫，他把手里的钱重新放回那个布包里。出门需要的路费其实自己早就准备好了。这些钱都是他和另外一个伙伴悄悄赚来的，他们赚钱的门道有好几条，最赚钱的要数贩猪娃子了。从麻镇集市上把那些到散集还没卖掉的猪娃子趸下来，第二天背到河对岸的河曲巡镇卖掉，赚取差价，最多的一回赚了 5 块钱，相当于在生产队劳动两个多月的工分换算值。做这事最难的两道程序是背猪娃子和晚上保存猪娃子。两个人用麻袋背着四五个猪娃子从麻镇到花豹崀村外，他们不敢走大路免得碰到熟人节外生枝。猪娃子也不能背回村里，需要在外面找个寄存的地方，两个人轮流值守，第二天一大早背到码头上坐船到那边的集市。

不过这些事要是在生产队劳动是做不成的，就连去赶集都不会轻易准假。他们就争取到大队的农田基建专业队去干活，那里的领导好说话，只要有事请假一般是不会拒绝的。

偷偷摸摸挣钱自己舍不得花，也不敢把钱给家里，父母会因为这些钱来历不明生气，也会为他们担心，不过把钱攒下来出这趟门算是派上了用场。从花豹崀动身，翻过山梁到了黄甫川，一路向北经古城出了县境，就算是踏上口外的地界了。饶是男孩子心野，毕竟没出过远门，不由得小心起来，到了沙圪堵的时候天已经完全黑了。走之前他们也是做过攻略的，口外的亲戚把他们走过的路径写信告诉了他。在沙圪堵过夜需要找车马店，那里住宿相对要便宜得多。边走边打听，终于找到了一家车马店。自己带铺盖的住一晚一毛钱，不带铺盖的两毛钱。他们是带着行李的，交了钱就着热水吃了点干粮，走了一天的路又困又乏就想着赶紧睡觉。一面大炕上住着 20 多个人，炉火很旺，倒是很暖和。只是半夜被臭虫咬醒，怎么也睡不着了。住这里的人都是到口外谋生的，耐不住臭虫叮咬，都起来边抓臭虫边说话。有几个已经来口外找营生两三年了，有些经验，听到刘虎林是准备沿着纳林、马场壕、新民堡、王爱召、树林召、大树湾这条线一路到包头边找亲戚边找营生，立刻就建议还是等找到活干稳定了再去见亲戚。有句老话"吃米不如吃面，投亲不如住店"，你要是单纯去走亲戚他们会以礼相待，要是去投靠那就完全不一样了。刘虎林也是大小伙子了，这点道理还是能听明白的。当即决定听取建议改道去东胜，先在城区打零工挨一段日子，等土地解冻了上杭盖梁掏根子去。

东胜的天气格外的冷，一出车门冷风就从四面包抄上来，让人不由得打冷战。说实话，这地方给刘虎林留下的印象并不太好，但他还是决定耐着性子等土地解冻，先靠掏根子挣点钱再说。东胜毕竟是城市，零活也很好找，搬炭、装卸货物都需要人。特别是像他这样身材魁梧的青年，所有雇主都喜欢。这段时间，每天挣到的钱不但够吃饭和支付车马店的住宿费，还略有结余。不知不觉天就暖和了，他认识了一些人，也挣到了一些钱。与老家的生活相比，就有一种活出来的感觉。东胜这座城市也越来越熟悉，各种节奏也完全适应了，但他还是决定上杭盖梁去掏根子。

之前刘虎林了解过掏根子，其实就是挖甘草。伊克昭盟（今鄂尔多斯市）与河套地区交界处的库布齐沙漠边缘的大片土地上野生甘草很多，很早以前就有人在包头、杭锦旗、东胜收购制作贩运甘草，掏根子就成了刚去口外找不到活计的人最好的选择。干这活只需要镢头和铁锹各一把，再加一根绳子就可以开工。优点是来钱快，缺点是劳动强度大，危险系数高。杭盖梁的根子都长在高高的崖畔上，不小心就会发生坠崖或者被塌方掩埋的悲剧。

刘虎林个子高，天生有力气，当然不怕劳动强度大，总比去石拐下煤窑强得多。口里的家乡也有甘草，小时候他也挖过，晾干了嚼着顶糖吃。他知道棵子越壮实根子就越粗，而普通人不敢靠近的高崖头这样的甘草棵子就越是茂密。刘虎林遇事喜欢动脑筋，很快就制定了一个又安全又高产的方案。他用了一天时间在崖壁上开辟了一个平台和一个工作面，这样就可以通过掘进来挖到完完整整的根子。果然他挖到的根子比铁锹把还粗，每一根都有四五米长，很受收根子的人青睐，卖的都是好价钱，很快他就在掏根子这个行当里干得顺风顺水。

刘虎林在办公室工作

磨炼中成长

　　杭盖梁的风一年四季都在吹，不是冷风就是热风。刘虎林在掏根子的场地是下了一些功夫的，为了防止人不在被人捡了便宜去，他干脆搭了简易的窝棚住在场地上。这里昼夜温差很大，炎热的夏天一旦到晚上，睡觉也得盖棉被。不过每天累得够呛，一倒头就能睡着。好在收入一天天地增加，化解掉了所有的疲惫。不仅给生产队缴工资的钱有了，过年回家以及明年再来的路费也足够。他还计划给自己换两身衣服，总算是出了回远门，回去要有点派头。到时候还可以从这边带一些稀罕东西回去，全家人好好过一个富裕年。

　　不知不觉秋天来了，等秋天过完，一年挖根子的日子也就算画上了句号。他突然想到一个问题，这根子掏得再好，一辈子也只能是一个掏根子的，没有任何发展前途，这可不是他想要的生活！况且杭盖梁的根子也越来越少，总有掏完的一天，他不得不思考下一步的出路。

在口外生活这一段时间，刘虎林越发不想回老家了。他跟一些本地人探讨过，想在这里落户也不是难事，特别是河套地区农村有大片的土地，现有的人根本种不完，所以好多地方对于人口的迁入是留着口子的，特别是像他这样的壮劳力。他决定结束掏根子的工作，到河套地区看看去，看能不能找到落户的机会。刘虎林属于那种想好了就去做的人，绝不拖泥带水，当天就收了摊子去了临河。新认识的朋友中有好多是河套地区农村的，都知道这个刚从口里过来的刘虎林豪爽，做事干脆，脑子还特别灵活，有人主动推荐他到自己村里落户。他也选好一个生产队，那里还有早年上来落户的亲戚，本来是十拿九稳的事情。赶紧写信把这喜讯告诉家里人，让他们做好准备，等过年回去就带着口外这边的户口迁移许可证明把全家人搬过来。没想到母亲托人给他写信反对现在迁户口。母亲的意思是这种时候搬家其实跟逃荒差不多，无论口里还是口外都算不上什么体面，万一在那边混得不如意，就没有了退路。放下信，刘虎林叹了一口气，他懂得母亲的苦心。

刘虎林暂时打消了落户的念头，决定先活出个样子来再说。这时候临河已经很热闹了，到处都是新开的私营小门店，车马店里也住了很多小商小贩。他也曾贩过猪娃子，算是做过买卖的，就想着做点生意赚钱，反正天冷了，除了打零工也没活干。他做过市场调查，临河市面上红枣比较紧俏，干枣可以卖到七毛五，质量还不是很好。这里的大多数人都是口里来的，生活习惯并没有大的改变，过年家家户户都需要枣。他想起麻镇和巡镇的集市上红枣才卖两三毛钱，就觉得这是一个商机。他立刻坐车，用了两天时间赶回府谷。红枣价格果然不高，但他没有想到的问题出现了，府谷产枣的地方都在南部的几个公社（后来改为乡镇），那里交通不便，收枣相当困难。而且他忽略了一个重要的问题，那就是资金明显不够。今年是挣了点钱，如果要用来改善个人生活算是很宽裕了，但用做生意资金还差得很远。正在他要扫兴而归的时候，无意间听到一个消息，保德那边有人收了一车枣，原来的买家突然不要货了，红枣已经装在车上，那人正在为销路发愁。刘虎林赶紧跑过去洽谈。

刘虎林为村里修建的幸福院

那人知道他没有充足的资金，有些犯难——前面已经碰上一个不讲信用的下家了，这回还要到临河卸货交钱，心里更不踏实。只是他也没别的销路，加上短暂接触以后觉得这个叫刘虎林的府谷人像是讲信用的人，就说好了红枣每斤3毛，运费和路上的开销由刘虎林出。

协议达成，立刻启程。第一次得到一个陌生人的信任，刘虎林心情很复杂，想着不管怎么样，绝对不能亏待了人家。那时候只有公家单位才有车，保德那人雇的车就是某个银行的公用卡车，这一路上，刘虎林尽量让他们吃好住好。好在一车红枣到临河后，很快就批发出去了，保德人和司机满意而归，还一再叮嘱他，以后需要从口里贩运东西拍个电报就行，他们那边会准备好直接拉上来。这一趟十几天时间刘虎林赚了2000多块，比掏根子几个月都赚得多！刘虎林的理智有时候连亲朋好友都有些理解不了，如此高的回报率并没有调动起他继续搞长途贩运的兴趣。

第二年春天，有人看见那个会做买卖会赚大钱的刘虎林进了一家建筑工地当起了小工。这真是一件不可思议的事情，那时候做一天小工才一块七毛多钱的工资，而且要从早干到黑。他贩一趟红枣赚的钱做这活三年五年也挣不回来。有人甚至怀疑这小子是不是要钱输光了，暂时找个地方混日子。他们哪里知道，刘虎林要开始创一番大事业了。他感觉自己的眼睛能看到别人无法预见的未来，现在的城里乡下到处都有人盖新房，显然一个安居乐业的新时代要来了。没有房子怎么安居，他预感到建筑业将成为最热门的领域，他要在这个领域里抢占先机。

十多年时间，他一步一个脚印，从小工成为瓦工，又从瓦工变成带工，直到终于成了一个工头的时候，那些人才知道刘虎林是在卧薪尝胆。1993 年，临河建筑领域发生了两件大事。一件是运营了几十年的国营临河建筑公司由于经营不善破产倒闭，上千名正式工下岗。另一件事是一家新成立的经纬建筑公司买下了国营临河建筑公司，接收了其房产、设备，还有部分技术工人，这家新公司的老板就是刘虎林。又过了几年，他的公司成了经纬集团，业务涵盖建筑、房地产、现代农业、农贸市场、旅游服务与开发、担保、投资、物业服务等。

不一样的企业家

刘虎林很快就被定性为临河乃至巴彦淖尔市，甚至内蒙古的有钱人，但他本人并不赞同这个标签。他接受记者采访时举了一个例子：一个人摔了一跤，跌在黄金堆上，从此衣食无忧，除了花钱什么事也不用做，这叫有钱人。而一个搞企业的，生活状态完全不一样。他领办的经纬集团现在有正式员工7000 多人，加上一些工程施工过程中承包商雇佣的民工，一共有两万多人靠公司正常运营来获取收入。这两万多人大都是家里的顶梁柱，背后有两万多个家庭。作为老板的他每天早晨一睁眼想到的第一件事就是如何让企业继续发展，让更多的人能有地方领工资。

作为一家现代化企业的管理者必须不断提升自己，否则日常管理都很难进行下去。经纬集团目前有中高级职称人员 207 人，大专及以上学历人员 447

刘虎林为村里修建的通村路

人，注册建造师 70 人，从业技术工人 6703 人。一个个都是专业人员，作为管理者如果不懂业务，不但无法沟通，有时候也会影响到正常运营。刘虎林读完初中就辍学了，现在必须想办法补上这个短板。他利用各种成人教育机制，拿到大学文凭。同时也获取了高级工程师职称，并考取了国家一级注册建造师资格。

在刘虎林的眼里，企业必须办好才有存在的价值。经纬集团于 2000 年通过了国家质量管理体系认证，2003 年通过了环境、职业健康安全管理体系认证，2020 年通过 UKAS 质量、环境管理体系认证，2018 年导入卓越绩效管理模式，持续运行。

在经纬集团的第一家子公司办公楼里有一个陈列室，专门摆放着集团和董事长取得的荣誉，让人震撼。一家民营企业连续 18 年荣获全国优秀施工企业；连续 6 年荣获全国用户满意施工企业；连续 15 年评为全国建筑业 AAA 级信用企业；连续 6 年荣获中国工程建设诚信典型企业；连续 5 年被国家税务总局评为 5A 级信用纳税企业；建筑安全生产先进集体、全国"万企帮万村"精

准扶贫先进民营企业、全国质量效益型企业、全国建筑业先进企业、全国工程建设质量安全管理先进企业、全国工程建设质量安全管理放心施工企业、全国建设建材工会先进单位、新世纪中国企业形象 AAA 级、第三届"全国诚信单位光荣榜"上榜单位。包括内蒙古自治区和巴彦淖尔市的各类奖项共 500 余项。作为集团董事长的刘虎林获得国家、自治区和市级奖项 30 多项。

民企良心

用刘虎林的话说,一家企业其实就是一个小社会,必须纳入正常的管理体系才能保证企业健康成长。经纬集团于 2000 年建立党组织,是巴彦淖尔市首家建立党群组织的民营企业;目前集团管理体系中工会、团委、妇委会组织机构健全,党委下设 7 个党支部、团委下设 5 个团支部、工会下设 10 个工会小组、妇委会下设 10 个妇女小组。保障了企业劳动关系和谐,经营管理规范。

经纬集团积极参与公益事业,通过建设"经纬敬老院"、对口帮扶、建立精准扶贫产业园、捐助国家卫生城市建设、为贫困地区投入基础设施建设资金、打造全市首家企业出资为新就业群体提供多元化服务的专属驿站等途径,累计投入公益资金已达 20549.25 万元,体现了企业回馈社会的责任与担当。

刘虎林没有忘记对家乡的关怀,由他出资 50 万元创立的墙头学校教育基金,激励着一茬又一茬家乡学子和教职员工。

几年前,刘虎林突然回到花豹峁村,要在祖宅上盖别墅,不明就里的村民以为他现在有钱了,要回来建一座豪宅显摆。刘虎林也不管这些,派最好的施工团队,使用最好的材料,耗资 300 多万元。直到工程彻底竣工,他才特意请来镇上的领导和村干部,当众宣布将房产捐给村子里做敬老院。

作者简介:

白漠,原名袁文亮,陕西府谷县新民镇人,60 后,现供职于府谷县融媒体中心。

西北地区

李玉明

李玉明，男，1960 年出生，府谷县庙沟门人，中共党员，研究生学历。参加工作后，历任府谷县卫生局局长、榆林市卫生局副局长兼市第一医院院长、榆林市食品药品监督管理局局长、陕西省食品药品监督管理局市场处处长、陕西省中医药研究院（陕西省中医医院）党委书记等职务。

家乡是滋养我的沃土

李玉明

急景流年都一瞬。驻足回眸，转眼走过人生 60 余年。回想起来，我从农村走到县城，从县里走向市上，从市上跨到省上；从回乡知青到民办教师，从恢复招考学生到正式干部，从农村户口变为吃商品粮，从干事做起成为领导干部。所有这些总留在记忆之中，一幕一幕很是感慨。只觉得万千过往奔眼底，诸多思绪注心头，让人记忆犹新。

一

1960 年正月，我出生在庙沟门公社西香边村。1965 年在本村开始上小学，学校只有一至四年级，五年级是在邻村许家梁小学和庙沟门小学读完的。1971 年春至 1975 年底在庙沟门中学读完初中、高中。1976 年开春，作为回乡知青被选任乡村民办教师，先后在庙沟门公社木瓜树塔村小学和王家梁七年制学校任教。一个人教过一至四年级复式班，教过初中语文、物理、化学课程，当过班主任。1977 年冬天国家恢复招生考试，当时实行两条线考试，我选择报考中专，被榆林地区卫生学校录取。1980 年毕业后分配回府谷县工作。

回到府谷后，先被分配到哈镇地段医院，四个月后转入县药检所，1982 年正式调入卫生局工作。在卫生局当过会计，管过内务、人事等工作。为了

时任府谷县卫生局局长

提升自己，1986年我考入西安医科大学（现在的交大医学院）卫生管理系学习。1989年9月毕业后返回单位，同期被任命为县卫生局副局长，主管业务工作。1992年初又兼任新成立的县公费医疗办公室主任（正科级）。

1992年县公费医疗办公室成立，是府谷县委县政府的一项重要决策，主要任务是统筹管理协调全县财政预算范围工作人员公费医疗。在享受公费医疗对象量大面广、经费严重不足、政策规定不完善的情况下管理好公费医疗，还要让包括离休老干部在内的各阶层满意，真是一个很难的课题，也具有很大的挑战性。公费医疗是老问题，改革是新趋势，做起来缺乏可参考和可复制的样板。我们从组建机构入手，开展工作调研、制定工作方案，出台配套文件，建立管理制度等，做到运转报销同期运行。1992年至1995年三年多时间运转正常，社会反映良好。时任县长李涛说："自从这小伙子管上，再没有老干部因医疗费的事来找我了。"府谷县公费医疗改革当时走在全省的前面，

陕西省委领导视察新民中心卫生院（左二为李玉明）

受到省卫生厅、财政厅肯定，省财政当年给予奖励10万元。

1995年6月，经组织遴选我出任县卫生局局长。上任伊始，受到将医疗卫生事业推向市场的浪潮冲击，县乡村三级卫生网络建设处于低谷的严峻时刻，提升县级医疗机构能力，加强基层卫生院基本建设，恢复村级卫生室基本功能，做好公共卫生服务是当务之急。按照"三基本一提高"的工作思路，和县卫生局的同仁在基本设施改善、基本设备添置、基本人员配备等方面做了大胆的探索，争取县乡政府在人员经费、设备配备、基本建设投资方面给予支持。先后铺开县医院建设，启动县中医医院筹建，完成防疫站改造，进行了系统的冷链建设；由乡镇财政贴息贷款完成基层卫生院建设，为村卫生室培养医生等举措，使医疗卫生基本能力得到提高，走在全省卫生系统的前列。全省卫生工作会议召开前，我作为基层代表多次参加卫生改革工作研讨会和工作会议文件的讨论，整体工作也受到县、地区、省上多次表扬。

2001 年，时任卫生部副部长朱庆生来榆林市第一医院视察（右二为李玉明）

二

1998 年 2 月份我调到榆林地区卫生局工作，任局党组成员、副局长，分管医政、中医、妇幼等工作。1998 年 11 月，地委通知我兼任地区第一医院院长，短时间内又步入另一个新的环境，单枪匹马，人地两生，开展工作很具有挑战性。

榆林地区第一医院，1952 年建院于宝鸡，是专门接收抗美援朝志愿军伤残军人治疗康复的一所综合性医院，原名为陕西省第二康复医院。20 世纪 60 年代中苏关系紧张，从战备的需要出发，1969 年整体迁到榆林地区绥德县，改名为榆林地区第一医院。因原属省级医院，整体实力十分雄厚，在榆林、延安乃至山西、甘肃、内蒙古、宁夏周边省区的地县享有盛誉。这么好的一所医院，经不住市场的冲击，不能及时调整实现转型，队伍严重不稳，人才短时间内流失严重，处于急速下滑的态势。班子闹矛盾，管理混乱，效益滑坡，人心涣散。我被派去任院长，可谓是受命于危难之时。

赴任后，我和另外一名副院长家不在当地，吃、住只能靠旅社和食堂。堂堂三甲医院，500多张病床住不到200个病人，很多医生不办理调离手续就不告而别，院里院外一到晚上漆黑一片。积累的18桩医患纠纷天天干扰工作，比我岁数大很多的班子成员形成两派公开互怼，第一次开会就吵到失控，这些对我来说都是从来没有遇见过的。经过短时间调研走访，我理清了工作思路，明确"一年打基础、两年上轨道、三年大发展"的目标，大胆地开展了整顿医院工作秩序活动，下狠心用三个月时间从班子内部开始整顿，通过严肃纪律，整顿秩序，处理历史遗留问题等，初步解决了浮在面上的问题，化解了班子内部积累的矛盾，遏制了混乱势头，工作逐步进入正轨。

在地区一院工作的几年中，在我的带领下，把一个医院由乱到治，由一盘散沙的单位变为陕西省"白求恩精神"集体、"市级文明单位"、"卫生系统先进单位"。我本人也受到省卫生厅嘉奖，被榆林市委（地改市）授予"优秀共产党员"称号。应该说是付出很多，锻炼提高很多，收获也很多，至今回想起来很激动、很自豪。

2001年6月，组织调整我到榆林市药品监督管理局工作，任党组书记、局长职务（同年10月免去了我榆林市卫生局副局长和榆林市第一医院院长职务）。榆林市药品监督管理局（以后改为榆林市食品药品监督管理局）是新成立的部门，属省直管机构，刚成立无办公场所、无工作人员、无交通工具，只有省药监局授予的一块牌子、一枚公章和配备的四名班子成员。为了尽快组建机构，我动员班子成员集资，用集资款作为工作经费，租赁办公场所，购置办公用品，借调部分人员开展工作。在组建市药监局过程中，同步筹划组建11个县局，在不到半年的时间实现了县局全部挂牌。按程序招录工作人员，设法赊账为市县局解决小面包车作为执法车辆，解决了市县局工作的燃眉之急。利用榆林开发区建设的机会，榆林市局在全省率先解决了办公

楼建设。市局在执法监管工作中，不断总结经验，创新工作方法，最先推开药品监管"两网"建设，全省现场会在榆林召开并在省内推行，同时也得到国家局的肯定，在全国进行推广。"五型"机关建设经验在全省系统内和榆林市级机关推广借鉴。在榆林市食品药品监管局工作的几年，班子团结，队伍整齐，工作成绩名列全省同行业前列。单位多次被省局评为行政执法、"三型机关"建设先进单位，连年被榆林市委、市政府评为"五型机关标兵单位"及中央、省驻榆先进单位。我撰写的多篇调研论文被《新华内参》《陕西政报》《榆林经济》《榆林工作交流》等刊载，其中《做大中药绿色产业实现经济跨越发展》《基层药监工作实践中存在问题的探讨》获榆林市第八届自然科学优秀论文奖，受到榆林市委、市政府嘉奖。这期间，2001 年考入省委党校马克思理论研究生班学习三年，同期还被选拔参加省委举办的中青二班学习。

看望国医大师雷忠义

三

2005 年 9 月，我调任省食品药品监督管理局市场处处长。我长期在县、市基层工作，积累更多的是一线工作经验。到省上主要是制定政策和宏观指导，所以我第一反应就是要调整工作方式和方法，把握大局，学习政策，拓宽思路，提升指导工作能力。在工作中，思考更多的是市场秩序监管，市场准入调控，关注药品医疗器械经营环节整合，力求做大做强。提出对特殊药品高危产品实行专营专管的观点，如对试剂疫苗的专营专管，现在看来，疫苗试剂接连出事，实行专营专管越显得很有必要。在此期间，我参加了国家食品药品监管局在美国举办的"二十一世纪医疗器械监管研讨班"；参加了省委组织部举办的"第六期领导科学与领导艺术专题培训班"；参加了国家食品药品监管局在澳大利亚举办的"药品经营及流通监管培训班"。通过赴美国、澳大利亚等发达国家学习观摩，增长了知识，开阔了视野。从 2003 年起，我被省食品药品监督管理局推荐，省委确定为全省药监系统"厅级后备干部"。2010 年 3 月，因连续三年被评为优秀公务员，获记三等功一次并受到表彰。

全省医改工作推开后，基本目录药品实行"三统一"管理，即对全省基层医疗机构药品实行统一采购、统一价格、统一配送。这是陕西省推出的一项医改新举措，引起国家医改领导小组的重视。药品"三统一"工作由省食药监局牵头，市场监管处作为承办处室，具体工作自然落在我的肩上。这项工作关乎民生，也是国家医改的重点内容，政策性强，责任重大，是一项全新的工作，对我具有很大的挑战。从工作调研、相关规则和文件的设计、起草以及工作全过程的组织实施与协调配合，我一点都不敢马虎，直至在全省全面推开此项工作并取得了明显成效。时任省政府副省长郑小明在国务院专题会议上就陕西的医改成效作了经验介绍。2010 年 11 月 8 日，时任中央书记处书记、中央纪委副书记何勇在时任省委书记赵乐际等领导同志的陪同下，专

与侯云德院士交谈

程视察了我省药品"三统一"工作，观看了"三统一"工作展，听取了工作汇报，充分肯定了我省的药品"三统一"工作，认为陕西这方面工作搞得很扎实，抓住了最要害的地方，为老百姓解决了最直接、最现实、最关心的问题，取得了很大的进步，闯出了一条新路子，使人深受鼓舞。并要求我们把这项工作巩固下去，让全省人民特别是农村老百姓得到实惠。

2010年11月，省委任命我为省中医药研究院（省中医医院）党委副书记。主要协助党委书记做好党建、党风廉政建设工作，具体负责财务、后勤、基建工作。2016年6月，省委任命我为省中研院（省中医院）党委书记，担负起党委全面领导工作。2018年7月，省委宣布由我全面负责全院党政工作。位置在变化，担子在加重，对一个将要退休的人来说，又是一次党性的考验。想到有组织的信任、同事相助，我不仅要干，还要把事情干好，不能辜负组织和干部职工的期望。在省中研院（省中医医院）工作 10 年时间，主抓党务工作，落实党委主体责任，着力抓好党的建设、思想建设、组织建设和班子建设。省中研院领导班子很长时间是挂上号出了名闹不团结的班子，主要领导之间、班子内部之间常常闹得不可开交，严重的内耗使单位长期得不到发展。省委组织部领导在我任党委副书记向我谈话时嘱咐：考虑到你有多个单位任职的经历，到中研院首要任务就是协调好院长书记的关系，促进班子的团结。任党委书记后，省委要求发挥党委领导核心作用，作为单位一把手，第一任务就是带好班子，搞好团结，形成战斗力。我坚决按照省委要求身体力行、顾全大局、求同存异，带领班子团结奋斗，单位工作实现跨越式的发展。在中央加强公立医院党的建设的调研活动中，我作为三级医院党委书记代表参加了中组部、人社部、卫健委的调研讨论，我的发言材料内容翔实、切合实际，所提建议引起中央调研组的重视，从出台的文件看，我当时建议的主要观点基本被采纳。在中研院工作 10 个年头，归纳起来除保质保量做好所管工作，重点牵头住院综合楼建设，完成中研院迁建的规划立项开工建设，组织通过两次"三甲"复审，协调申请中国中医科学院分院事项，成功申请全国重点中医药研究项目，力主提高研究人员待遇引进人才稳定队伍等。两院医疗科研工作齐头并进突破性发展，正在大踏步地向着西部一流、全国知名的省级中医药研究院、中医医院的目标迈进。

陕西省中西医结合学会成立于 1981 年，是全省中西医科技工作者组成的学术性社会组织，属省级一级医学综合类学会。2018 年第七届陕西省中西医结合学会成功换届，我当选为学会会长，几乎从零做起，克服工作繁忙和三年严重疫情影响，立足做好顶层设计，制订 2018—2023 年发展建设规划，明确"组建工作班底、制定规则制度、建立分支机构、发展学会会员、全面开展活动"的工作思路。遵循"扎根扩面"的要求，力求扎根基层，面向全省、面向广大医务工作者，学会坚持中西医并重的学术研究方向，力求营造中医、西医相互学习，和谐共存的学术氛围，发展步入了快车道，取得了显著的成

会见哈萨克斯坦同行（右一为李玉明）

效。截至目前，已发展单位会员 60 家，个人会员 16000 多名（其中高级职称占比 50%，博士占比 23% 以上），已成立专业委员会 84 个。学会通过开展丰富多彩的科研学术活动，逐步成为具有丰富学术内涵和较大社会影响力的社团组织。学会无职能、无权力，在学会工作，靠的就是不计得失、无私奉献，靠的就是满腔热情、服务社会。

我是从最基层、从府谷家乡成长起来的，家乡的山水、家乡的风土人情时刻萦绕在我的脑海中，也给了我不断进取、克服困难的勇气和力量。工作这么多年，给我感受最深、长时间不能忘记的还是农村当教师和基层卫生部门工作的经历。实践证明，基层确实是一块"磨刀石"。古人说"艰难困苦，玉汝于成"。越是艰苦的环境，越能考验人、磨炼人的意志，越能培养年轻人的吃苦耐劳精神和坚忍不拔的意志品格。走过一路，回头远望，有收获，有遗憾，酸甜苦辣，五味俱全。在这个过程中，我难忘和感激的是那些支持我成长的老首长老前辈老同事。特别要感谢的是我的家乡——府谷，它是我人生的起点，是我成长的沃土。

崔智林

崔智林，1958年出生于府谷县赵五家湾乡崔家沟村（现属庙沟门镇），中共党员，理学博士、教授、博士生导师。曾任延安大学党委副书记、校长，西安邮电大学党委书记、校长。

不忘初心 矢志育人

——记西安邮电大学原党委书记崔智林

崔智林 / 供稿　　石治宽 / 整理

作为一名学者，他儒雅而不失睿智；作为一名教育家，他满腔热情而不失细致严谨。他更喜欢别人称呼他为崔老师，因为他真心热爱着这份已经从事了 30 多年的教育事业。他就是西安邮电大学原党委书记——崔智林。

崔智林，生于 1958 年 2 月 10 日，府谷原赵五家湾乡崔家沟村人。历任西北大学地质学系副主任、教务处处长，西安邮电大学副校长，延安大学校长，西安邮电大学校长、党委书记。先后任陕西省第十二届人大代表、教育部高等学校地质类专业教学指导委员会委员、陕西高等教育学会副理事长、全国高等教育学会理事、第十一届国家特约教育督导员等职。

高考改变了他的人生。1977 年 10 月在府谷县水利队工作的崔智林从广播里听到恢复高考的消息后心情十分激动，彻夜难眠，下决心要抓住这个难得的机会，全力拼搏这场已经停止了 10 年的高考。那个冬天虽然天气十分寒冷，但是他的心里感到十分温暖。经过一个多月夜以继日的刻苦"备战"，1977 年 12 月 9 日和 10 日在府谷中学第五考场参加了难忘的高考，成为当年全国 570 万考生中的一员。1978 年 3 月接到西北大学地质学系地质学专业的大学录取通知书时，他欣喜若狂，发出了苍天不负有心人的感叹。上大学是他一直以来的梦想，现在，他终于凭借着自己的努力实现了这个梦想。

　　1978 年春天，崔智林背着简单的行囊走进了西北大学的校园。和校园里其他的"幸运儿"一样，他格外珍惜这来之不易的学习机会。每天早上，同学们都会在 6 点准时起床，在路灯下朗读英语。"大家都捧着书本舍不得松手，哪怕是在餐厅排队打饭，甚至是上厕所时也手不离书。"回忆本科四年在西北大学求学的时光，崔智林无限感慨。强烈的历史责任感让同学们在那些激情燃烧的岁月里，争分夺秒、废寝忘食地刻苦学习，"一心想为民族振兴、国家的现代化建设贡献力量。"西北大学是崔智林梦想启航的摇篮，更是他耕耘自己梦想的沃土。

　　在四年本科学习中他养成了刻苦认真、严谨求实的学习态度，取得了优异的成绩。因为对科学研究有着浓厚的兴趣，本科毕业那年，他考上西北大学地层与古生物专业硕士研究生，师从我国著名古生物学家霍世诚教授。霍世诚教授是西北大学地质学系古生物学科的带头人，在古无脊椎动物研究中颇有建树，以严谨的学风、求实的态度、对学生要求严格而著称。在先生的悉心指导下，崔智林开启了自己的科学研究之路。

　　1984 年硕士研究生毕业后崔智林留在西北大学任教，从此再也没有离开高等教育阵地。在近 40 年的教学、科研和管理工作中，不管工作岗位变化如何，崔智林始终牢记高等学校在建设中国特色社会主义事业中的特殊使命和重要地位，按照信念坚定、为民服务、勤政务实、敢于担当、清正廉洁的标准要求自己，努力成为社会主义新时代教育家。在西北大学工作期间，他一直从事古生物地层学的教学与科研工作。为了能够更好地完成教学和科研任务，他前往中国科学院南京地质古生物研究所攻读博士研究生，投师著名古生物学家陈均远教授，顺利毕业并获得了理学博士学位。他先后主持 20 余项科研项目，发表科研论文 70 余篇，合作出版科研专著 1 部，合作编写出版教材 1 部，获得陕西省教学和科研奖励 5 项、国家教学成果奖 2 项。他在中国寒武纪高肌虫研究、秦岭古生代放射虫、沉积环境与古生态研究以及地质创新人才培养模式研究等方面取得的成果至今仍有较大影响。

2021 年 10 月，崔智林主持陕西社科界高层论坛暨陕西口岸经济发展论坛

　　崔智林在完成教学科研任务的同时，还做了大量的管理工作。他在担任地质学系教学副主任期间推动了地质学国家理科人才培养基地建设与改革，1998 年在全国理科人才培养基地评估中排名全国第一。在任西北大学教务处处长期间全面推动深化学校教学改革取得了一系列成果，在接受教育部本科教学工作水平评估中得到专家组的高度肯定。

　　作为共产党员他服从组织的安排，2006 年调任西安邮电大学副校长，2011 年到延安大学任校长，2015 年又回西安邮电大学先后任校长、党委书记，直到 2018 年退休。在西安邮电大学期间他坚持特色发展方向、内涵式发展，坚持服务行业和地方的办学方向，加强学科建设和科研工作，推动科技创新成果转化，提高科研实力和服务社会能力，强化优势特色学科专业，大力推动高水平大学建设进程。在人才培养工作中，认真贯彻落实习近平总书记关于高等教育的系列重要论述，坚持立德树人，不断加强和改革学校思想政治工作，把培育和践行社会主义核心价值观融入教书育人全过程。学校党建进学生公寓工作受到中组部、教育部、省委、省委组织部和省委高教工委等充分肯定，省委主要领导批示向全省推广。学校创新创业基地入选教育部、科技部和陕西省等 10 多个创新创业基地，在全省乃至全国形成了示范效应。西邮毕业生以"具有强烈的事业心和责任感，基础理论扎实、实践动手能力强"的特点，受到用人单位一致好评，毕业生薪资排名省属高校和全国非"211"高校前列。2017 年 2 月 28 日《陕西日报》发表崔智林的署名文章《把高校建成民族复兴的思想高地和筑梦高地》，指出高校教育要把"建设思想高地"这一要求贯彻到立德树人、授道解惑的一言一行之中，以文化人、以文育人，使学生真真切切地感受到大学就是实现大学生人生价值的筑梦高地。

延安大学是中国共产党办的第一所综合性大学。2011 年他肩负组织的重托到延大走马上任担任校长。在四年工作期间，他重调研、知校情、破难题、解民意，全面推动了学校的改革发展。在管理过程中他坚持用延安精神办学育人，高度重视红色文化进课堂，筑牢思想阵地，推进思想政治教育改革，建立红色实践教育基地，积极构建知识探究、能力建设、人格养成、红色基因"四位一体"的人才培养新模式，培养有理想、有道德、能担当，具有红色基因的应用型、复合型人才，提升学生的获得感，促进学生又红又专全面发展。2014 年 6 月 1 日，时任延安大学校长的崔智林在《陕西日报》发表了题为《让中国梦在学生心灵深处生根发芽》的署名文章。在崔智林的主导下，延安大学通过全方位的教育与熏陶，让延安精神在每一学子中得到弘扬和传承。延安大学的筑梦行动不仅体现在校园内，且延伸到了整个社会，成为推动中国梦实现的一股重要力量。

凭借出色的工作、优秀的成绩，崔智林一路从一名普通教师成长为一位大学校长、党委书记。在长期的教学科研和管理磨炼中，崔智林养成了一丝不苟的刻苦钻研的敬业精神，深刻体会到教育工作者更是来不得半点虚假，需要有"板凳一坐十年冷"的韧劲和"咬定青山不放松"的执着。不论走到哪里，走得多远，他始终把这种精神作为人生支柱。

一个人对待人生的态度与他生长的环境密切相关，崔智林说他的根在陕北，陕北深厚的文化底蕴凝聚出崔智林智慧的光芒，沉淀出他事业的精华，陕北人不屈不挠、抗争命运的精神磨炼出他真性情，鼓舞着他不辱使命，也将终身伴随他砥砺前行。

崔智林用朴素真诚的语言叙述着他的初心，"陕北深厚的文化底蕴、博大的胸怀，深深地影响了我，对我后来成长成才可以说产生了至关重要的作用。我一直有一种教育理想和教育观念，和陕北小时候的成长环境不无关系。陕北那种贫瘠艰苦的生活环境塑造了我坚韧不拔、吃苦耐劳、永不放弃的性格，学会了干任何事情必须踏踏实实一步一个脚印，干一件成一件。同时，干事情一定要想着老百姓，想着国家和社会的需求，把个人的发展融入国家和社会的发展过程之中。所以，在学校的管理过程中我特别重视师生的利益诉求，注重学校的事业发展，努力做到让师生满意，让党和国家满意。这种思想一直支配着我，到现在没有变。"

退休不褪志、离岗不离心，退休以后的崔智林仍然活跃在科研和教育战线，继续坚守着责任和担当，为科研克难、为教育攻坚，用一腔热忱续写着绚丽的夕阳人生。

作者简介：

石治宽，男，1960 年出生于府谷县哈镇，中共党员。当过老师，有党政机关、企业工作经历，退休前任府谷县政协专职常委。

蔺亮斌

蔺亮斌，1952年9月生，府谷县墙头人，中共党员，研究生学历，大校军衔。1970年12月入伍，历任步兵第十八团司令部参谋，第六师司令部作训科参谋、作训科科长，第十六团团长，第六师司令部副参谋长、西藏阿里军分区参谋长，第四十七集团军一四一师副师长。

巍巍昆仑山　悠悠戍边情

蔺亮斌 / 供稿　　张向君 / 整理

儿时的回忆

20世纪50年代，自然灾害频发，农业歉收，生活特别困难。1956年在我4岁的时候，为了活命，母亲带着我们兄弟三人去逃荒。哥哥赶着毛驴，我坐在驴背笼驮里，一路步行400余里走了近半个月才到了内蒙古达拉特旗的舅舅家。

1963年冬天，54岁的父亲不幸病故。两个哥哥已经成家并独立生活，第二年春，我不得不辍学回家务农。因为土地贫瘠、干旱，吃饭成了最大的问题。在我15岁的时候，50多岁的母亲迫于生计，与邻村的三个人步行十余天，在零下20多摄氏度的冰天雪地里走了400多里的山路，再次前往内蒙古达拉特旗的舅舅家托嘴（度荒），这一走就是大半年。

自从母亲离开家以后，15岁的我就开始一个人独立生活了。每天不仅要下地干活参加集体劳动，还要学会自己做饭吃。衣服穿破了自己补，鞋底烂了就用细铁丝把鞋面和鞋底扎起来继续穿。冬天取暖，需要赶着牛车到20多里远的炭窑拉炭。一天晚上零下20多摄氏度，我和大哥等几个人赶着牛车摸黑七八个小时去拉炭，等返回到家里时，脚指头都冻得失去了知觉，脚肿得鞋子都脱不下来，一个多月后才慢慢恢复。

蔺亮斌和母亲在一起

　　1969 年秋，根据公社和生产队的安排，我和村里的其他三个人步行了 50 多公里，到府谷县城附近的高石崖乡参加国防公路建设，主要任务就是搬石头、打炮眼，前后历时三个多月。干活劳动强度很大，一天只有两顿饭。为了节省粮食，我有时只吃一顿饭，把每天节省下来的粮卖了再换成钱，买一些生活用品带回家里。修路的地方距离县城很近，让我走出山沟看到了外面的世界。

光荣参军

　　1970 年冬，府谷县的征兵工作开始了。得知这个消息后，我毅然决定报名参军。

农历腊月初八那天，吃了妈妈做的腊八粥，我正式穿上军装，步行 20 余里地在麻镇上了大卡车，到了府谷县城。第三天上午，府谷县政府举行了隆重的欢送仪式，从此踏上 38 年的从军路。

乘卡车从府谷到铜川，整整走了 4 天，然后从铜川出发，在经历了四天四夜的闷罐铁皮火车和 11 天的汽车颠簸，才顺利到达步兵第六师十八团的驻地新疆疏勒县。

三个月的新兵训练结束后，我被分到一营营部当通信员。

刚到营部不久，团里就命令我们全营官兵前往师部所属的"麦盖提恰斯五七农场"开荒劳动。部队乘车 200 余公里到达农场后，看到的是茫茫戈壁、荒滩野草，还有胡杨树和盐碱地。营部就设在几间不足百平方米的小草房里，我们通信班 7 个人上下铺住一间房子，睡的床是木棍加红柳条编的床板。

当时部队主要任务就是开荒挖大渠，我在营部也不例外，天天在尘土飞扬中挥舞着铁锹十字镐，累得灰头土脸、腰酸腿疼，就像土猴子似的。中午饭是馒头稀饭加咸菜，一顿能吃四五个大馒头；午休就半个小时，枕块石头躺在地上睡得很香。待到收获季节，看到自己种的西瓜、哈密瓜等喜获丰收，心里非常高兴。1971 年下半年，由于印巴边境关系紧张，我们营于 10 月份被调回团驻地。

挺进高原

喀喇昆仑山，号称"世界屋脊的屋脊"，平均海拔在 5000 米以上，环境十分恶劣，"天上无飞鸟，地上不长草，风吹石头跑，四季穿棉袄"。我们师所属部队每年都要轮换上山守防，首要任务就是守卫中印边境 1000 多公里的边防线。

1972 年 7 月，我们一营奉命前往喀喇昆仑山的天（空）防区执行一年守防任务。出发时正值 7 月夏季，一路上险象环生，翻越了多个海拔 4000 米以上的高原达坂，1400 多公里的路走了 7 天时间才到达指定位置。

我们营部和机枪连被安排在岔路口（海拔 5300 米）执勤点，这里寸草不生，常年被冰雪覆盖，距离加勒万河谷 200 余公里。我们营负责的哨所海拔在 5000 米以上，其中最著名的被中央军委授予荣誉称号、全军海拔最高的哨卡"神仙湾钢铁哨卡"，就是由我营一连负责驻守（海拔 5380 米）。

驻守在边防的官兵与山下叶城基地相距 1000 多公里，且每年 11 月至第二年 5 月大雪封山与世隔绝，所需的生活给养物资必须在当年 10 月之前送上山。

由于环境恶劣、条件艰苦，现实中存在着诸多想象不到的艰辛和困难。战备训练不能像在山下那样超强度进行，只能结合驻地实际生存情况进行科学组训。生活保障，每天就是少量的白菜和土豆，绝大部分时间吃的是菜罐头和水果罐头，几乎没有新鲜蔬菜，大米和面条必须用高压锅才能煮熟。冬天生活用水必须去对面河里挖冰块，再拉回来放在大铁桶子里加热融化。由于长时间驻守在高原的恶劣环境中，很多战士都出现了高原反应，脸上被强烈的紫外线晒得又黑又紫，像个锅底，指甲盖凹陷甚至脱落，长期缺氧导致人的反应变得迟钝，造成了很多不可逆的损伤。方圆百公里毫无人烟可寻，一眼望去白雪皑皑一片，生活十分艰苦和单调，但大家没有半点怨言，依旧信心百倍，坚强面对。一直到上山后第二年的 5 月，才陆陆续续地收到家里来信和一大堆报刊，给训练生活带来一丝欢乐和欣喜。

1973 年我们营接团部命令，7 月份要组织撤防并返回疏勒县驻地。下山的车队颠簸了 6 天时间才行驶到库地兵站，当看见一年未见绿油油的白杨树那一瞬间，有的战士抱着大树就哭了起来。在库地兵站短暂休息后就前往叶城兵站，在那里住了一晚第二天才返回团部驻地，全营官兵休整几天后，又开始了日常的战备训练。

守防的一年时间里，我先后两次前往神仙湾哨卡和相关地域勘察战场环境，尽管工作和生活条件极其恶劣，但自己了解和掌握了很多边防一线的实情，学到了很多军事知识和技能，积攒了宝贵的经验，为以后的发展打下了坚实的基础。

当兵提干

1973 年底，团司令部作训股马文斌副股长（陕西人）来到一营营部，要挑选一名工作踏实且表现优秀有特长的战士到作训股工作，不久营部就通知我去作训股工作了。

到了股里，除了我是战士以外，其他都是干部，我的主要工作任务就是负责管理训练物资器材和弹药库。作训股负责部队的日常战备训（演）练，必须要做到万无一失且业务精通。在老参谋的帮带下，我慢慢地进入了角色。由于小时候受父亲的影响，我有一点绘画和写美术字的功底，再加上勤学苦练，在地图标绘和文件誊抄等方面取得了很大的进步，甚至有些业务都超过了老参谋。有一次，张作明股长（湖南人）让我单独负责团作战室的场地布置和作战图表绘制，我内心得到了极大的鼓舞，可以说是信心百倍。我不负众望，高标准出色地完成了任务，所有人对我瞬间刮目相看。1975 年，团里派我到新疆军区第 41 测绘大队（仓房沟）学习了三个月的地图测绘。同年，张积云参谋带着我去参加了在乌鲁木齐广场举行的自治区成立二十周年阅兵式，我们十八团也组成步兵方队参加了检阅。

1975 年底我被任命为二十三级干部。

第一个"三等功"

1972 年上山守防的时候，闲时就喜欢看一些部队配发的书籍，由于教材稀缺，我就把重点内容全部摘抄到小本子上，甚至一些配图资料也认真地手绘在上面，比如单兵五大技能：射击、投弹、刺杀、爆破和土工作业，还有军

事地形学等图文。

1976年，团轮训队办集训班，王子祥队长（河南人）把我临时抽调去任班（排）战术教员。卧倒、起立、匍匐前进、跃进、滚进，几个战术动作下来一气呵成。当场就受到了队长表扬，当年的教学教案现在还保存着。

1977年，新疆军区军政干部学校办参谋业务集训队，团里选派我和王世保参谋去学习一年半时间。在校期间，我发挥自身特长认真学习、勤学苦练，参谋业务"六会"水平得到了飞速提高；特别是手工标图，甚至超过了授课教员的水平，得到了学校和学员队的一致认可。当时，正值新疆军区在和静县步兵第四师十团驻地召开军事训练现场会，我和学员队其他10名学员，前往现场给参会人员现场展示了参谋业务基本技能。后来集训队结业时，我以所有课程全优的成绩顺利结业，为单位赢得了口碑。

1978年10月，新疆军区组织所属各作战师步兵团在乌鲁木齐兵站举办"司令部参谋业务六会"比武竞赛，张作明参谋长带领我们十八团司令部四名参谋参加了此次竞赛。经过认真准备和训练，在大家的共同努力下，一举夺得了团体第一名的好成绩，我个人也取得了比武竞赛个人总分第一名的优异成绩。颁奖结束后，我作为唯一代表，拿着标图板坐在小方凳上，当场演示了野战条件下不借助任何工具进行口述标图作业，得到了参会代表的高度赞扬。当我们载誉而归时，团党委给我记个人三等功一次，并正式将我调入作训股工作。

师部作训科

1978年底，新疆军区借调我到司令部军训部工作，师部了解我在团里综合素质和业务能力比较突出，所以怎么都不愿意放我走。又过了一段时间，师部下调令让我去师作训科工作。

六师师部位于南疆莎车县，距离疏勒县100多公里。直到1979年2月中越边境自卫反击战开始，部队全部进入了等级战备，我收拾好行李，告别待了8年多的十八团营区，到师作训科报到。

1980年8月，新疆军区赋予步兵第十八团进攻战斗检验性演习任务，时任六师副师长吴春山带领工作组与十八团杨南元团长等人在英吉沙地区进行先期实地勘察，确定在该地区以南水库一侧的喀拉巴什山地组织实施演习任务。演习方案确定后，参演部队在现场反复进行推演，我全程参与其中，学到了很多东西。

1983年，新疆军区组织全区团级司令部参谋业务竞赛，步兵第十六团作为师代表队组建了集训队，同时师首长也指派我随队负责相关教学训练任务。那时的十六团还驻守在叶城县人称"夹皮沟"的七公社山沟里，部队驻地生活条件特别差，时任十六团参谋长葛铁德亲自带队，起早贪黑手把手指导训练，克服了种种困难与集训队员同吃、同住、同训练三个多月，我自己也跟着老参谋长学到了很多宝贵知识和经验。

1986年7月，南疆军区组织部队进行中印边境中（西）段战场勘察，我陪同马炯锦副师长走遍了防区内所有的边防哨卡、山口和通道，将作战地域的战场环境、地形地貌烂熟于心。这次战场勘察活动结束后，由我负责编写完成的《高原严寒作战研究》和《中印边境战备资料》两本书，新疆军区首长机关给予了充分肯定并在全区部队进行了推广。

1988年7月，为获取高原严寒地区部队作战具体数据，在我师葛铁德参谋长的带领下，组织司政后三大机关和军兵种部（分）队200余人，再次前往海拔5000多米的哈巴克达坂进行了为期三个多月的试验性训练，完成了以步、炮、通、工、化部队及后勤保障专业为课题的走、打、吃、住、藏、通、保等83个项目、249项内容的训练试验任务，填补了我军在高海拔严寒缺氧地区部队作战训练数据空白，并编写了《高原严寒缺氧地区支边作战资料汇编》。任务结束后，师党委给我个人记三等功一次。

从1979年2月调入作训科，我一干就是整整11年。在杨振德、姜戬两任科长和同事的关心帮助下，1984 年我当上了副科长，1986 年又提升我为科长，从一名普通参谋走到了作训科科长的岗位。这期间，以喀喇昆仑山为主要战场，以喀什地区中苏边境斯姆哈纳和托云方向为主要作战目标，以高原雪域和戈壁沙漠为演练背景，我先后多次组织全师部队进行战场勘察和实兵实弹演练（训），取得了很多骄人的成绩。

十六团任职

1990 年初，38 岁的我调任师步兵第十六团任团长。

我去十六团报到的时候，部队刚从千公里之外的托克逊县搬回莎车县原南疆军区通信站老营区，因为营房年久失修破旧不堪，根本住不下那么多人，只能将三个营安排在疏勒县农村、师部所属农场和泽普县叶河大桥附近。那几年部队远离师部驻地，被人称为"没有娘的孩子"，干部任职调整由师机关负责，日常军事训练和行政管理及生活保障又由友邻部队步兵十一师负责代管，基本上处于谁都管但又谁都不想管的尴尬局面。加之部队那几年的频繁移防，很多干部思想波动较大，营房老旧，无法有效保证部队的日常战备训练和管理；同时，干部队伍普遍任职时间长、年龄偏大，家属就业、孩子上学也成为家庭的主要矛盾。

1990 年下半年，上级决定在原地整体重建新一代营区。此后的三年里，我和团党委一班人带领全团官兵共同努力，高标准、高质量地完成了营区重建任务，按时搬进崭新的营房，从根本上改善了训练和生活环境。

1992 年，团里接装了几十台新式解放运输车，因为没有车库存放，团党委决定自己设计并修建简易车库。全团官兵齐上阵，甩开膀子，抢起铁锹和十字镐，动手修筑了 1000 多米的土围墙，用了不到两个月时间，就在大操场北侧修建了一排整齐宽敞的标准新车库。时年军区组织装备管理现场观摩会，还专门到我们团里参观了新车库建设，时任兰州军区司令员王克给予了高度肯定。

履职副参谋长

1993 年下半年，在十六团任职三年后，我又调回了步兵六师司令部任副参谋长，分管师直属队训练管理工作。直属队编制 1000 多人，兵种分队多、业务性强、人员结构复杂，日常训练分别由师机关对口业务科负责。我任职期间，有四项工作全师官兵有目共睹，也是值得我骄傲的。

第一件事是 1994 年兰州军区在库尔勒地区组织的"西部—94"军事演习，当时参演兵力上万人，南疆军区首长机关、步兵第四师和新疆军区各兵种部队都参与其中。我们六师步兵第十八团带部分兵力参演的同时，师首长机关也受领了中（印）边境西中段沙盘堆制和想定作业任务，并在现场要对战场环境和作战方案进行详细的介绍。为此，师部成立了以葛铁德师长为组长的领导小组，由我带领师司令部机关 20 多人，先期一个多月进驻库尔勒演

1995 年 10 月 1 日，蔺亮斌组织师首长机关部队进行阅兵仪式

训场进行前期准备。为了最大限度还原和展现中印边境地区的地形地貌，我带领大家连续奋战 20 多天，在主会场正前方堆制了一个 20 米 ×15 米的大型地形沙盘，精心修整和布置了地物地貌和其他配套设施。记得演练正式开始以后，兰州军区司令员刘精松、新疆军区司令员傅秉耀、南疆军区司令员林才文带着四总部机关和国防大学学员代表，以及各作战部队主要领导几百人，现地观摩了由我负责的沙盘作业推演。正当我按计划介绍相关情况时，刘精松司令员突然从主席台上径直走下来进入沙盘站在我面前，现场给我和与会代表提出了几个针对性很强的问题，我详细地回答了首长的所有提问并得到了肯定，按计划圆满地完成了沙盘推演。这次演练任务结束返回单位后，师党委再次给我记个人三等功一次。

第二件事是组织师直属部队举行阅兵仪式和专业兵种业务技能大比武，取得了骄人的业绩。

第三件事是带领师直属队高标准高质量率先完成支援地方光缆施工任务，师党委再次给我记三等功一次。

第四件事是成立"威风锣鼓队"。不仅丰富了军营里的文化生活，还很好地向当地老百姓展示了驻军官兵的精神面貌，可以说是旗开得胜、一举两得。

到阿里去

1996 年 8 月，在我任正团职 6 年之时，新疆军区提升我前往阿里军分区任参谋长。临上任前，南疆军区司令员林才文找我谈话，对我这几年的工作给予了充分肯定，并提出了希望和要求。从入伍当兵开始，我在疏勒县六师十八团工作 9 年，在莎车县六师十六团及六师师部工作 17 年，前后 26 年之久后，如今又踏上了前往喀喇昆仑山边防一线的征途。

其实在去报到的路上，我心里一直感到"憋屈"，心情也特别地烦躁。我在想，为什么我们南疆六师的干部每次调职都没有一个能越过喀什以北，甚至跨过天山，去条件更好的北疆工作。但当我来到驻地，看到热情迎接我的同事和战友，他们都是在阿里工作十几年甚至几十年的老高原，依旧以饱满的精神状态奋战在阿里高原的边防一线，自己静下心想了很久。军人，就是服从，就是奉献，不能有居功自傲和挑肥拣瘦的"臭毛病"。

阿里地区地处藏北高原，位于中、印、尼三国交界处，平均海拔4000米以上，气候恶劣，基础建设落后，生活环境和条件比较差。阿里军分区隶属于新疆军区，辖区内边境线全长961公里，所属边防连均在驻地几百公里之外的山口通道里，距离最近的扎西岗边防连也有80公里，最远的甚至几百公里，常年积雪覆盖，人迹罕至，1962年边境自卫反击作战时很多主战场就在辖区内。山下的叶城县留守处是部队物资供应保障的大后方，距离阿里军分区也有1200多公里，同时也是随军家属就业居住和子女上学的主要安置地。

路遇险情

新藏公路，传统上指219国道，北起新疆喀什地区叶城县的零公里石碑，南至西藏日喀则市拉孜县查务乡2140公里石碑，是重要的进藏路线。1957年10月5日，新藏公路的新疆叶城至西藏阿里地区段建成通车，全长1179公里。此路平均海拔4500米以上，年平均气温零下9摄氏度；沿途翻越5000米以上冰山达坂（山口）5个，是世界上海拔最高的艰险公路段。长期以来，几乎全是戍边部队的高原汽车兵在这里行驶，外加极少的地方货车和一些自驾游的游客。几百公里的无人区和泥石流、塌方、滑坡、大雪阻隔，从未吓退过一代又一代的戍边军人。

自从1972年我第一次踏上喀喇昆仑山到我离开新疆，自己都记不清在这条路上跑过多少个来回。1998年11月在内地还是秋意正浓的时候，阿里地区已是茫茫白雪，气温在零下20多摄氏度了。当时正好是我坐车下山轮休，为了安全起见，又专门安排了一辆大卡车一路保障。中午从狮泉河镇出发，当我

们行驶至班公湖附近时,我坐的车水箱突然开锅,维修了很久也未能修好,在这个无人区又不敢停留,只能放慢车速走一会儿停一会儿,原计划第一天晚上住到红柳滩兵站,最后只能根据车况听天由命,走哪儿算哪儿。

我们途经死人沟湖边机务站附近时,居然在公路旁遇见有家甘肃老乡开的一个相当简陋的帐篷饭店,我们停车进去吃了一碗用高压锅做的面条后就急急忙忙地向山下赶路。天色已渐黑,走到天空防区的野马滩时,汽车的水箱已经彻底坏了,没有暖风,此时的车内温度和车外一样,骤降到了零下20摄氏度左右。我坐在车里冻得双腿双脚麻木,几乎失去知觉,驾驶员张占平就找来一件棉大衣裹在我的腿上继续向山下艰难行驶。但由于气温实在太低,小张也被冻得抓不住方向盘,只能停下车活动一下再继续开。夜间的车前窗玻璃上结了一层厚厚的冰霜挡住了视线,为了让小张看清前面的路,我就找来一块硬纸板坐在前面的位置上用力刮着前挡玻璃上的冰碴。走到半夜2点多的时候,终于看见了远处若有若无的甜水海兵站的灯光,瞬间让我们倍感亲切。急忙赶进兵站,下车的时候,我的双腿冻得已经失去了知觉,是他们把我从车上抬下来扶进屋子里的。后来我们几个聊起这件事,心里还是感到有些后怕,开玩笑地说,假如那天晚上车抛锚坏在半路上,那就真成"烈士"了。

看望官兵

阿里军分区所属的边防连相互间距离都在几百公里,几乎是与世隔绝,被称为喀喇昆仑山里的一片绿叶。部队执行日常巡逻任务,经常会与印军不期而遇,有时难免会发生一些矛盾冲突。为准确了解和掌握边防斗争一线情况和官兵训练、执勤、生活的状况,我带着工作组先后驱车上千公里,深入白雪皑皑的孤岛哨卡和边防连队进行蹲点调研,与连队官兵一起踏雪巡逻实地勘察,用自己的亲身经历去体会他们的艰辛与不易。那个年代边防连队没有手机、没有网络,也没有海事卫星电话,官兵们在那里守防几年,就是几年无法和家人联络，常年只能靠断断续续的书信沟通。我去波林和斯潘古尔等几个边防连检查工作的时候，特意把所有战士家里的情况和家人的联系方式认真记在本子上，等返回到军分区驻地后，挨个打电话联系到他们家人，告知战士们的近况和表现。同时，记录好他们家人的近况和嘱托，再用军用电台发回到边防连，让官兵们第一时间知道家里的情况并安心服役。战士们在收到从电台发来家人的信息后，感动得热泪盈眶，极大地坚定和鼓舞了他们戍边守防的信念。

忠于祖国

我所在的阿里军分区管辖区域内，经常会发生印军偷偷摸摸地越境巡逻，或者是有印方牧民"不小心"进入我方控制区内进行所谓的放牧活动，这样一来，我边防部队必须做到坚决驱离。为了稳定边界秩序，中印双方在国家外交层面上协调建立了定期会晤机制，约定每年的 5 月和 10 月，中印双方代表在我军的斯潘古尔会晤站和印军的列城会晤站交替进行边界事务谈判，解决和处理相关问题。

在我工作期间，与印军代表先后在莫尔多通道和丁喀山口举行过四次会晤。每次与印军会晤之前，我们都要做大量的准备工作。一是要将会晤事项、交涉内容和发言文字梳理上报兰州军区和我国外交部进行审定。二是在印军代表进入我方边境和会晤站前，我们要安排人员前往边境入口迎接并核实身份。三是会晤开始前，要举行小型的阅兵仪式，而后再进行面对面地交涉。前期准备工作烦琐而又严谨，任何一个环节都容不得犯下丝毫错误、出现丝毫问题。实际会谈交涉中，要做到有理、有利、有节，在关系到国家利益和原则的问题上坚决不能退让，必须立场坚定、态度鲜明、据理力争。比如，我防区内的"乌热"争议区，组织巡逻前我们会事先派出侦察分队了解敌情和掌握其动向，而后再组织部队前往宣示对此地区的主权；但印军代表就会在

会晤中无端指责我军越境，违反了双方有关边境管理协定。对于这种毫无根据的挑衅言论，我会严肃地正告印军代表，所谓的越境，只是印政府单方划定的，中方坚决不予承认，并且今后也会形成常态化巡逻。再比如，边境线地区双方的牧民放牧，经常会出现印方牧民人畜越境的行为，经双方会谈后都会妥善处理给予放行。

记得 1996 年 5 月，我乘车从莫尔多通道进入印军会晤站举行定期会晤，老远就看见印军代表乘坐着轻型直升机从山谷一侧飞过来落地进入会场。在双方分别举行完升国旗仪式后，进入会场，双方按照惯例首先介绍参加会晤代表的姓名和职务，而后就在友好的气氛中进行沟通交流。突然印军话锋一转，无理指出我军在天文点防区越境巡逻，并且在羌山口南都木契列方向，我边防军人违反边境规定，在边境一侧开枪射击猎杀野生动物，并就此事向我方提出指责和抗议，要求保证再不发生类似事件。对此我们前期也进行了大量的调查了解并早有准备，事实真相与印方所描述的有很大出入，我当场就有理有据严肃地给予了坚决反驳，对方自知理亏没敢再说什么，便岔开话题给自己找了个台阶。

每一次会晤交涉，双方都始终秉持着顾全大局、友好协商，尽全力管控好边境减少冲突的准则，努力营造一个良好的和平环境。但不管怎样，对于我来讲，祖国利益高于一切是永远不变的原则和底线。

戍边情怀

1998 年，为彰显官兵的爱国情怀和驻守雪域高原的决心，我带领直属工兵连官兵，从河道里捡运大石头，在军分区后方的南山坡山体上堆制了一个直径 27 米的"八一军徽"，正好与对面山上 20 世纪 60 年代老一辈守防官兵用石头拼的"毛主席万岁"5 个巨幅大字遥相呼应，非常应景，后来被大家亲切地称为"万岁山"和"军魂山"，成为狮泉河镇地标。

1999 年，蔺亮斌（前右一）在中（印）边境莫尔多通道印方境内举行会晤会谈

　　狮泉河镇藏族占大多数，随处可见很多寺庙和玛尼石堆、经幡；世界著名的神山冈仁波齐和古格王国遗址就在这里，耸立入云的雪山、湛蓝清澈的湖水，还有"触手可得"的星辰大海，在这里仿佛置身于世外桃源。藏民族善良好客，我曾经两次参加了藏历新年活动，入夜围着篝火跳藏舞，到客人家见到主人首先要问候"扎西德勒"，主人会热情地给每位来客献上哈达，也会准备一碗浓郁的酥油茶和一桌子各式小吃招待客人。平时的生活尽管有些单调枯燥，但我们自己也会找些乐趣。鲁玛大桥河距离狮泉河镇 10 多公里，闲暇时，我和麻富省政委、杨建中副政委，还有后勤部张江海部长会经常来这里钓鱼，然后带回到营区美餐一顿。

　　在阿里地区工作和生活的条件是比较艰苦的，但官兵之间的战友情却非常深厚，有很多老同志在这里工作了二三十年，依旧义无反顾、无怨无悔。我在阿里工作期间，同样也患上了很多高原病，比如高血压、心肌缺血、心

蔺亮斌光荣在党 50 年留念

脏肥大、心脏早搏等病症，经常走路气喘吁吁，晚上睡觉头疼欲裂整夜失眠，只能靠不断吸氧去缓解。但作为领导干部，时刻都要给部属做出表率，不能整天喊苦喊难，四平八稳"躺平"式工作，必须以饱满的工作热情和良好的精神状态去干好工作。

告别新疆

为体现对艰苦地区边防军人的关怀，兰州军区出台了一系列好政策。其中一条就是，领导干部在艰苦地区任职满三年后，可以根据本人申请交流调整回入伍所在地的省市驻军单位任职。

1999 年 10 月，我接到兰州军区调令，任命我为陕西陆军预备役步兵第一四一师（驻地咸阳，由原四十七集团军步兵第一四一师转隶而来）副师长，并于 11 月中旬下山，离开了我工作近 4 年的阿里军分区，同时也离开了我奋斗了近 30 年的南疆部队。后来回到陕西，在岗位工作 8 年后，于 2007 年 55 岁时退休。

在我即将告别狮泉河，准备乘车下山离开阿里军分区的那天早上，黄呈洲司令员和雷永年政委带领全体党委班子成员，还有军分区几百名官兵，特地在办公楼前两侧列队夹道欢送我下山履职。当我看着他们那一张张被紫外线照得发黑发紫亲切又熟悉的面孔时，我顿时控制不住自己内心的感动而泪流满面，与他们依依不舍地握手告别，从此彻底告别了我在南疆地区近 30 年的工作与生活。

38 年的军旅生涯，我从一名农村小伙，逐步成长为部队的领导干部。29 年里，我在祖国最偏远、最艰苦的南疆地区奉献了我的青春年华和大半生，我感到无比的骄傲和自豪；在海拔 5000 多米的喀喇昆仑山和千里边防线上，留下了我人生坚定的足迹和远去的背影。在"天上无飞鸟，地上不长草，风吹石头跑，四季穿棉袄"的生命禁区里，考验了我坚强的理想信念和战斗毅力。在骄阳似火、飞沙走石的塔克拉玛干戈壁沙漠里，留下我战备训练、组织演习和抢险救灾的艰辛与汗水。一代代戍边军人的默默付出和无私奉献，祖国和边疆各族人民不会忘记。我会永远地思念和眷恋我的第二故乡——新疆，也祝愿新疆各族人民在党和国家的领导下，在祖国这个大家庭里幸福快乐地生活。

作者简介：

张向君，府谷县政协八届、九届副主席，《天南地北府谷人》主编。

郭利平

郭利平，男，生于1968年，汉族，府谷县大岔人，大学学历，中共党员，正高级工程师。现任陕西交通控股集团有限公司党委委员、第一副总经理。

三秦通衢梦

白　漠

一

1983 年 8 月 15 日。农历七月初七。

陕北之北的府谷县大岔逢集。此时已接近正午，集市渐渐散去，摆摊的商贩慢慢地收拾着东西。只有供销社门前乘车点聚集了一些人。这群人当中有一个十五六岁的少年格外引人注目，他身材瘦弱，带的行李很多，一看就是出远门的样子，那个少年就是郭利平。

从那个时代过来的人都知道，经过"文革"之后百废待兴，各行各业需要大批的人才，国家就把选拔人才的关口前移到中考阶段。初中毕业考上中专就可以转身份、换粮本、包分配，妥妥的铁饭碗。这对于农家子弟来说无疑是一个福音。这是中国教育史上特殊的一个阶段性现象，拔尖人才都在初中阶段就被中专选走，考不上中专的人才会退而求其次上高中考大学。

不过，那时候像大岔这样的偏远乡镇学校更缺人才，教育基础相对薄弱，能考上中专的也只是凤毛麟角。

几个同学看见了郭利平，就赶紧跑过去打招呼。很快，当时在大岔街上的所有人都知道了那个考上中专的郭利平今天要出发去省城上学去了，呼的一下围过来。如果用 21 世纪的网络流行说法来形容，那一天他就是大岔街上最靓的仔。

郭利平父亲在大岔供销社工作,乘车点背后不远处就是职工宿舍。三年初中,他就是随父亲住在那里。班车上去的时候,父亲特意打过招呼。司乘人员一听有考上中专的学生要乘车,立刻换上笑脸,客客气气地承诺一定留最好的座位,还一再嘱咐踏踏实实在家等着,车下来的时候会叫他的。

让郭利平不安的是填报志愿时自己作出的一个抉择。按照常规,当地农村人报考中专大都选择榆林的学校,如榆林师范、榆林农校等。就近不说,将来的工作方向甚至工作单位基本上都可以预知,稳稳妥妥的事情。只因一位老师随口说了一句,根据郭利平的成绩,选择那些学校有些可惜。他就作出了人生第一个具有挑战性的抉择,报考省城的陕西省交通学校。虽然顺利被录取,但亲朋好友觉得还是有些冒险,然而郭利平认定自己的选择没错。

二

郭利平没有接受客车司机的好意,而是把预留的座位让给了一个去县医院看病的老人。乘车的人很多,他只能站在过道上。

本来开学还有几天时间,但他不得不提前动身。哈镇、大岔这条线路的班车两天才有一趟,人本来就多。而府谷这地方十年九旱,难得的雨水却大都集中在初秋时分。通往县城全程都是土路,大部分地段平时是路面,到了汛期就是河道。一场雨之后,10天左右时间车辆无法通行,不得不提前行动。

50多公里山路整整用了一个下午的时间,到县城天已经黑了。一路颠簸,人早已筋疲力尽。这里没有直达西安的客运车,去省城只能借道山西。第二天一大早,他背着行李徒步到对岸的山西保德县坐汽车,到达宁武县的阳方口火车站转乘火车到太原,再从那里转火车到西安。中途需要过两次黄河,历经整整一个昼夜的时间。他发现仅仅一岸之隔的保德与府谷就完全不一样了,不光有柏油路,可以风雨无阻,而且100多公里外就有火车站。一比较家乡交通落后的实情就摆在眼前了。郭利平觉得这样的现状证实了自己上交通学校是正确的选择。踏上省城地面的那一刻，他暗自下决心等到学业有成一定要为改变家乡的交通现状出一分力。

那时候的中专课程都是根据初中学历为基础来设置的，本来不难，加上这些能考上来的又都是尖子生，完成学业是很轻松的事情。而且入学以后他们就已经知道，只要能完成学业，这一批人就会被分到各县的交通部门工作。于是，大多数人以顺利毕业为目的，开始轻松享受快乐时光。郭利平的想法却完全不一样，不放过任何学习机会。同学们见到他最多的地方不是图书馆就是来往于图书馆的路上。上学四年时间，从稚嫩走向成熟，郭利平懂得了学无止境的真正内涵，不但成绩优异，还光荣入党。只是毕业的时候发生了一个小小的插曲，每个县的交通部门只有一个名额，而这一届上学的府谷籍学生有两个。到最后，他的同学得到了这个名额，郭利平将被分配到榆林地区的另外一个县交通局。

这多少有点让人失落。不过，郭利平的前途还有一个选项，一位当时在陕西交通技术领域有很高地位的老师推荐他去陕西省公路勘察设计院工作，这是属于他人生面临的第二次抉择。跟四年前一样，几乎所有的亲朋好友都觉得应该回到陕北去，交通局在县里可是要害部门，只要进去了就可保证一辈子养尊处优。就连同学们也都劝他回陕北，现在不能分到府谷，以后可以慢慢想办法调回去。关键问题是他们都知道中专生到勘察设计院这样专业性特别强的岗位上工作真有点吃力。总归一句话，还是去县城工作比较安逸。让人意想不到的是郭利平最终选择了具有挑战性的工作岗位，成了陕西省公路勘察设计院的一员。

三

不知不觉已经是 1987 年的 9 月 23 日。农历八月初一，秋分。

关中的初秋，天气依然炎热，站在临潼山塬上的郭利平满头大汗，脸蛋和胳膊已经被晒出了古铜色。漫山遍野的石榴和柿子已经开始泛红，农田里的玉米正在抽穗，关中大地的秋色一片葱茏。触景生情，不由得想起老家的那片土地，如果不缺雨水的话，这时分山里的玉米该逐渐枯黄快进入收割期了。他想起四年前立下要为改变家乡的交通条件做贡献的决心，自己现在的工作不就是在为全省的交通做贡献吗？

他想着假如人必须有梦想的话，今后自己的梦想就是三秦通衢梦，让包括陕北在内的三秦大地四通八达。

此时郭利平在临潼可不是游山玩水，而是在工作。从 7 月份毕业到参加工作，几乎是无缝衔接。暑假他连回老家的时间都没有就进入角色，因为单位太需要人了。他现在身处的位置就是西临高速建设现场。

这条高速从 1986 年 12 月 25 日开工，到这个年底就两年时间了，全长 23.89 公里的路段到现在完成不到三分之一的工程量。工程进度缓慢的原因很多，技术人才短缺就是其中之一。于是，郭利平一参加工作就进入西临高速的监理团队。经过一个多月的过渡期，他直接进入建设工程现场工作。

一开始了解到这条公路的背景时他就有点紧张，毕竟这是陕西第一条高速公路，也是西北第一条、全国第三条高速，而且建设背景很不一般。当时，秦始皇陵兵马俑备受中外游客瞩目，许多国家元首和政府首脑都把参观秦始皇陵兵马俑列为访问中国的一站。1985 年 9 月 18 日，时任新加坡总理李光耀前往临潼参观兵马俑，途中遭遇长时间堵车。到了北京后，李光耀对时任国家领导人说："秦兵马俑真是世界的奇迹，民族的骄傲。可西安到临潼的公路实在是太不适应了。"

这事引起党中央高度重视，一个多月后，国务院提出"首先要把临潼至西安的道路修好"。1986 年 3 月，西临高速公路被交通部列入当年建设计划。

陕西省政府也高度重视，成立了西临高速公路建设领导小组，副省长担任组长，负责协调处理建设过程中遇到的重大问题。1986 年 12 月 25 日，工

郭利平（左三）在高速公路建设现场指导工作

程正式动工。陕西省交通厅为了确保工程质量进度，抽调各部门的精兵强将成立"监理办"，负责全线工程监理任务，刚参加工作的郭利平就成为其中的一员。走出校门就能参与陕西省第一条高速公路建设，这无疑给他提供了非常难得的理论联系实践的机遇和磨炼成长的舞台。郭利平如饥似渴地投入工作和学习，他在当时全国知名的公路专家言传身教中汲取技术知识和精神营养，在躬耕公路施工数十年的"老路桥"关怀鼓励中积蓄了诚实进取的品质。1990年12月27日，西临高速公路建成通车，实现了陕西高速公路零的突破，揭开了陕西公路发展史的新篇章。西临高速公路1000多个日日夜夜的陶冶和历练，也为郭利平的职业生涯奠定了坚实基础。

四

西临高速的建成对于陕西交通行业来说等于是打了一场硬仗，这一仗也让刚入行的郭利平崭露头角，各级领导和专家们都对这个勤奋好学、积极上进的青年印象很深，以至于以后不管哪个项目有了"硬骨头"，很多人立刻就会想起郭利平。

1992年4月动工建设的西宝高速公路，是20世纪末陕西省投资最大、里程最长、设施最完善的一条高等级公路。起自西安市后围寨，经一区一市七县，至宝鸡市斗中路。作为工程起点的后围寨立交桥是整个工程的关键部位，属于这条高速的控制性工程，也是西安外环远期规划枢纽工程的一部分，勘察设计重任又一次落在了郭利平和他的同事肩上。工程竣工后，他们的设计方案获得陕西省交通设施设计方案竞赛三等奖。

好多人对郭利平一个中专生能在专家如云的设计院脱颖而出有些不理解。只有他自己知道要想在这个靠专业水平吃饭的地方站住脚，除了通过学习提升自己别无他法。学习就成了郭利平一直坚持的习惯，无论是在勘察途中还是施工现场，书本和学习用具是少不了的。在繁忙工作之余，他通过了科技英语高级班考试，进修取得了西安公路学院大专学历和北京交通大学本科学历。主持和参加多项交通科技课题研究，发表多篇技术论文。

五

1996年5月，郭利平调任陕西省交通厅世行贷款项目办工作。起初，他对新的岗位还是有些顾虑的。参加工作8年多时间，刚刚把技术岗位的工作做到得心应手，突然要走出舒适区，一时还有点不踏实。因为世行贷款项目办的工作是全面负责工程项目的落实和监管，与工程勘察设计及监理工作相比要复杂得多。有关领导找他谈话的时候明确地告诉他，"利用外资搞建设不仅在陕西是新事物，在全国也没有现成的经验可借鉴。谁都知道这样的工作开展起来格外地费力，这才需要你们这些有担当有创新精神的青年才俊出来挑大梁"。

话说到这份上，郭利平自然不能再推辞了。新岗位从运营规范的制定到现场的管理流程，一切都是新课题、新挑战，必须一边摸索一边前行。好在他已经习惯了挑战，习惯了探索性地工作。调任新工作的第二年，也就是1997年6月，郭利平的工作性质又发生了巨大的变化，他被任命为绛法汤二级汽车专用公路项目组负责人。虽然还是在世行贷款项目办业务范围内，但他的身份多了一个"负责人"，通俗地说就是当官了。在省交通建设圈待了八九年时间，他明白，这官不好当！特别是工程建设业务单位的官更不好当。首先你必须在业务上出类拔萃，否则难以服众；其次还要懂得行政管理的常规，因为不管怎么说这些都是官方机构，法律法规和行业规范必须作为工作标准，而且交通建设必须跟各级政府打交道，弄不懂一些窍门就很难沟通，工作也就很难展开；还要懂得经济管理，交通建设是花钱的项目，哪些钱应该花哪些钱不能花，哪些地方应该多花钱，哪些地方能省则省都是技术活儿，稍有不慎就会触动红线。

这一年郭利平29岁，成为当时全国重点公路建设最年轻的项目长，他负责的项目获得全国首届环保百佳工程奖、省级优秀工程勘察设计二等奖和全国优秀工程设计铜奖。

开弓没有回头箭。他知道新岗位自身基础必须有更充分的准备。他在积极参加省、部组织的各类专业技术培训提高专业水平的同时，完成了西北大学经济管理学院EMBA课程，根据工作实践不断领悟总结，形成了自己独到的企业管理理念。随着自身能力素质的不断提高，各种挑战也接踵而至。2001年郭利平担任陕西西禹高速公路有限责任公司工程处处长；两年后又兼任重点位置中段项目组组长；又过了两年，升任副总经理、董事、党委委员。

2007 年 3 月，郭利平荣获"陕西省十大杰出青年"称号

六

2005 年陕西交通领域有一个事件，把惯打硬仗的郭利平再次推向公众视线。陕西省委省政府得知在建的黄陵至延安高速公路进展不佳后，要求省监察厅和省交通厅立即派员对黄延高速公路施工情况进行调查。这条路可不是一般的路，一头是中华民族始祖轩辕黄帝陵所在地，另一头是革命圣地延安，被称为"朝圣路"。陕西省委、省政府向党中央承诺过新中国成立 57 周年的年底革命老区一定通高速。如果这条路出问题，那可不仅仅给陕西交通

领域抹黑，整个陕西的声誉也会受到严重影响。然而时间又过去了三个月，公路建设进度问题依然没有得到解决。眼看预定的工期越来越近，交通厅果断决定阵前换帅，任命郭利平为陕西黄延高速公路有限责任公司党委书记、总经理。

郭利平知道这个任务的分量，二话没说连夜到任，即刻赶赴工地着手对项目各个环节同时开始动大手术。果断清退不合格监理，不惜一切代价返工不合格施工段，处理变更遗留问题 600 多份，首次依法动用违约施工单位履约保证金为国家挽回损失。新中国成立 57 周年前夕，黄延高速公路以 95.5 的高分通过竣工验收，按期完成通车目标，得到陕西省委、省政府主要领导的高度赞赏，被大家称为"拼命三郎"的郭利平也以突出成绩和卓越贡献获得第十八届陕西省"十大杰出青年"光荣称号。黄延高速淤泥河大桥设计和建设获得部优工程火车头奖，再次提升了陕西省高速公路建设技术管理水平。

七

黄延高速建成后，郭利平担任陕西省高速公路建设集团公司副总经理、党委委员，分管养护工作。工作中，他把新建项目先进管理理念和技术工艺引入养护大修工程，做了大量的调查研究，主持起草了《公路工程建设项目管理办法》《公路工程设计变更管理办法》《工程质量管理办法》《高速公路征地拆迁及建设环境保障工作实施办法》等多项制度，推动日常养护从粗放式向精细化转变、从矫正式向预防性的转变。其间，郭利平本人多次被抽调担任重点项目督导组组长、抗洪抢险保通指挥长，确保了西汉高速按期通车，为 2008 年 5 月汶川抗震救灾抢险提供了"生命通道"；2009 年 7 月他负责的铜黄高速大修工程作为养护工程规范化管理样板在全省推广。2011 年国家对2010 年全国公路养护管理进行大检查，陕西高速公路获得第六名的历史最好成绩。

八

2010 年 12 月 4 日。农历庚寅年十月二十九日。

原本是周末，他分管的养护业务到冬天不是很忙，周末可以分出一点时间来为家里的事操点心。刚刚打电话到老家，确认了住在乡下的母亲冬天取暖不存在问题，这才放下心来，还答应了老人过年一定回家去。同事们都知道郭利平是个大孝子，他在省城的工作稳定下来之后，就开始省吃俭用攒钱。等到双亲老了，在西安买了一处小房子，把他们从老家搬过来住。谁知老母亲怎么也住不惯，嚷着闹着要回老家。他只好又卖掉房子，在老家村里旧宅基地上给他们修了一套房子。好在老家的路越来越好，就在接任负责黄延路高速工程的时候，他就有一种动力，因为这条路修通之后从省城到延安可以缩短到三小时，延安到榆林也可以三小时到达。从省城到老家当天可以抵达的梦想终于可以实现了。

工作好像总是不让他轻松下来。就在这天组织决定调他到陕西路桥集团有限公司担任总经理、党委副书记。郭利平真切地感觉到又一副重担压到肩上了。

这家企业是早年混合所有制改革的产物，当时是为了引进民间资本，增强国企的活力和创造力，由民营企业控股，省交通运输厅参股。但由于权益关系较为复杂，治理结构不完善，导致决策效率低下，资源配置不合理，生产任务严重不足，企业效益不断下滑，职工待岗等多重问题爆发。

面对这个存在诸多历史遗留问题的混合所有制企业，郭利平认识到必须寻找一条能让民企灵活性和国企规范性相容的有效途径形成合力，把不同理念产生的内耗和负面因素彻底消除掉，才能走出困局。他积极协调民营控股方与省交通运输厅两大股东关系，调整经营思路，加强开发力量，巩固省内，拓展省外，短时间内公司市场区域迅速拓展，业务开发逆势上升，企业形象大幅提升。2011 年至 2013 年，公司年均产值突破 30 亿元，实现利润 5000 万元。经营效益年均增长 15% 以上，为社会贡献利税 2.3 亿余元，职工收入逐年增长，数年拖欠的"五险一金"全部补缴，职工民生不断改善，企业经济效益和社会效益全面提升。由于工作成绩显著，民营控股股东又委任他兼董事长职务。

他们哪里知道，在陕西交通领域总有挑战性的工作在等着郭利平。

九

2014 年 3 月陕西交通建设投资有限公司成立，郭利平担任董事长、党支部书记。2017 年 7 月经省政府批准公司升级为陕西省交通投资集团有限公司，郭利平担任党委书记、董事长。其间集团创新性开展工作，以政府购买服务方式，向省内各区县支付公路建设资金 7.58 亿元，助力交通脱贫攻坚；协助省铁路集团组建、完成省铁路集团注资方案；根据省政府、省交通运输厅决策，出资 5 亿元组建西北货航，加快建设临空经济；实施推进高速公路 PPP 项目 645 公里，引进社会资金 793 亿元，合阳至铜川高速等 4 个 PPP 项目被财政部列为第四批政府和社会资本合作示范项目；成功开创交通产融结合新业态，在沿黄观光路建成首个交旅融合服务区，构建起了"产、投、融"有效联动的产业发展布局，为降低交通负债、盘活交通资产做出了突出贡献。集团全员劳动生产率从 7.07 万元 / 人提高到 56.64 万元 / 人，资产负债率从 46% 降低至 29.6%，利润总额由 900 万元提高到 9000 万元，从省属企业第 21 位跃升至第 14 位，集团公司连续三年被省交通运输厅评为"目标责任考核优秀单位"。

十

2021 年 1 月，郭利平调任陕西交通控股集团有限公司担任副董事长。很多人打电话探问，郭利平在电话里笑得很开朗，只是口气里面带着些许疲惫。

2022 年，郭利平主持陕西交控集团一届一次职代会

因为这个新成立的交通控股集团对他来说是又一个全新的挑战，说来话长，现在又是忙的时候，他没有时间给亲友们作过多的解释。不过，好奇心重的人很快通过各种渠道了解信息，这才知道陕西交通行业正在搞一个大动作，这个交通控股集团以陕西省高速公路建设集团、陕西省交通建设集团、陕西省交通投资集团 3 家企业为基础，合并了陕西省交通规划设计研究院、陕西路桥集团有限公司，陕西公路集团有限公司等 14 户其他企业重组而成，算得上是陕西交通领域的航母。

在这样的企业中，郭利平又担任了党委委员、副总经理，负责发展规划、投资、改革工作，分管规划发展部，联系陕西交控产业发展集团、西北国际货航。

郭利平一如既往地把全身心投入新的工作岗位，他知道陕西交通企业之所以顺应形势走集约发展的道路，就是为了集中优势资源抢占国内国际市场，而企业重组最重要的就是团结务实。尽管重组初期工作千头万绪，国企改革三年行动也是他主导推动，但郭利平始终坚持深入基层，特别是到自己不熟悉的企业、以前没有涉及的领域中去作调研，广泛听取基层员工的意见和建议，最后为企业发展描绘出一幅切合实际且具有超前思维的发展蓝图。交控集团形成了"以路为本、创新驱动、产融结合、综合开发"的发展战略，遵循"讲团结、顾大局，善合作、树正气，出业绩、惠职工"的工作方针，到"十四五"末实现"7783"战略目标，总资产突破7000亿元，运营公路突破7000公里，营业收入突破800亿元，利润总额突破30亿元。挺进中国企业500强，实现科技板块整体上市。

目前郭利平正在以饱满的热情与他的同事们一起为把陕西交通控股集团打造成"西部领先、全国一流"具有竞争力的交通投资建设运营综合服务商而埋头苦干，奉献着自己的智慧与汗水。

付峰

付峰，男，汉族，1970年7月出生，府谷人，中共党员，教授，博士生导师，现任延安大学党委委员、副校长。陕西省延能——延大综合能源产业技术研究院院长，2022年入选全球前2%顶尖科学家终身成就榜。

潜心科研路　矢志育英才

马赵军

坎坷求学路

但凡在某些领域有突出成就者，其背后无不包含着奋斗的艰辛和汗水，付峰就是其中之一。

1970 年 7 月，付峰出生于府谷县黄甫镇韩家梁村，家里姊妹四人，他最小。小时候在放学后，他常和姊妹们一起到山上割草喂羊，以减轻父母的负担。在本村上到小学三年级时，转到附近的大桃山学校继续上小学。之后又在黄甫学校和麻镇中学分别读完初中和高中。由于种种原因，第一次高考没有考上理想的大学，这对于他来说是人生中遇到的沉重打击。

不甘认命的他选择去府谷中学补习。在学习上比以往更为努力，也更注重学习的方式方法，许多时候总是早起晚睡，把更多的时间和精力用在学习上。通过努力拼搏，他最终考上了延安大学。

1992 年秋天，付峰正式踏进了延大的校门，成为该校化学系化学专业（有机化工方向）的一名学生。对于所学的专业，他坦言，自己最擅长的还是数学。本想在这方面发展，但是在报考志愿的时候，出于就业的考虑，他最终还是听从了亲戚朋友的建议，选了化学专业。既然选择了就要坚持下去，尽可能地争取到最好的成果。

大学四年的学习生涯，他保持了在高中补习时的学习劲头和良好学习习惯。在学习上的投入和用心使原本对化学专业并不怎么感兴趣的他，却对此兴趣大增。每学期考试，各门课程成绩均名列前茅。由于成绩突出，表现出较强的组织沟通能力，他被推选为班长。

付峰在延大时，每半年的学费是 5 元。政府补助从最初的每月 18 元增加到后来的每月 60 元，他在学校的开销主要依赖于此。尽管非常节俭，但依然还是常常面临"断粮"的窘困。那时候，他姊妹几个均已上了大学，原本并不富裕的家庭，经济压力非常大。但是他父母并没有放弃他们，而是更加努力地挣钱供养他们上大学。他们家的主要经济来源是靠父母养羊。付峰放假回家后，总是努力帮助双亲干活。

1996 年，他从延安大学毕业后选择留校任教。

深造夯基础

留校之后，付峰成为一名化工专业的老师，同时参与了筹建陕西省化学反应工程重点实验室。

当他对所从事的专业有了更深入的学习和了解之后，就越发感到自己知识的不足。觉得自己要想更好地胜任教学和研究工作，在专业领域走得更远，必然要继续深造。

正是有这样的想法，他于 1998 年至 1999 年，在西北大学做了一年的访问学者；于 2000 年考取了陕西师范大学在职硕士研究生，主攻分析化学专业；2008 年，他又在陕西师范大学无机化学专业攻读博士学位。2007 年到2008 年，他赴东北师范大学做了一年高级访问学者；2016 年，他作为访问学者，又远赴英国剑桥大学、伦敦大学以及爱尔兰三一学院考察学习。通过持续的学习和深造，他较好地掌握了专业领域一些前沿的研究方法和知识，进一步拓展了视野、启发了思维，这为他以后的教学及专业研究打下了坚实的基础。

在持续学习和深造的过程中，他更加清晰地认识到，对于化学专业，理论研究当然重要，但是更重要的是把理论和实践相结合。要努力把研究成果运用到生产实践中，以便创造更大的价值，这才是科学研究最终的目的。而理论本身也要在实践中加以检验。

正是基于这样的认知，不管在教学还是在外出考察和交流中，他都非常注重和阐释"学以致用"在化学专业领域中的重要意义。在长期的教学实践中，他总是积极联系、创造条件，带领学生到江苏扬子石化、北京燕山石化、山东齐鲁石化和甘肃兰州石化等企业进行实地调研。

科研铸成果

陕晋蒙地区资源富集，煤化工产业发展迅速。这些地方普遍面临企业转型升级、调整产业结构的压力，对新技术和高层次人才的需求越来越紧迫，

2013 年 12 月，付峰被湖北省
人民政府授予科学技术二等奖

2015 年，付峰被陕西省人民
政府授予陕西省科学技术三等奖

付峰主持研究生学位授予仪式

这也是付峰专业研究的重要契机。

2015年，他被中共延安市委选派到延安能源化工集团挂职，担任集团公司副总经理。在延安能源化工集团期间，他成功开发了黏结性低阶煤分质转化为高附加值新材料的工艺技术。目前，该技术已从实验室到大型中试取得成功。经过相关部门的鉴定，该研究成果处于国际领先水平。

除了对特殊煤种转化技术开发外，他还在新材料和环保产业领域多有研究。从2018年到2022年，他与团队成员研发的水凝胶材料新技术，第一条工业生产线已在咸阳长武县建成投产。这种新材料主要用于医疗、美容等领域。

他与周春松院士组建的联合研发团队，还对能源化工企业固体废弃物转化为精细化学品进行研究。目前项目成果正在推广中。有分析指出，该项技术将对陕北环保产业发展产生深远影响。

据了解，几年来，他带领的研究团队主要从事煤基能源清洁高效利用工艺技术开发、环境催化技术研发等领域的教学与研究工作，主持和承担国家自然科学基金、科技部国家重点研发计划子项目、中央引导地方科技创新重点计划等项目13项；先后在《先进能源材料》《先进功能材料》《应用催化》等国际国内权威期刊发表学术研究论文100余篇；主编出版《能源化工工艺

2022 年 6 月，欢送指导的研究生奔赴工作岗位

学》《化工设计与技术经济》著作 2 部；授权国际国内发明专利 17 项，转化应用 2 项；先后获湖北省、陕西省科学技术奖、陕西省教学成果奖等奖励 11 项。

　　他所重点研究推动的产业化技术是：低阶黏结性中煤热解资源化利用技术开发与工业化示范；植物多糖水凝胶新材料；废盐及 CO_2 资源化利用技术和基于源网荷储的绿色 AEM 电解水制氢系统。

　　由于他在科研上取得的突出成绩和重要贡献，他先后被评为陕西省"化学工程与技术"特色学科带头人、陕西省"三秦人才"、陕西省"特支计划"区域创新发展人才及陕西省首批"科学家＋工程师"团队带头人等。他也是教育部化工类专业教学指导委员会委员、陕西省化工类专业（专业共同体）工作委员会副主任委员，陕西省延能—延大综合能源产业技术研究院院长。2022 年，他入选全球前 2% 顶尖科学家终身成就榜。

2023 年 4 月，付峰代表延安大学与周春松院士团队签订重大项目联合研发协议

教学获殊荣

　　付峰在延安大学先后为本科生和研究生主讲了化工原理、化工传递过程、化工设计与技术经济、催化原理和能源化工工艺学等课程。他严谨治学、对学生认真负责。在教学中，他经常根据课程特点，积极探索合理的教学方法和手段。努力培养学生的创造性思维和创新能力，更加注重提高学生的综合素质，受到学生的普遍好评。

　　由于教学成绩突出，他获得了陕西省教学成果奖、延安大学教学质量优秀奖等多个奖项，2019 年他被授予"陕西省优秀教育工作者"称号。

　　担任延安大学副校长以来，在学校的安排部署下，他开展了一系列卓有成效的工作。他精心组织实施，完成了教育部本科教学工作审核评估，取得了预期成效；推进本科教育"四工程一计划"重点建设工作；按照"专业定位明确""专业管理规范""改革成效突出""师资力量雄厚""培养质量一流"

五个方面的标准，大力加强专业内涵建设，着力培育国家级、省级一流专业；深入推进课堂教学改革，着力打造"标杆"课堂与课程；积极组织开展资政育人工程建设，多项资政育人报告被省市县以上党政部门和企事业单位采用，凸显了资政中育人、育人中资政的效应；深入落实国家"六卓越一拔尖"人才培养计划，组织实施了卓越医生、教师、工程师等20多项卓越人才培养计划项目……

长期的教学管理实践使他更加意识到，大学管理的主要目的就是要更好地制定和完善更加符合教育规律的制度，为教学和学术研究创造更为宽松自由的环境，积极营造良好的学风，为学生和教师的成长、交流、提升搭建更好的平台，创造更多的条件。

作为一名府谷人，他心系家乡，时常关注家乡的发展。他曾多次回府谷就煤化工产业的发展进行调研，给予一些企业以管理和技术上的指导和帮助。

作者简介：

马赵军，男，1978年3月生，陕西省府谷县府谷镇人，现为府谷县融媒体中心记者。

刘常喜

刘常喜，男，汉族，1964 年 4 月生，府谷县大岔人，中共党员，教授、硕士研究生导师。曾先后担任延安大学教务处教学科科长、教务处副处长、鲁艺学院院长等职。公开发表数十篇学术论文，独立和参与出版多部学术著作和教材，多项研究成果获奖。

一个大学教授背后的故事

郝先锋

健谈、博学，这是刘常喜教授给人留下的突出印象。

听说要来采访，他已根据提纲理顺了自己想要表达的内容，并对重点作了一些记录。但真正采访的时候他却极少看记录，侃侃而谈、神采飞扬，在讲述中还会讲到一些颇能吸引人的细节，使采访气氛显得轻松、活跃。

事实上这也是他长期教学所养成的一个习惯，课前他会查找、翻阅大量的资料，做充分的准备，到了课堂上则不照本宣科。他生动而风趣的讲解总能吸引学生的注意力。

他是延安大学政法学院教授、硕士研究生导师和学科带头人，曾担任过延安大学教务处副处长和鲁迅艺术学院院长等职。他给许多人留下的印象是，不管是教学、学术研究，还是从事教学管理，他都有很强的问题意识，善于抓关键环节，往往有一套清晰应对问题的思路和策略。

刘常喜身上的这些素养和能力与他的经历和所接受的教育是分不开的。他是一个由陕北小山村走出的大学教授。

一

刘常喜于 1964 年出生于府谷县大岔一个叫香柏梁的小山村，他 10 岁的时

候母亲就去世了，他是跟着祖母一起长大的，从小就学会了许多劳动和生活的技能，甚至还会擀豆面，这在当地是公认的极难掌握的一门技术活。

9岁时他开始到离村子较远的瓮杜沟村上学，后到三道塔村正式上小学，那时候受农村教学条件限制，加之学习内容简单，学校采用的是复式班教学，一三年级编在一个教室，二四年级编在一个教室。由于刘常喜聪明好学，当时原本五年制的小学，他却只上了四年。他于1977年进入大岔初级中学。

他回忆说，那时候农村学校多为民办教师，即由村集体（当时称大队）在社会上选聘的老师，没有编制，工资也不高（以实物换算），但是这份职业很有荣誉感。小学四年他印象最深的是语文老师刘厚，上课前经常讲些《三国演义》《水浒传》等古典文学中的内容，这使他自小就对文学和历史产生了兴趣。

国家恢复招生考试制度后，在当时一个初中学生只要能考上中专（小中专），毕业后都能够分配到工作，一辈子算是有了铁饭碗。

按照他父亲的想法，刘常喜应上中专。事实上他考试成绩也达到了当时中专的录取线。但是在入学前的体检时，他犹豫了。"初中、高中、大学"应该是正常的学习和人生路径吧？这个疑问在他的内心中越来越强烈。最终他瞒着父亲到府谷县麻镇中学办了入学手续。他父亲知道此情况以后大为光火，认为他错过了大好的发展机会，责令他从麻镇中学回家，从此就不要上学了。

大约在家待了一个月时间，麻镇中学的王贵生老师托人捎话给他父亲，劝他让孩子返校读书。这时候他父亲的气也消得差不多了，考虑到木已成舟，再生气也没有什么用，孩子的未来更重要，于是就让他返校读书了。

二

麻镇中学三年对刘常喜而言，不管是生活历练，还是对知识的学习和掌握，都是极为重要的时期。

刘常喜在陕西省大学生运动会上比赛瞬间

那时候的麻镇中学尽管保留了集体划拨的一些土地，每年有一定的收成，但是与实际需要还差不少。刘常喜和其他同学一样，每个星期天返校时都要从家里背一周所需的糜米和山药（洋芋）。在学校里，早上稀饭或酸粥，中午山药焖饭，一个星期可吃到一次烩菜或油饼。但是学生们不确定能在哪一天吃到，于是猜测打赌何时开荤成了他们乐此不疲的事情。

他之前所没有想到的是，高一和高二两年是借宿在一个大户人家的房子里，一个班男生30余人全部睡在土炕上，那种场景是现在的年轻人无法想象的。当时他担任班长。在回忆这段经历时，他说班里的同学性格差异大，在那样的环境中能够融洽地相处确实不易。特别是到了晚上，有的同学不早睡，有的晚上整夜地打呼噜……这些经历锻炼了他与不同个性的同学打交道的能力，也练就了他极好的忍耐力和包容心。

这种状态到了高三的时候有所改善，同学们被分在不同的宿舍，尽管还是睡着土炕，但是学生数量已经比原来少了许多。

与生活状况相比，让他最难忘的自然是所遇到的诸多老师了。其中张浩繁和徐令德两位老师，受 20 世纪 50 年代"反右"的影响分别从陕西师范大学和山东大学到了麻镇中学。张浩繁老师担任语文教师，他古文讲得非常细，旁征博引，一个虚词可以随口从各种文本中援引多种不同的用法。他要求学生强化古文的朗读与背诵，从中感受古人的"浩然之气"。

徐令德老师是讲历史的，他教学的一个特点是寻找历史的场景。麻镇是明清时期陕北地区重要的商贸之地，有着悠久而厚重的历史文化积淀，明长城从此经过。徐令德老师经常带学生们攀登长城，在长城上让学生们一边欣赏长城的雄浑，一边听他讲述历史。从春秋战国到明朝的灭亡，一条长城的线索就串起来了。

刘常喜在麻镇中学所遇到的诸多个性鲜明、教学有方的老师对他的成长产生了很大影响，这也使他在走向教学岗位之后更能够意识到，一个好的老师对于学生成长的重要性，从而促使他更加兢兢业业地投入教学工作之中。

他在麻镇中学表现出对于文学创作的强烈兴趣，曾以一首标题为《灯》的二十八行诗在全校的作文大赛中获得一等奖。

高考预选成功使他有机会参加高考。那年他以全校文理第一的成绩考入延安大学，专业是思想政治教育。

等待录取通知书是难熬的。他也记不清等了多长时间，有一天他在家里忽然听到广播里喊："香柏梁的刘常喜，你延安大学的录取通知书到了，请到邮电所来取。"这个消息一下子传遍了全乡（当时称公社），因为那时几乎家家都安装着广播，只要通知一件事情，全乡的人都能听到。喜悦、来自周围人的肯定，让刘常喜的内心久久不能平静。当年全乡只有他考上了大学本科。正是在他的带头和引领下，香柏梁这个只有 11 户人家、50 多口人的小山村，一度时间先后考上了 12 名大学生。

到麻镇中学办手续的时候，他父亲特意让他骑上家里养的驴。到了学校，老师们同样为他高兴。临走时王贵生老师特意给他兜里塞了 5 元钱，勉励他在大学里勤于读书。

三

1982 年，18 岁的刘常喜背着父亲为他准备的一条毡和一床被子来到府谷，准备乘车到延安大学报到。可是到了府谷后发现三天内的车票已经售完。就在他不知如何是好之际，车站的工作人员建议他经山西去延安。于是他乘车到了山西宁武县阳方口，转乘火车到了太原，再由太原坐火车到了临汾。在火车上，饥饿、疲惫的他结识了一位中年人，那人见他独自一人坐火车就主动与他搭讪，在了解了他的情况后还为他买了馒头。到了临汾后，那人还安排车把他送到汽车站，并为他买了到延安的汽车票。这时他才知道这人是当地水利局局长。刘常喜对他很是感激。

刘常喜在延安大学四年是勤奋的，他知道自己一个农村娃能够读到大学本科是不容易的，也非常珍惜自己的学习机会。四年里他把更多的时间用在学习上，除了学好专业课外，他还到图书馆广泛地涉猎，这为他以后的教学及学术研究奠定了一定的基础。

在延安大学他疯狂补习英语，这是因为他刚到延大时发现自己的英语水平与来自关中的同学相差甚远。这其实也是有原因的，他真正开始学英语是到了高三，学习时间短，基本没基础。延大为了顾及英语差的学生，特意开设了英语快慢班，他被分在了慢班。这对于一向不甘人后的他是极为不甘心的。他清楚要想改变这种状况，唯一的办法是下苦功学好英语，提高自己的成绩。多少个破晓与黄昏，他在有灯的地方独自背诵单词、练习口语……

延大对学生的体育运动是极为重视的。每天早上学生按时整队跑操，已经形成了制度和习惯，一直延续到今天。院系之间、班级之间经常举办各种体育比赛。受这种氛围的影响，刘常喜对体育也极为重视。大二时由于他在全市举办的中长跑比赛中获奖而被选入校体育队，进行专业化的体育训练。与他一起被选中的还有四名同学。他们既要学习专业知识，又要投入足够的时间进行体育训练，当然是比较紧张和辛苦的。

1986年，陕西省大学生运动会在西北大学举行。延大派队参赛，刘常喜的参赛项目是竞走，另一名物理系的同学参加的是长跑项目。结果两人都获得了各自比赛项目的冠军，并双双打破当时省大运会项目纪录，被选拔参加在大连举办的全国大学生运动会。但是全国大学生运动会举行的时候，刘常喜已经毕业，就没有参加。

刘常喜延安大学毕业后有两个选择：回府谷工作，或者留校。他在延大连续三年被评为"三好学生"，并且在陕西省大学生运动会上获得大奖，按照当时学校的政策是可以留校工作的。刘常喜考虑再三，最后选择了留校。

留校后他被安排在政教系办公室工作，但是他逐渐觉得自己更喜欢教学，于是他向系上提出申请。那时在政教系做一名老师是非常不容易的。首先要认真备课、形成系统而富有逻辑的教案，教研室试讲通过后，再由系上组织全体教师进行观摩并提出修改意见或建议。最后要进行实践试讲，要听取学生的普遍意见。

层层过关后，刘常喜如愿成为政教系的一名老师。但是第一年他只上了两个礼拜的课，次年上了半年，直到第三年才开始独立承担一门课的教学。为得到进一步系统的专业养成，他先后考入北京大学国政系世界经济与政治专业助教进修班和陕西师范大学教育经济与管理专业硕士学位教师进修班学习。两个时期的学习对于他教学、科研和管理水平的提升有极大的帮助。

北大进修归来之后，他发表了第一篇学术论文。之后直到现在他都保持了对于学术研究的浓厚兴趣，发表了多篇较有影响力的论文，独立出版和参与编写了多部学术著作和高教教材，参与了多项国家社科基金、省级和校级（地市级）科研项目，完成的教学研究成果获陕西省人民政府教学成果一等奖和多项校级教学成果奖。他除教学之外，还兼任中国国际共产主义运动史学会理事会理事、陕西省科学社会主义学会副会长等职。

四

1996 年延安大学拟让刘常喜担任教务处教学科科长，征求他的意见。他接受了这一任命，在教务处他工作了 10 年。

当时学校给他的重要任务之一是抓好考风。受改革开放后人们纷纷下海经商潮的影响，学生们的思想多有动摇，不能安心学习，有的学生甚至要退学到社会上从商，考试作弊现象较为严重。

刘常喜到任后主动到各系与教学管理人员、学生聊天，调研学生考试作弊的原因和手法。随后形成了《大学生考试作弊行为的原因分析及其对策研究》报告，对于学生作弊现象进行了深入的分析，并提出了应对策略。不久学校同意了他的工作方案。

刘常喜抓考风的方法是从源头开始入手，重点是完善考试制度，对制度进行细化，落实到人。在新的制度中增加了对监考老师的管理。在前期调研中他发现，学生在考试过程中，教师的监督作用是非常关键的，只要监考老师认真负责，学生很少有作弊的机会。

新制度实施的第一次考试，全校共查处了 32 名作弊和违纪的考生。这些抱着侥幸心理的学生，真被抓住了却痛哭流涕，后悔不已。因为按照制度，考试作弊被抓到后会影响学生毕业证和学位证的取得。他们有人找到刘常喜求情。他告诉他们制度既已制定就要遵守。

事实上新的制度还是有人性化的关怀，并不是学生犯了错一次改正的机会都不给。只要学生在补考中通过是可以拿到毕业证的，同时学生考上研究生、参军、考入公务员队伍、支边，也是可以拿到学位证的。

刘常喜有关高校学风建设的理论文章及实践，以及发表的一系列探讨高校教学管理的论文，在省属高校引起了一定的影响和关注。他主持完成的

刘常喜外出交流考察留影

《加强教学管理 提高教学质量的研究与探索》曾获陕西省高教学会优秀高教科研成果奖。

　　普通话测试是刘常喜又一投入极大热情和精力的工作。延大学生来自各个地区，方言浓厚。而这些学生毕业后，许多人要从事教育工作，有的还要继续深造，在专业领域要面对更大的舞台。如果普通话不过关必然会影响他们的交流与发展。面对这种情况，刘常喜觉得普通话测试必然要作为一项重要工作来抓。他在教务处专门设立了普通话测试站，他担任站长。建立工作机制，选派老师到国家语委培训等一系列工作的推进，最终使延大普通话教学和测试工作步入了正轨。逐步完善的普通话教学、研究和测试工作受到学校、省教育厅及国家语委的表彰，他主持完成的《提高师范专业学生普通话水平的探索与实践》获延安大学教学成果二等奖，测试站被国家语言文字工作委员会授予"全国语言文字工作先进集体"荣誉称号。

教务处的工作是繁重的，许多时候连周末和节假日都要加班。许多同事感到压力大，也有不少抱怨。刘常喜激励他们的办法一是以身作则，二是尽可能地多争取给大家加班补贴福利，三是多给予同事以关怀。教务处有一位男同事与学校的一位女老师谈恋爱，但是一度时间的加班加点，使得这位女老师对于男同事有情绪，这位男同事很有压力，但是他又不愿意讲。刘常喜在了解情况后托人约了这位女老师，借其生日之际营造了一个温馨而浪漫的氛围。大家的解释和男同事的献花表白让女老师深为感动，他们不久就正式结婚了。

五

2007 年延安大学教学管理体制改革，学校领导找他谈话，意欲让他担任一个学院的院长，他答应了。只是他没有想到是鲁迅艺术学院院长。

鲁迅艺术学院的前身，是抗战时期中国共产党为培养抗战文艺干部和文艺工作者而创办的一所综合性文艺学校。1996 年延安大学恢复重建鲁迅艺术系，后改制为学院。学院现有美术学、音乐学、艺术设计、舞蹈学专业，设有"非物质文化研究中心"和"鲁艺民歌合唱团"。

刘常喜去"鲁艺"也算是临危受命，因为那时的"鲁艺"还处于一个发展阶段，院内人员复杂，教学管理水平亟待提升。许多人不愿意到"鲁艺"担任管理者，认为有难度。刘常喜觉得自己既然已经答应了，就要尽最大可能干好。

时任延安大学党委书记刘建德给他提出的工作要求是，让"鲁艺"尽快走向正规化、专业化，走出延安，走向全国，走向世界。

他到任以后，广泛地听取教师和学生对于学院发展的意见和建议，并选择性地赴同类院校考察学习其先进的经验与做法。在此基础上他主导制定和完善了学院的教育教学管理制度。其中有两项工作是他始终没有放松的，一是抓纪律。当时学院里一些教师虽然专业水平高，个性鲜明，但是纪律意识较差，经常迟到早退，教风严重影响着学风。在他看来，作为艺术学院的老师，有能力、有个性是值得肯定和包容的，但是纪律必须要遵守。主持的第一次全院教师会议，有三位老师迟到，刘常喜当场予以批评并艺术性地处理，这件事情在学院里产生了极大的震动和长远影响。

其次是抓特色。他经常讲到一个观点，"鲁艺"是有着光荣的传统和明确的专业发展方向的，那就是艺术创作要贴近生活和现实，作品创作要源于大众，也最终要服务于大众，艺术素材随着社会的发展与进步有所不同，但是艺术创作的规律与理念却应当得到遵循和传承。

在刘常喜担任延安大学鲁迅艺术学院院长期间，通过抓教风，带学风，正院风，调动教师和学生积极性等方式，各专业根据自身特点，积极创新教学方式，教学成效显著提升，培养了众多优秀的艺术人才。特别是绘画和音

刘常喜（中）与毕业生在一起

乐专业的许多学生和老师，他们以陕北黄土高原地域特色、人们的生存状态和陕北民歌为创作素材和学习借鉴对象，创作了一大批艺术水准高、群众喜闻乐见的优秀绘画和音乐、舞蹈作品。

2011年5月，在由中宣部、教育部及中央电视台联合主办的"五月的鲜花　永远跟党走"全国大学生校园文艺会演中，延安大学鲁迅艺术学院选送的大型歌舞《毕业歌》，以其鲜明的艺术特色和精湛的演出赢得了观众赞誉，被评为优秀节目。之后不久，鲁迅艺术学院民歌合唱团受邀赴维也纳金色大厅演出。"鲁艺"在刘常喜担任院长时期实现了既定的目标。但是"鲁艺"也没有忘记自己的传统，学院每年都要组织学生和老师到社区和乡村汇报演出，到其他院校和平台进行实践交流。

2016年，刘常喜卸任鲁迅艺术学院院长，回到延大政法学院任教，他把更多的精力投入对学生的培养上。

回望自己在延安大学学习和工作的经历，刘常喜最难忘的是刘凤岐教授。刘凤岐1949年出生于府谷麻镇，1976年至2002年在延安大学从事教学科研工作，先后任延安大学政教系经济教研室主任、经济管理系主任。他是刘常喜在延大的老师和工作上的同事。他曾对刘常喜讲，不管是教学还是学术研究，要在博学的基础上有自己的专业特长；生活可以朴素，但要认真讲究；做人做事一定要脚踏实地、负责担当，懂得感恩，富有情怀。

这许多年来，刘常喜一直记着老师的话，这成了他的座右铭，激励着他更好地为人做事。

作者简介：

　　郝先锋，男，80后，陕西省府谷县赵五家湾人，现供职于府谷县融媒体中心。

刘振霞

刘振霞，1961 年 7 月出生，府谷县府谷镇人，硕士学历，1978 年参军，1982 年 9 月考入空军工程大学，毕业后留校任教。解放军空军工程大学副教授，空军大校军衔，正师级。先后荣立三等功两次，获嘉奖多次。

强军路上育英才

刘振霞

1978年7月，我从府谷中学高中毕业后，响应党的号召，来到海则庙公社海则庙大队插队落户。12月，解放军空军部队首次在府谷县征召女兵，我幸运地通过大队、公社和县武装部选拔，应征入伍。从此，开始了我筑梦军营、建功军校、教书育人的军旅人生。

宝剑锋从磨砺出

参军后，我被分配在南京军区空军通信团电话连工作，成为一名光荣的通信机务兵。从那时起，我在部队领导的帮助教育下，逐步懂得了通信兵是战场上的"千里眼，顺风耳"的道理，也认识到了通信保障对于作战指挥畅通，对于取得战斗胜利的极端重要性。所以，我下定决心要做一名优秀的技术骨干。

那时候，为了早日胜任岗位职责，我每天铆在通信机房勤学苦练，了解熟悉通信装备工作情况，遇到技术难题就虚心向技师、工程师请教。通过艰苦学习，在短短的三个月里，我就掌握了装备操作和基本维修技能，在同一批入伍的新兵中，率先独立上岗，担负战备执勤任务。

记得有一次，航行处参谋拨打气象处值班室电话，要了解次日气象变化

刘振霞在通信机房值勤

情况，以便制订飞行计划，但电话却总是打到高炮处值班室。这个"错号"问题很快就被反映到"故障台"，当时我正在机房值班，我根据气象处和高炮处电话号码相差一位的情况，初步判断这是交换机机械故障。于是，我马上检查气象处电话号码对应的交换机部件，很快就找到了故障点位，果不其然，正是该交换机部件的"塞绳"绊住了"弧刷"，导致路由选择错误。我迅即更换故障部件，通信电路立刻就恢复了正常运行，我因此受到机关和连队领导的表扬。

1982 年 7 月，我作为一名优秀士兵考入空军工程大学。在部队维修通信装备的工作经历，让我深刻地感悟到学好理论知识有多么重要，所以，我特别珍惜在大学学习的机会。但是，军校里有一定的时间是要进行军事共同科目训练。另外，我当时还担任学员骨干，每天要协助队领导开展管理工作。为了学好各门课程，我拼命地挤时间学习。晚上，熄灯号吹过后，我躺在床上将白天课堂上教员讲过的内容，再静静地过一遍"电影"。常常打着手电筒在被窝里看笔记、背公式。节假日，我也从不外出游玩、购物，整天都"钉"在图书馆和教室里看书做题。为此，我成了队领导和师生们公认的学习最刻苦的学员。

就这样，部队装备维修的实践，让我积累了丰富的实践经验。大学全面系统的学习，让我打下了坚实的理论功底。而两者的融会贯通，更让我的专业能力素质有了一个较大的飞跃。

三尺讲台责任大

大学毕业时，我作为优秀学员留校任教，成为空军工程大学的一名教员。

军事院校的教学岗位是直接为部队培养"能打仗，打胜仗"的军事人才的，使命光荣，责任重大。刚入职的时候，为了尽快胜任教学工作，我夜以继日地苦练教学基本功，认真备好每一堂课。对于每一个原理、每一道算式，我事先都要弄懂吃透，推导演算，备好案例，熟稔于心，直到完成试讲后，才拿到课堂上给学员讲授。为了更好地发挥课堂教学的作用，我还精心设计授课方法，制作幻灯片，结合装备演示讲解装备原理。并在讲解理论内涵时向实际应用延伸，取得了很好的教学效果。学员们都反映说："刘教员讲的课听得懂、记得住、用得上。"

我是一名来自作战部队的教员，最了解作战部队对装备人才的需求是什么。所以，我也非常重视装备实践课的教学。每逢装备实践课，我都提前来到实习教室，对装备进行通电检查，参数调试，确保教学装备硬件、软件都处于良好的技术状态。为了提高装备实践课的教学质量，我还设法把装备战勤操作与排除装备故障巧妙地融合在一起，有效地培养了学员应急处置装备特情的能力。

多年来，我一直保持着耐心细致的教学作风，对于学员在课堂上提出的问题，我都会仔细倾听、认真解答，帮助他们拉直每一个问号，让问题得到及时解决。而且，我还坚持课外答疑辅导，遇有生病原因落了课的学员，我都会主动利用业余时间"开小灶"，把落下的课补上。

现代通信技术发展异常迅猛，这对我从事的通信装备专业课教学工作，提出了更高的要求。为了积极应对技术进步带来的考验和挑战，牢牢把握教学工作的主动权，我一边教学，一边攻读通信工程专业硕士学位。与此同时，我还抽出时间参加科研，参加学术交流活动，不断拓宽专业视野，跟踪掌握通信技术领域的前沿知识和发展趋势。通过坚持不懈的学习研究，我所讲授的通信专业课也逐步增多，达到了十几门课程，内容也从早期的人工交换机，到后来的步进制、纵横制自动交换机，再到程控交换机、ATM 交换机、智能长途台、宽带通信、光纤通信、移动通信、通信网络基础等。自任教以来，我始终保持着旺盛的学习热情，不断充实更新自己的专业知识，圆满地完成各项教学任务。

在多年的教学工作中，我积累了丰富的教学经验，总结出一套规范的教学方法。自 2011 年以来，学院聘任我为教学督导和教学评价工作组专家。新的身份就要履行新的责任，我经常深入课堂听课查课，了解掌握"教"与"学"两个方面的情况，并及时有效地进行"督"和"导"，对促进学院的教学质量、教学改革，特别是对帮助青年教员过好教学关、站稳三尺讲台，倾注了大量心血，发挥了重要作用。

"星光不问赶路人，岁月不负有心人。"通过多年的刻苦学习和勤奋工作，我在教学和科研方面取得了一定的成果。先后获得军队科技进步二等奖、三等奖各一项；在国内外核心期刊上发表学术论文十余篇；主编并公开出版通信类教材四部。参加学院教学基本功竞赛，获得一等奖一次，二等奖一次。指导学员参加全国大学生电子设计竞赛，获得一等奖一次，二等奖三次。我还五次被学院评为优秀教员，三次被评为优秀党员，获得"园丁奖"一次。在全军院校本科教学评价中，荣立三等功。

作为老师，更欣慰和欣喜的是，我带教过的学员中，有许多都成为部队优秀基层指挥员和技术骨干，有的还成为旅团领导干部、高级工程师，他们在全军和空军组织的各类重大军事行动和演习演练中，发挥了重要的作用。

为战而教重育人

教学之要在于育人。全面过硬的军人素养历来是军事院校塑造学员的重要课题，也是学员毕业后奔赴部队建功立业必不可少的优秀品格。我在教学过程中，既重视专业理论知识的传授，也注重学员军人素养的培育。

小曹是我教过的一名学生，他听课认真，成绩好，但言语较少，性格比较内向。在一次课外辅导时，他对我吐露了心里话。原来，小曹自幼失去了母亲，是父亲将他和妹妹一手带大。了解到这个情况，我就像对待自己的孩子一样，经常鼓励他全面锻炼自己的能力素质。毕业前夕，小曹与我告别："刘教授，我要有您这样一个妈妈多好！"我当时就被感动了，含着泪水嘱咐他："到了部队好好干，刘妈妈等待你建功立业的好消息。"2015年暑期，我带学员到部队实习，在海拔3200米的高原训练驻地，我见到了阔别10年、已经成长为通信营长的小曹，只见他黝黑的脸庞上，一双明眸透着刚毅和成熟。我们"母子"相见，格外亲切，小曹告诉我他已经结婚生子，媳妇很支持他的工作，在老家把孩子和老父亲照顾得很好，一家人十分和睦。看到小曹事业有成，家庭幸福，我的心里也充满了喜悦。

前些年，学员队的女管理干部较缺，学院领导了解到我曾在部队时带过新兵，上军校当学员时又是管理骨干，军政素质较强，便多次抽调我临时兼任学员队"编外"政委，负责对女学员的培养教育。每次上任，我都是一头扎进学员队里，在与她们朝夕相处的过程中，我既有严格的组织纪律要求，也有慈母一样的爱护和引导。

学员小妍是烈士子女，父亲生前是一名空军试飞员。父亲的牺牲对小妍影响很大，刚入学那会儿，她情绪低落，表现比较消极，曾一度产生了退学的念头。针对小妍的情况，我主动与她谈心交流，并在学习、生活等方面给予无微不至的关爱，让她充分感受到组织的关怀和集体的温暖。经过一段时间的工作，小妍的思想逐渐稳定下来，人也越来越活跃，学习成绩也有了明显进步。这时，我抓住机会，趁热打铁，在学员队组织了一场"我最敬爱的人"故事会活动，鼓励小妍写父亲事迹、讲父亲故事、学父亲精神。受到鼓励的小妍主动拿起笔来，撰写出父亲的英雄事迹。故事会那天，小妍讲的父亲故事最为感人，许多同学都流下了感动的眼泪，小妍也因此获得了故事会一等奖。我在点评总结时号召全体同学要向小妍的父亲学习，争做一名"有灵魂、有本事、有血性、有品德"的四有军人。

小岳是名空军飞行员的妻子，按政策被特招到部队，成了一名现役干部。新婚不久的她，由部队选送到我们学校进修。入学一个月后，小岳发现自己怀孕了，这种情况在培训班还是首例。考虑到培训班课程繁重，生活紧张，不适宜小岳的身体状况，我便劝她休学。但小岳表示她非常珍惜这次培训机会，希望能留下来。留还是不留？思来想去，我想到了学院领导为什么把我放在这里，如果所有的工作都能简单处理还要我来做什么？这么一寻思，我便有了把她留下来的念头。我向院领导报告了我的想法，得到了领导的支持。

在接下来的日子里，我对小岳进行了特殊照顾，把她从四人间宿舍调整到和我一个宿舍，停止了她出操和各种体能训练。我隔三岔五从家里熬了鸡汤煮了鸡蛋带到学校给她补充营养，定期陪她到医院做产检，直到四个月后她顺利结业。

"刘政委,小岳已平安返回部队,谢谢您对她的照顾!"听到小岳的爱人在紧张的飞行训练间隙打来报平安的电话,我才长吁一口气,一颗悬着的心放了下来。

在兼职"编外"政委期间,我一边在课堂教书,一边在课外管人,每天像陀螺一样高速旋转,忙得不亦乐乎。有些人对我说:"你既要备课讲课,还要管理学员,工资又不多拿一分钱,何苦呢?"我说:"是军队培养了我,我就应该回报军队,凡是为军队培养人才的事,我都愿意干。"

2013年8月,陕西省军区给我们学院下达了军训西北大学新生的任务,学院抽调出男女学员30名,为承训教官。谁来带队?学院领导再次选择了

刘振霞在西北大学组织军训

我。在西北大学军训的 15 天里，不管是烈日炎炎，还是风吹雨打，年过半百的我都始终坚持与学生一起训练，潜移默化地把我军"一不怕苦，二不怕死"的优良作风，带到了地方高校。在军训工作总结大会上，西北大学校长评价说："这次军训是历年军训工作中，训练科目最全、效果最好的一次。"通过军训，我们与西北大学领导和师生建立了深厚的友谊，当我们准备返回时，他们将我们乘坐的大轿车围得水泄不通，同学们舍不得我这个"奶奶教官"和其他教官的离开，我们都流下了惜别的泪水。

"赠人玫瑰，手有余香。"2014 年，鉴于我在教书育人方面表现突出，空军工程大学授予我"最美空工大人"荣誉称号。在组委会组织的网上评语征集中，学院领导的评价是：刘振霞同志军政素质过硬，是强军路上铸魂育人的标杆。教研室同事的评价是：刘教员不仅有良好的师德师风，而且具备优良的军人素养。学员们的评价是：刘教授眼里有光，心里有爱，是我们成长道路上的良师益友和引路人。最后，大学组委会给我的颁奖词是：三尺讲台燃红烛，教书育人永不倦。刘振霞自觉瞄准人才培养目标，刻苦钻研，精心培育，在5000 余课时教学中挥洒汗水，倾情奉献；她把自己比喻成革命的"一块砖"，哪里需要哪里搬，课堂授课、教学督导、教学评价、学员管理，急难险重的任务她总是冲在前、干在先；她身教重于言教，坚持用自身优秀的军人素养，带动引导学员养成良好的军人形象，扛起军人的责任担当。全军政工网和空军政工网以《这个"最美"不一般》《培育浇灌，铸魂育人的"铁娘子"》为题，报道了我的先进事迹。

光阴荏苒，岁月如梭。2020 年，我从空军工程大学光荣退休，但我的心底里始终留恋着军校火热的生活，也一直关心着我从事一生的国防教育事业。回望自己走过的道路，我对养育我的家乡、培养我的部队总是心生感恩。我这个从黄土高坡走出来的女娃娃，或许就是家乡的一棵海红果树，只因"她"把根扎在了军营这片土地上，长出来的果实才更加红艳，"她"虽然不是部队的栋梁之材，但却给绿色军营增添了一抹亮丽的光彩。

我也多么期待我的家乡能有更多的"海红果树",植根于祖国的大江南北,长城内外,并在那里深扎根系,茁壮成长,开出最美丽的花朵,结出最丰硕的果实。

闫文义

闫文义，男，中共党员，生于1952年4月，府谷古城人。1969年12月入伍，历任中国人民解放军某部连长、乌鲁木齐陆军学校学员一队队长（正营级），曾荣获个人三等功一次。1985年转业后，历任新疆维吾尔自治区检察院助检员、正处级检察员、高级检察官等职。2022年6月，被新疆维吾尔自治区检察院聘任为"控申检察专家咨询库法学专家"。

从军官到检察官再到律师

闫文义 / 供稿　　刘少峰 / 整理

故乡生活

1952 年 4 月 22 日，闫文义出生于内蒙古达旗，后全家迁至陕西省府谷县古城乡大塔村。

闫文义幼时勤奋学习，成绩优异，由于家境贫寒交不起学费，小学毕业后就回家务农了。他吃苦耐劳，能干地里所有的重活、累活，样样农活都是一把好手，一个少年竟然和成年劳动力同工同分。1965 年 8 月到 1969 年 10 月，由于能写会算，他兼任了生产队的会计、记分员，因为记分公道，坚持原则，认真为社员服务，在村里获得了良好的口碑与声誉。

20 世纪 60 年代，国家处于困难时期，人民生活水平也普遍较低，他家里更是困难，每年有三四个月"青黄不接"，可谓吃不饱，穿不暖。生活的酸甜苦辣、世间的人情冷暖，并没有消磨他的意志，反而让他奋发上进，萌生了从军入伍的念头。

从军生涯

1968 年，闫文义报名参军，因为他个头较矮，体检不合格，愿望落空。

好事多磨，直到 1969 年 12 月他才顺利入伍，是府谷县第一批到新疆服役的义务兵，所在部队是中国人民解放军陆军第七师十九团二营四连，驻地为新源县铁木力克。初到部队，条件非常艰苦，他参加了乌鲁木齐"三支两军"，在乌鲁木齐轻工业机械厂和一号立井"支过左"，开始住"地窝子"，后来战士们自己盖了土坯房，条件有所改善。

闫文义在部队进步很快，1970 年 6 月入团，1971 年 2 月入党，1976 年提干，在同期入伍的士兵中是一个佼佼者。这也是他踏实肯干，不怕苦，不怕累，夜以继日奋斗的结果。

在乌鲁木齐轻工业机械厂"支左"时，闫文义任四〇一班班长，他带领全班战士割的"猪草"相当于全连的一半。营建时，他带领四〇一班战士每天超额完成"脱土坯"任务，土坯模子有四个格，一次能脱四块大土坯，战士们弓着腰一天要脱五六千块，累得躺下以后爬不起来。因工作出色，闫文义被评为全团"模范班长"。他虽然只有小学文化，但在生产队当会计的经历，锻炼了他的组织能力，加之语言文字功底较好，获得了指导员的赏识与认可。

1976 年，闫文义被提拔为排长，他军事素质过硬，投弹、射击、体能样样都行，射击更可以称得上是"神枪手"。同年他被选送到中国人民解放军总参谋部广州军体大队培训。在他当排长期间，曾连续两年负责带领十九团的军事骨干参加师里教导队的培训，获两面锦旗，给团里增添了荣誉。三年后被提拔为六连副连长，任副连长一年后就被提拔为四连连长。

1978 年，闫文义时任陆军第七师十九团二营四连连长，代表七师参加了"新疆军区建制连首次军事大比武"，荣获新疆军区建制连军事大比武第三名，他个人荣立三等功。

对越自卫反击战期间，北方某大国在我国边境陈兵百万，中央军委考虑到我们在南边和越南作战，北方某大国有可能向我边界发起进攻，以牵制我军，于是决定加强北边的防御，四连是七师的"标杆连队"，全师唯一前出进入阵地的连队。师里向四连传达了军委命令，闫文义受命带领四连进入"一

闫文义任乌鲁木齐陆军学校一队队长（正营职）时留影

级战备"（最高级别的战备等级，真枪实弹，子弹分发到了每个战士身上，随时准备战斗）。指挥全连"机械化武装行进"，开赴新疆伊犁"黑山头"察布查尔对面山上的北方某大国预定空降地域。白天上山构筑工事，做好战斗准备，晚上则下山在当地多民族居住的村庄驻营。在半个多月紧张战备期间，十九团二营机枪连、炮连派兵加强四连"配属演练"，在他的统一指挥下，进行了数次实兵、实弹演练，他和战友们已经给家中写好了"遗书"，官兵们经历了一场没有硝烟的战斗和生死考验。

1979 年，闫文义奉命率领四连修筑天山战备公路，开山放炮，工作异常危险。他每每身先士卒，时刻冲锋在前，最终保证了在全体士兵没有任何伤亡的情况下圆满完成任务。在工程临近尾声时，闫文义被调离连长职务，到

闫文义任新疆维吾尔自治区检察院高级检察官（正处级）时留影

乌鲁木齐陆军学校学员队任职。

在乌鲁木齐陆军学校，闫文义担任学员一队副队长（副营职），负责学员队行政管理工作。在新的岗位上，他带领学员队在内务卫生、文化体育、军事训练、阅兵演练等工作中不断创造佳绩。两年后他顺利升任学员一队队长（正营职）。闫文义在陆军学校带了两批学员，包括对越自卫反击战斗骨干和84届大学生学员。学习结束后，这些学员被输送到新疆各部队，现在有的学员已升到师、军级。

退伍从检

1985年12月时值"大裁军"，闫文义从乌鲁木齐陆军学校转业到新疆维吾尔自治区检察院工作，1986年3月10日被任命为助检员（正科级）。来到地方工作不久，闫文义顺利地实现了军地角色转换。从机关党委到研究室再到刑事检察业务处室，从理论研究到检察实践，他迅速完成从外行到内行，再到具有较深厚的法学理论功底的专业人员，在业界具有广泛影响和良好口碑。2000年他被任命为"正处级检察员"，随之职称也晋升为"高级检察官"。

闫文义先后在检察院机关党委、研究室、公诉处工作。在机关党委工作中，除日常工作外，他主要负责材料工作。在研究室，闫文义主要进行实务研究，有大量研究成果，对检察事业产生了积极影响。在公诉处办理了多起全区有重大影响的职务经济犯罪刑事案件，依法有理、有力、有节地指控犯罪（当时他是公诉人）。成为检察机关优秀公诉人，曾被媒体以"铿锵公诉"的人物专访报道。

闫文义不仅在具体实务上有所贡献，在法律理论研究方面也有所著述。他在国家级、省级报刊发表法学论文和法学理论文章 100 余篇。其中《论检察机关进行民事监督》发表于《新疆法学通讯》1988 年第三期；《"国家监诉人"质疑》发表于《中国法学》1989 年第四期；《少数民族地区检察工作初探》发表于《检察理论研究》1993 年第一期，文中首次提出"打击民族分裂主义是新疆检察工作的首要任务"，该观点和立论后被 1997 年 2 月"第十次新疆检察工作会议"文件采用，并将此观点和立论正式作为新疆检察工作的指导方针。2003 年他代表新疆维吾尔自治区检察院参加在成都举办的中澳刑诉国际研讨会，会上他宣讲了论文《论我国刑事诉讼中的人权保护》，首次提出"刑事公诉中的人权保护"。2012 年我国刑诉法修改时，将"人权保护"写到刑诉法总则中。他堪称学者型、专家型检察官。

从律传奇

2003 年，闫文义为了更好地实现人生的理想与价值，办理了"提前退休"，决定到基层当一名律师，从事基层法律服务工作。但转型当律师面临两道关口，一是本科学历关，需重新考取"全日制"本科文凭，以参加司法考试；二是司法考试关。国家司法考试通过率为 5% 左右，这对于当时已经 50 多岁的他并非易事。

闫文义因在职时学习时间有限，2000 年和 2002 年两次参加国家司法考试均未过关。2002 年之后，司法考试对学历要求发生了变化，只有正规院校毕业的"全日制"本科生才能报名。他是中央党校法律本科毕业的，没有资格参加考试，因此他决定上新疆大学的法律专升本。由于年龄偏大，英语基础薄弱，在新疆大学学习期间他非常吃力。天道酬勤，最终他通过不懈努力，克服了所有困难，顺利完成学业，于 2006 年从新疆大学本科毕业。

功夫不负有心人。2007 年他继续报考，最终以 374 分（360 分为录取线）

加入新疆西域律师事务所（合伙人）

的成绩通过国家司法考试，时年 56 岁。当得知司考通过后，他激动的心情无可言表，眼前浮现出多半年来，在自治区图书馆和同学们一起复习应考的一幕幕画面，他每天坚持十几个小时，坐在图书馆雷打不动，全力以赴认真备考。一起复习的同学有 20 多人，最终通过司法考试的却只有 4 人。

步入律师行业，并不等于就可以成为一名好律师，闫文义有 18 年检察官的经历，他底气十足，相信自己能够成为一名出类拔萃的好律师。

当时像他这样年龄的律师，诉讼材料都是找别人打印，很不方便。他认识到这一点后，自学了电脑技术，而且成了电脑操作高手，律所里电脑上网的一些技术难题都让他去处理。

他认真学习，研究现行《法律法规》《司法解释》《律师实务指引》《裁判规则》以及《律师业务规范》等，不断提高理论水平和律师实务技能，力戒案件来了才临时找法条、问"数据"和求"计算"，不打无准备之仗，为律师执业奠定基础。

他规范执业，按照民商、刑事诉讼与公司非诉分类，分别创建"诉讼材料""法律适用""证据资料""法律顾问"资料库，做到每起案件运作都有记载，典型判例有分析，法律顾问工作有记录。

到 2010 年，闫文义律师执业走上了持续健康发展的轨道。他不忘初心，牢记使命，坚守律师执业原则和底线，在具体的辩护中，刑事辩护成功无罪辩护 4 例，在医疗损害纠纷代理成功判例 50 多起，有的成为此类案件的经典判例，有的被"中国法律服务网"（案例库）采用收编。

他在工作实践中不断探索，不断总结，发表了《关于涉黑案件的辩护策略与技巧》《三论医疗过错"参与度"的评判标准问题》等文章，在全国产生较大影响。2010 年 6 月 23 日《新疆法制报》（"法律服务"栏目）曾以《"回首三十华诞"80 年代"法律人"》人物专访对闫文义予以专题报道，对他"法律人"的"传奇人生"给予高度评价。

2010 年律师事务所年终总结中，他被所里评为优秀律师。

2011 年，建党九十周年，他荣获新疆维吾尔自治区律师行业优秀共产党员。

2015 年 1 月，他入伙律师事务所成为合伙人。

2021 年闫文义入党 50 年，荣

2021 年闫文义荣获"光荣在党五十年纪念章"

获"光荣在党五十年纪念章"。当年正值律师行业专项整治和司法系统教育双重整顿，对他无疑是一次"监察"与"考验"。审查结果是闫文义任高级检察官和律师执业中，严格依法办案，廉洁自律，一身正气，两袖清风，没有任何违法、违规和违纪行为。

2022 年，根据司法部的有关文件规定，闫文义暂停了律师执业，并于当年 6 月获聘新疆维吾尔自治区检察院"控申检察专家咨询库法学专家"，继续为新疆的法制与经济建设发挥自己的光和热。

作者简介：

刘少峰，男，无党派人士，现任府谷县政协文史委主任。

华东地区

边
保
民

边保民，汉族，府谷县大昌汗人。1962年9月出生，1981年10月入伍，1985年3月入党，大学学历。曾任武警新疆总队政治部副主任、副政委，武警山东总队政委（副军职）、党委书记等职，武警少将警衔，中共第十九次全国代表大会代表。

"草根将军"边保民

闫荣福

勤学奋进塑造军人品行

历史上的府谷是汉族与北方少数民族接壤的地方，人烟稀少，十分荒凉，经常是"日暮云沙古战场"。府谷西北端，与内蒙古鄂尔多斯接壤处有个乡镇叫大昌汗，蒙古语的意思是白色的沟。在这片土地上孕育出一位共和国将军，他就是武警山东省总队原政委、党委书记、武警少将边保民。

1962 年 9 月，边保民出生在大昌汗乡（现为大昌汗镇）边家梁村的一个农民家庭。由于家庭贫穷，孩提时代的边保民格外懂事，帮家里干农活儿，割草剜菜喂猪羊。到了上学年龄，同龄的孩子已经上学了，可他总有干不完的活儿，只能把羡慕和不平藏在心里。10 岁时，父母终于答应他上小学了。家庭虽然贫寒，但他一直坚持读完高中。从小学到中学，他都是一个品学兼优的好学生。高中毕业那年，高考的录取率只有百分之几，他和绝大多数考生的命运一样，落榜了。贫困的家庭无法支撑他复读的愿望，他心中充满了一股不服输的劲头。既然不能补习，那就选择来年参军，谋个出路，他心里这样想。

1981 年 10 月，边保民报名参军，经组织审核、筛选、体检，他光荣地成为一名解放军战士，踏入了军营，被分配到兰州军区守备一师通信营当战

刚入伍时的边保民

士，驻地为内蒙古额济纳旗的巴丹吉林沙漠腹地。

为了更好地报效祖国，从走进绿色军营那天起，边保民就树立了远大理想，把考军校作为参军后第一个目标，如果能实现，就进一步通过历练，提升自身能力，做一名优秀的人民子弟兵，为国家做贡献。

为实现自己的目标，他勤学苦练。作为营部通信员，他上传下达的任务繁重，复习时间不够充足，所幸当时通信员有相对独立的空间，他就挑灯夜战，专注于文化课的复习。他学习训练两不误，为了提高自己的专业技能，每天利用起床号响起的前一个小时就开始训练，特别是徒手爬杆，那是通信兵必须具备的基本功，攀爬时两只手和胳膊常常扎满木刺。溜杆时由于速度快、冲力大，两条大腿经常被木刺扎得疼到钻心。这种自虐式的练习，在某一天早晨被营长发现，首长爱惜这个工作踏实、责任心很强的小战士，决定让他去学习一技之长——参加汽车驾驶员培训。这样或许能改变一个农村兵的命运，无须爬杆攀登那么苦、那么累。然而边保民却婉谢了首长的好意，执着坚持自己的理想信念，去报考军校，为自己争取深造的机会。

功夫不负有心人。1983年盛夏，边保民终于接到了西安陆军学院的录取通知书，心里别提有多高兴，走进军校深造的第一个人生目标实现了。从此，这个农村娃产生了"当一个好军官"的雄心壮志。

军校的学习生活使他的知识水平和综合素质有了很大提高，奠定了他之后军旅人生的基础。毕业后，回到原驻地，他"官"升一级，成为某连通信排长，后被提升为该连的指导员。

作为一名基层军官，他把爱播撒在军营，净化了灵魂，收获了幸福。驻地属于沙漠气候，狂风肆虐，终年无雨雪。"天上不飞鸟，地上不长草，风吹石头跑"是那里恶劣气候的真实写照。那里交通不便，物资供给有限，有的新战士入伍后难以适应艰苦的环境，思想波动较大。

有一回，一个新战士流着眼泪说："昨天晚上，我梦到连队菜窖里挂的大白菜全变成烧鸡了。"大伙听了当作一个诙谐段子哈哈一笑。可作为连队干部的边保民，内心触动很大。为提高生活质量，解决新战士想家的思想矛盾，他开始指导炊事班战士学习养猪，解决连队战士的吃肉问题。后来猪养成了，当节日或周末杀猪改善伙食的时候，战士们乐在其中，戏谑道："老兵一肉解千愁"，新兵高兴得像过年时的孩子。这种变化让别的连队官兵很是羡慕。

业余时间，边保民经常与战士们一起打球，一起娱乐，一起活动。正课时间，除给战士们讲述如何履行一名军人的职责，如何完成好保家卫国的使命外，还给战士们讲述如何正确处理家庭中遇到的问题。他还非常关心那些有文化想考军校的战士，利用业余时间组织他们进行文化补习。在他的精心指导下，他所在的连队先后有 20 余人考上了军校。对家庭困难的战士，边保民也格外关心，安慰他们，帮助他们学习知识，提升认知能力，经常找他们谈心、拉家常，帮他们打开心结，深得战士们的信任与拥戴。

有一位战士在探家过程中，家里遭遇了一件特殊事件。因邻里纠纷，家人被邻居打成重伤住院。作为家中的男儿，他忍受不了如此屈辱，便拿着利器准备找邻居算账。这位战士走在半路，想起了指导员对他们的思想教育，遇到问题要沉着冷静、理智面对。他心想如果自己一意孤行，鲁莽行事，不仅可能造成刑事责任，还要连累指导员他们，既枉费了指导员的一片苦心，又毁了自己。经过一番思想斗争，他放弃了报复对方的想法，选择了拿起法律武器捍卫自己的权利，避免了一场悲剧的发生。

返回部队后，这位战士把这件事告诉了边保民，边保民夸奖这位战士做

边保民与武警战士谈心

得对，并鼓励他以后遇事要多动脑筋。就是这样，边保民对战士们的教育潜移默化，如春雨一般润物无声。

边保民平易近人，和蔼可亲。同时，他严格带兵，使所带的部队面貌焕然一新，谱写了一曲曲官爱兵、兵爱官的正气之歌。他被兰州军区表彰为"基层文化工作先进个人""尊干爱兵先进个人"，所带连队被省军区表彰为"纲要达标先进单位"。

转隶调动淬炼军人素质

转隶调动是对军队领导素质的一种淬炼，而服从命令是军人的天职。

1985 年，边保民从军校毕业后，先后在兰州军区守备一师、陆军十九军五十七师、甘肃省军区守备四团、陆军四十七集团军一四一师任职。1996 年

10 月，他所在的部队由解放军转隶为武警部队。1997 年 5 月，他被调到新疆，在新疆工作战斗了 19 年。先后在武警六十三师、武警新疆总队第八支队、武警新疆总队司令部和政治部、武警新疆总队昌吉州支队、武警新疆总队南疆指挥部任职。在乌鲁木齐、库尔勒、昌吉、喀什等多地留下了他工作战斗的身影。武警部队原副司令霍毅中将在解读他的名字时说："这个名字好啊，边保民——守卫边疆保卫人民，有意思，有意思！"

2016 年 7 月，边保民平职调到武警山东总队任政委、党委书记。同年 12 月，习近平主席签署命令，授予他武警少将警衔，这是对他卓越的领导才能和高尚品德的认可。

边保民从军经历中，经历了 5 次编制体制调整改革，转隶了内蒙古、甘肃、陕西、新疆、山东 5 个省区 6 个军师级单位，担任过连、营、团、师、军五级政治主官，担任过连队和机关党支部书记以及营、团、师、军四级单位党委书记；在团、师、军三级政治机关和军级司令机关任过股长、副科长、副主任、主任、处长等职，担任过武警新疆总队政治部副主任、副政委，山东武警总队政委、党委书记；在两个集团军和省军区、武警机动师以及两个内卫总队 4 种不同类型部队任过职。

边保民的军旅生涯大部分时间是在西北边陲的戈壁沙漠等艰苦地区度过。在数次的调整中，既有跨省交流，也有从中心城市调到边远地区；既有军政岗位互换，也有从主官岗位平调至部门副职。无论调至什么地方，调整至什么岗位，他总是愉快地无条件地服从。有人问他："面对数次跨地调整与选择，你是如何看待的？"他用"服从命令，奋发有为"八个字作了回答，他以实际行动躬行了听党指挥、对党忠诚的铮铮誓言。

作为一名军人，边保民不仅经历了从排级到军级首长的历练，而且在求知领域提高学识能力的过程中，他从未止步。他先后在解放军西安陆军学院、乌鲁木齐陆军学院、西安政治学院、武警指挥学院、国防大学等军事院校学习深造。他曾在《人民日报》《解放军报》《人民武警报》《解放军理论学习》

2017 年 1 月授衔仪式上，边保民被授予武警少将警衔

《军队党的生活》《政工导刊》《武警政工》等中央和战区级报纸杂志发表文章 120 余篇，显示了他深厚的理论功底和较高的知识水平。

奉献是一个军人的本色与担当，但作为军人也是有血有肉有感情的，也有妻有子有家庭。然而军人的职责使命往往决定了军人是无法尽好家庭责任的。边保民说："孩子是怎么长大的，如何教育的，自己的小家庭是怎么建设的，父母生病又是如何就医的……对自己来说，这些问题仿佛就是一份陌生的人生答卷，永远没有答案，自己是一个常缺席的家庭成员。我与妻子异地分居 12 年，女儿见面叫叔叔，那是个什么感受？""在新疆工作期间，妻子带着孩子搬过 10 多次家，我未尽一点责任，苦了妻子、孩子。心里不知是什么滋味！遗憾？愧疚？还是负罪感？真的难以描述，因为自己是一名军人。选择了军人，就选择了奉献，只能无怨无悔！"

渊博的学识、丰富的经验、多岗位的历练，铸就了边保民卓越的领导才能。从一个普通义务兵成长为一名共和国将军。他一心为国，四海为家，其军旅生涯充满传奇色彩。而他却用出自肺腑的一句话"转隶调动、听从指挥，是军人的天职"轻描淡写。

初心不改方显党员本色

作为一名军队的高级领导干部、一名共产党员，最能体现其初心和党员本色的，是边保民那本珍藏了几十年的《党费证》。

在这本《党费证》上连续记载了他入党 35 年 8 个月交纳的党费，边保民把这本《党费证》视为至宝。2020 年 12 月，这本珍贵的《党费证》被收藏于武警部队博物馆，因为它容量较大，内涵丰富，意义深远。这本《党费证》不仅记载着每月交纳党费的时间、金额，还记载着边保民的工资基数及几十名不同党小组长的签名，同时还盖有曾经转隶的多个部队机关的公章。这样的记载，既是个人从军历史的浓缩，又记录了时代的发展进步。从军人的工资变化，折射出社会经济发展的速度和人民生活水平的提升，同时体现出党和国家对军队福利待遇的不断改善，反映出党中央和军队统帅对部队官兵的关心与厚爱，进而更加坚定了人民军队听党话、跟党走的理想信念和报效祖国的坚强意志。

2017 年 10 月党的十九大召开时，边保民作为一名武警部队的代表，接受了《解放军报》驻武警部队记者吴敏的专访。

记者就最能体现党代会代表资格的那本"特别"《党费证》作了采访。

下面是吴记者专访的精彩内容：

"10月18日，北京京西宾馆，十九大代表驻地。""这是武警山东总队政治委员边保民代表，他珍藏着自己的一本'特别'的《党费证》。他用小字在《党费证》页眉上无数次郑重地写下的日期和地点，密密麻麻。"他说："这本使用了32年的《党费证》，记录下我军旅人生每一个重要时刻，让我感到最光荣的是现在作为武警部队党代表，参加党的十九大。"

这是一本红色封皮，印有金色党徽的《党费证》，这本《党费证》比普通《党费证》要厚好多，是他自己经过多次填补空页装订成的。最早的几页是由原兰州军区政治部组织部发放的。边保民指着页眉上记录的第一个日期，讲述了自己从普通党员成长为党代表的心路历程。

"自从向党组织递交入党申请书，入党便是我心中的期盼。1985年3月24日，我成为预备党员后第一次交纳党费，党小组长是蒋承国。"边保民回忆往事说："那一天，我深感无上光荣、使命神圣。现在想起来，依然心潮澎湃，永生难忘。"

"组织上入党一生一次，思想上入党一生一世。""这本特殊的《党费证》时刻提醒我，自己是一名共产党员，就要按党员的标准和要求尽责履职。"入党32年来，边保民由于工作调动、岗位调整，先后被编入50个党小组，《党费证》上有50个不同党小组组长的签名，盖有18个不同单位的公章，每一行都工工整整地记录着交党费的时间、数额和收费人。每到党费证填满，他就从新的《党费证》上小心剪下党费登记页，用胶水工整地粘在这本《党费证》上，如今像一本宝书，已有近30页。

翻开小小《党费证》厚厚的内页，对比这些年来的一组组数字，边保民感慨地说："1985年，我入党之初，每月交纳党费0.20元，今年9月，交纳党费246元。这也从另一个角度折射出时代的变迁、社会的进步、经济的发展。从'工资基数'一栏中不难看出，军人工资在逐渐提高，待遇在不断改善。"

小小《党费证》见证了一名部队党员领导干部的忠诚和自觉。"交党

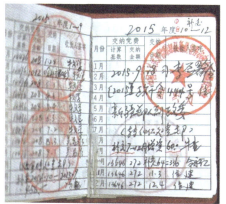

边保民的《党费证》

费和收党费，只有一字之差，却反映出两种截然不同的态度。"在边保民看来，"主动、按时、足额"才是交党费的"正确姿态"。

边保民在武警新疆总队工作期间，经常下基层检查指导工作，有时来不及在领工资当天交纳党费，下部队回来第一件事，就是找党小组长补交党费。指着2015年的两次补交党费记录，边保民说："这是在晋升职务工资后，主动向组织补交的党费。当时也没有人追着我要，是我自己找相关部门核实全额后主动补交的。补交数额虽然不大，但这是党的纪律和规矩意识强不强的问题，马虎不得，含糊不得。"

多年来，边保民还有个雷打不动的"习惯"——检查女儿、女婿的《党费证》。"我第一次给孩子们看这本《党费证》，他们并不是很理解。当我讲述《党费证》背后的成长经历，他们慢慢感悟到，《党费证》是我入党从军以来的人生记录，从交党费中体现了一个军人'见党性、知党恩、跟党走'的党员本色。"如今，边保民一家每到月底，都会相互提醒："你交党费了吗？"

"习主席多次强调指出，党员干部要把党章党规党纪刻印在心上。"边保民说："做一名合格党员，关键不在口号是否响亮，而是必须严格按照党章党规党纪要求，从交纳党费、参加党小组会等细节做起，时刻不忘一名共产党员的初心与责任。"

八一电视台记者采访了边保民，并把采访录制成 8 分钟的视频。党的十九大之后，有的单位将此视频作为党课教育的教材，让更多的党员接受教育。

有人这样评价：把平凡的事坚持做就不平凡。小本本彰显大忠诚，它真实有力地见证了边保民做人的本真、从军的初心、为官的操守和党员的本色。

传承红色基因，担当时代使命。芳华青春里，最美是边疆。边保民将军在国家走向复兴之时信念永存，在祖国强大之际坚守初心，他用自己的一言一行坚定践行着新时代共产党员的责任与担当，竭力塑造着新一代革命军人"有灵魂、有本事、有血性、有品德"的良好形象，体现了一名共产党员的真正本色。

担当奉献彰显领导风范

边保民具有敏锐的政治意识和超强的组织指挥能力。他在新疆任南疆指挥部政委期间，由于喀什、阿克苏、和田、克州都是少数民族聚集地区，当地百姓思想多元而复杂，因受外国宗教极端主义、民族分裂主义、暴力恐怖主义的影响，意识形态领域的斗争异常尖锐，民族问题始终棘手。加强爱国主义教育，化解民族矛盾，是摆在各级政府、驻军及武警官兵面前的重大课题。

作为部队政治主官的边保民，深知部队思想政治建设的重要性。他从组织官兵学习新疆历史、探究当地的民俗文化、分析周边国家的形势入手，教育引导官兵端正思想态度，夯实反分裂斗争思想基础，筑牢反渗透、反策反的思想屏障，把思想和行动统一到党中央对新疆工作的决策部署上来，坚定信念，提高反恐怖斗争本领，守好祖国西大门，确保一方平安稳定。

面对血与火的生死考验，军人的选择就是奉献。在武警新疆总队任职期间，边保民先后 20 余次作为前进指挥所指挥长，亲赴任务一线参与指挥。做到了两个"坚决"，坚决拥护并贯彻执行党中央、国务院和自治区党委、政府作出的处置暴恐事件的决定，坚决有力打击"三股势力"和暴恐分子，果断处置暴恐事件中的一切乱象。

2010 年 12 月至 2013 年底，边保民任新疆总队南疆指挥部政委（正师级）、党委书记，驻守西北边陲重镇喀什，守卫着祖国的西大门。这期间，南疆地区暴恐事件频发，暴恐分子先后制造了百余起暴力恐怖事件，部队领导几乎是手机不离身，睡觉不关机，没有节假日和休假。一年中四分之三的时间身着迷彩服值班、备勤，部队官兵随时面临着血与火、生与死的考验。边保民与他的战友们数次亲赴战场一线，实施有效指挥，运用灵活多样的战术，科学调配兵力，先后成功处置喀什"7·30"、和田"7·18"、阿克苏"2·13"等近百起暴恐事件。在与恐怖分子的交战中，先后有五名官兵负伤和一名战士献出了年轻的生命。武警官兵们用生命保护了各族人民群众的生命财产安全，树立了人民军队在各族群众中的威信，捍卫了国家和民族的尊严，较好地发挥了"压舱石"的作用。

边保民先后参与组织指挥新疆维吾尔自治区六十周年大庆、第十三届全国冬运会和上合组织青岛峰会等全国性重大活动安保任务 6 次，经历过严峻的考验，出色地完成了党和国家交予的重要任务。

2016 年，边保民调往山东任职。面对的是和新疆大不相同的社会环境、思想环境和工作任务。当地经济发达，人们思想活跃而超前，生活富裕而安逸，官兵中存在当"和平兵"、站"和平哨"的思想，练兵备战的紧迫感不强。对此，边保民带着在西部边陲工作时的紧迫感和责任心组织官兵认真学习习近平强军思想，以身边的英雄烈士为楷模，迅速掀起向英雄张楠、王成龙学习的活动，强化官兵居安思危意识，努力锻造"能打胜仗，作风优良，纪律严明"的精锐部队。

作为党委书记的边保民，更担当着"统班子、带队伍、抓全局、谋打赢"的重大使命。每当部队建设和部属工作中出现问题时，他总是勇于解剖自己，主动承担责任。每逢重大任务、重要敏感事务，他总是亲上一线，亲抓落实，不解决问题不撒手，不出成果不收兵，以良好的领导作风率先垂范，影响他人。

在军改中，退休老干部和退役的营以上干部在住房方面存在历史遗留问题，大家对房改意见很大，准备组织上访。边保民面对非任期内的问题，不搪塞，不推诿，组织机关人员充分调研论证，亲自上门或召集所涉房改人员耐心倾听他们的意见，细心讲政策，诚心办实事，使房改政策得以快速有效落实，让老同志们心悦诚服。

作为一名领导干部，边保民严以律己、身先士卒，为所属官兵做出表率。每次机关出操，他总是站在排头，从不缺席；每逢野营拉练，他背着背包负重前行，不欠一里；在机关，他与干部同上一个灶；下基层，他与战士们同吃一桌饭。部队规定官兵在周一至周五值班、战备期间不能饮酒，他决不越雷池半步。领导的自律、表率极大地影响了干部队伍，提振了士气，凝聚了军心，促进了发展，使山东总队建设水平位居武警部队第一方阵。

边保民将军戎马生涯四十二载，他始终坚守"忠诚、吃苦、敬业、担当、廉洁"的人生信条，一心为国，一心为民。任职期间，6次荣立个人三等功，曾被武警部队党委表彰为"优秀党务工作者"，被总队多次表彰为"优秀共产党员""优秀机关干部""优秀政治教员"和"一对好主官"；光荣当选武警部队第一、第二、第三次党代会代表，山东省第十一次党代会代表，山东省第十三届人民代表大会代表，山东省第十三届人大常委，中国共产党第十九次全国代表大会代表。

对于曾辗转于祖国多个省区、转隶多个军师级单位的边保民将军，限于地域和时间跨度的漫长与久远，也由于部队保密原因和文章篇幅，我们无法

——去追寻与回顾他的足迹和事迹，无法以翔实的人物传记形式全面反映他的戎马生涯，但我们仍能从对他的点滴了解中，窥见一名军级将领的家国情怀和崇高品德。

边保民将军于 2023 年 3 月光荣退休，用他自己的话说，叫"回归草根生活"，但他秉承军人本色，继续为党和国家的事业奉献着自己的光和热。

作者简介：

闫荣福，男，1963 年 11 月生。陕西府谷人，本科学历，中共党员。曾任县委统战部副部长兼县工商联党组书记，四级调研员。

丁喜才

丁喜才（1920—1994），府谷县麻镇人。著名二人台艺术家，曾任上海音乐学院副教授，中国音乐家协会会员，上海音乐家协会理事。

从民间艺人到音乐教育家

程怀祥

　　"小曲"究竟有何魅力，能从塞北高原一路传唱到上海音乐学院，唱响全国，走向世界舞台？如此巨大的反响背后，皆与"二人台"的创作、传承人丁喜才密不可分，是他创作、发展了小曲的重要分支二人台，使之成为一种丰富、成熟的民间说唱音乐；是他把小曲带进上海音乐学院课堂，使民间音乐与高等音乐教育紧密地结合，为小曲在音乐科研上的推广和提升做出了不可磨灭的贡献。

　　20 世纪 50 年代中期，以《五哥放羊》《走西口》《兰花花》为典型的"小曲"，曾通过广播、唱机等渠道广泛传播，在中华大地上传唱不息。小曲的唱词与情调婉转流畅，浓浓的地方韵味不仅为陕北人酷爱，也轰动了国内外音乐界。唱红小曲的，就是当时来自上海音乐学院声乐系的在读本科生、1957 年在莫斯科举行的第六届世界青年联欢节演唱会上荣获金质奖章的鞠秀芳。而当时在舞台上用一台百年扬琴为她伴奏的，就是她的老师，也是"二人台"的创始人——陕北民间艺人丁喜才。

"二人台"巨匠在陕北

　　丁喜才于 1920 年 2 月出生在陕北府谷县麻镇的一个弹唱世家。祖父、父

1963 年，丁喜才（前右一）在上海郊区广场为群众演出

亲、伯父、叔父都是演唱二人台的高手，搭伙组建了当时很有名气的丁家"窝儿班"。家庭的熏陶，造就了丁喜才对陕北民间艺术表演的造诣和天赋。他自幼眉目清秀、聪明伶俐，有一副甜美婉转的好嗓子。每当大人们在一起演奏时，他就会兴高采烈、有节奏地拍着小手跟随演唱，大家都夸他是个弹唱的好苗子。他独自玩耍时，嘴里也不停地哼着小曲调。丁喜才8岁开始学唱戏曲，11岁便可以登台演出，成为吹拉弹唱的全能高手。14岁的时候，丁喜才除了能熟练运用扬琴给二人台节目伴奏外，还能用一架特制的小扬琴自弹自唱。

解放前，府谷曾是以农业为主的县区，十年九旱，广种薄收，乡民生计举步维艰。麻镇坐落在晋陕蒙交界处，素有戏曲之乡的美誉。镇上做生意的人家较多，为了招徕顾客，各店铺热心赞助唱戏，逐渐形成了人人都喜欢戏曲的传统。其中"打坐腔"（亦称"打玩艺儿"）这种演唱形式，曾经作为一种乞食的方式常常出现在农村一些人口较为集中的地方，如烟市、庙会、婚丧嫁娶、祈神拜祖等民俗活动中。丁喜才就是靠卖艺要饭成长起来的民间艺人。

1929 年，由于陕北遇到百年未见的大旱灾，丁喜才的祖父、祖母、母亲、堂弟和妹妹因饥饿成疾，相继病逝。由于生活所迫，丁喜才从小就跟随父亲、二叔父在府谷境内、内蒙古、晋西北一带卖艺，演唱内容大都是人民灾后的痛苦生活，很多人听后都掉下眼泪。丁喜才曾经描述过当年的情景："外出演唱时，听唱的乡亲们虽然有心帮助我们，可是自己也无吃无喝。我们常常吃不饱、穿不暖，有时住在战楼和古庙，有时遇上那些酒醉饭饱的官吏，被逼着演唱，不给钱还要挨打受气。"

丁家"窝儿班"在方圆百里演唱二人台很有声誉。丁喜才更是佼佼者，粉丝群集。当时唱"打坐腔"的艺人较多，竞争亦是非常激烈，所以丁喜才不断提高自己的技艺，在这种颠沛流离的环境中不断磨炼、不断成长。由于他那自弹自唱的坐腔扬琴表演特色，成为当时晋陕蒙接壤区域表演二人台曲艺的名角。后来丁喜才经过各种艰难的历练，慢慢开始自食其力，养家糊口。作为一位传统曲艺传承的受惠者，丁喜才除传承了"丁家窝儿班"的"打坐腔"技艺，还通过自身对"打坐腔"技艺的感悟，结合对家乡一带文化的认知，在原汁原味的基础上，对这项技艺进行了创新改编，这为他后来的音乐创作事业奠定了基础。

1947 年府谷解放后，边区人民政府进行了土地革命，丁家分了十几亩土地，强烈的翻身感让他对未来生活充满了信心。除了种植农田，他还参加了政府组织的文艺宣传活动。1950 年冬，当地政府把丁家的"窝儿班"扩编为一个 30 余人的业余剧团，演出剧种有眉户、道情、晋剧等，由丁喜才负责导演排练。

1952 年，府谷县文化系统组织几家剧团会演，麻镇业余剧团荣获第一名，从此，县文化系统有什么大型活动就抽调麻镇剧团演出助兴。这个时期丁喜才在剧团搞扬琴伴奏，自弹自唱《五哥放羊》《挂红灯》等曲目。只要丁喜才出现在台上，观众就喜出望外，团里只好把他的座位安排在紧靠台口处。由于他才艺出众，这年 10 月，他代表府谷县参加了榆林专区民间艺人培训班，各县区的艺人们聚在一起，交流经验，学习政治、乐理和戏曲等知识，他被评为模范学员。

20 世纪 50 年代初，民歌的搜集和整理工作刚刚起步，那时，人们笼统地把"二人台"和"榆林小曲"都称为小曲。很长一段时间，二者的概念都未被厘清，而事实上，榆林小曲至今一直只在榆林城内传唱，丁喜才演唱的主要以二人台为主，把丁喜才演唱的二人台称为榆林小曲，只是一种特定时代的产物。

1953 年 4 月，文化部主办了"首届全国民间音乐舞蹈会演"。为了让会

1978 年，丁喜才（二排中）在内蒙古呼和浩特市访问讲学时的合影留念

演取得成功，在会演的半年前，便开始从县到市、从市到省、从省到大区逐级选拔精英，同时文化部派出专业艺术人士到各大区观摩评比。其规模和艺术水准，都是中国民族音乐舞蹈界前所未有的。

在这次会演的舞台上，丁喜才头扎羊肚子手巾，身穿白衬衫、黑长裤走上舞台，用那架伴随他多年的小扬琴，再次自弹自唱了《五哥放羊》和《小尼姑思凡》。他那独特的演唱方式、丰润优雅的嗓音和浓郁的乡土气息，让台下观众如痴如醉，赢得了场内经久不息的掌声。通过广播电台和报纸的宣传，小曲传遍全国，深得人民喜欢。接着丁喜才应邀到中南海为中央领导演出，他出众的演唱得到了领导的高度赞赏，同时也在全国音乐界引起了轰动，随后他就收到来自全国各地多家单位的聘用函。

北京会演结束后，丁喜才应邀到西北艺术学院任教。在此期间，西北文工团的刘峰整理记录了丁喜才演唱的二人台资料，后来出版了《榆林小曲》。

"二人台"在上音

时来天地皆同力，运来全不费工夫。1953 年，对于丁喜才而言是非同寻常且幸运的一年，是他苦苦追求民歌事业的转折点，也是人生的巅峰时期。这一年，他不仅通过了层层筛选，在"第一届全国民间音乐舞蹈会演"中脱颖而出，受到了音乐界的广泛好评，而且遇到了赏识自己音乐才华的伯乐——著名作曲家、教育家、音乐理论家、中央音乐学院华东分院（今上海音乐学院）院长贺绿汀先生。

贺绿汀院长是音乐界受人敬仰的人，长期关注民族民间音乐。1949 年 10 月，贺绿汀就任中央音乐学院华东分院的院长，出于对中华民族传统文化的热爱与敬重，贺院长便在院校提倡学习民族民间音乐。1950 年 3 月底，学院正式开设民歌课程，从此不断邀请技能出色的民间艺人来校任教并示范演出。从 1951 年开始，上海音乐学院在贺绿汀院长的带领下，全院师生每天必须背诵三首民歌。后来学院在开设民间音乐课堂上，先后聘请王秀卿（单弦）、陈宝红（坠琴）、宋保才（唢呐）、任占魁、黄忠信、丁喜才等民间艺人，开设了河南坠子、河南梆子、河北梆子、京剧、沪剧、越剧等课程。

1953 年 9 月，丁喜才正式应聘到上海音乐学院任教。其实，在解放前的陕北，丁喜才就是一个地地道道靠卖艺讨饭吃的民间艺人，现在进入高等院校任教授，在那个年代确实是不可思议的。丁喜才的儿子丁永义先生告诉笔者："50 年代初，上海音乐学院贺绿汀院长去观摩了父亲的表演以后，父亲就接到了聘书。当时，有两个地方邀请我父亲去工作，一个就是上海音乐学院，另一个是北京广播电台，父亲说：'要走就走大上海。'于是，父亲就靠着一部三轮车独行千里来到了上海。"

丁喜才在音乐学府开设的民间音乐课堂上，从事二人台教学工作。从此，小曲成为本科及附中学生为期一年的必修课。丁喜才在小曲的教学中，凭着他的聪明才智与敏锐的洞察力，很快就把自己的二人台融入声乐教学的模式之中。首先，在唱法上他对学生不作强求，如女声不必完全用真声（本嗓）演唱，男声也不需要唱高音，调门要根据演唱人不同的声部特点而定，等等。他鼓励学生用学院学到的科学唱法演唱，但是在吐字行腔上要求学生"一定要唱出一点风格特色出来"。后来周小燕教授邀请丁喜才先生一起对鞠秀芳进行"联合教学"，"一个把发声关，一个把风格关"，把美声唱法中的技巧运用到陕北地方风味二人台的演唱之中，走上一条西洋发声技巧与中国传统唱法相结合的民族声乐演唱道路。

当时，声乐界已存在所谓的"土洋之争"了，但没有"民族唱法"的提法。因此，曾有人提出异议，认为鞠秀芳的唱法不符合音乐学院的规格。正好当时文化部副部长钱俊瑞来学院视察，听了她的演唱十分赞赏，认为她应该保持这样的特色，并且说："我们的文艺要'百花齐放'，她就是这里面的一朵花。"这种教学方法取得了显著成效，在声乐界产生了一定的影响。

小曲作为一门音乐基础课，是以提高学生对中国民族民间音乐的认知，

1978 年 12 月 18 日，丁喜才（前排右二）在内蒙古包头市采访讲学合影留念

熟悉和掌握其基本曲调为目的。因此，很多小曲都是在丁喜才原生态真传的基础上，学生鞠秀芳通过深入理解、体会，融入了自己的演唱风格，再进行整理改编的。其中《五哥放羊》《走西口》《挂红灯》《送情郎》等被编入民族声乐教材而流传至今。有很多小曲录制了唱片和盒带，传播全国各地，得到了人们的普遍赞誉。

　　丁喜才在上海音乐学院不仅教唱二人台，还对民族器乐系扬琴专业的学生进行辅导。上海歌剧院著名扬琴演奏家张晓峰、上海民族乐团著名乐手周惠都曾接受过他的辅导。他的扬琴演奏技艺堪称一绝，扬琴演奏指法十分精练、丰富，演奏时主要依靠手指和手腕的劲道，控制好音色、音量，奏出清脆明亮、灵活均匀的琴声。

在上海音乐学院，丁喜才把全部精力毫无保留地投入民间音乐教育中。过去，他跟着前辈学艺，靠的是口手相传，几乎没有受过正规系统的文化课教育。为了争取做一个合格的大学老师，他一边勤奋努力地工作，一边刻苦学习文化，不断提高自己的文化水平和业务素质，每天晚上坚持上夜校，从小学一直读到高中。为了提高自己的文化专业水平，他孜孜不倦地刻苦学习，不仅学会了识谱和记谱，还能自己填词把旧曲改成新歌，从民间艺人成功转变为高等音乐学府中的合格教师。在教学过程中，他不断对流传于黄土高原的民间优秀音乐素材进行挖掘整理，通过上海音乐学院这个教学平台，推向全国音乐界，推向国际舞台。弘扬民族民间文化，成为他毕生为之奋斗的目标。

1956年，在北京举行的"全国首届音乐周"演唱会上，小曲作为上海音乐学院进京演出的重点节目，由丁喜才扬琴伴奏、鞠秀芳演唱的民歌《走西口》《姐妹打秋千》，展示在首都舞台，受到来自全国各地人民的欢迎。

1957年，几经选拔，由丁喜才伴奏、鞠秀芳演唱的曲目获得了参加世界青年联欢节比赛的资格。临出国时，由于诸多原因，丁喜才没能与鞠秀芳同行。在莫斯科举办的"第六届世界青年联欢节"的声乐比赛中，鞠秀芳因演唱《五哥放羊》《走西口》及《蓝花花》而摘取了金质奖章，为祖国争得了荣誉。从此，小曲走向世界。同年，作曲家于会泳与丁喜才、鞠秀芳、张仲樵、廖丽娟等人合作，将丁喜才在上海音乐学院教唱的百余首小曲整理编辑为《陕北榆林小曲》，并作为音乐院校声乐教材，共发行13055册，对我国民歌的教学、演唱及其民歌自身发展产生了深远的影响。

1980年，丁喜才同鞠秀芳等去包头市民间歌剧团讲学，市领导和文化厅要他们在那里开独唱音乐会，并点名要唱榆林小曲，但向丁喜才提出名称要用"二人台"。丁喜才不假思索地回答说："用什么名称都可以，榆林小曲和二人台本就是一家子。"丁喜才的大度，使在场的人都很感动，有位领导紧紧握着丁喜才的手说："我为二人台出了您这位才艺双全的艺人，还培养了一位会唱二人台的歌唱家而感到自豪。"

丁喜才回府谷和文化馆原馆长杨振本合影

1984 年退休时，丁喜才获得了学校颁发的从教 30 年纪念章。退休后，他还是念念不忘民间音乐，按照学校的要求，特别是老院长贺绿汀的吩咐，努力把传统的民间歌曲演唱录音录像保存下来，为我们留下了一笔宝贵的文化遗产。

相夫教子的贤内助

任何成功绝非偶然，一个人能够取得辉煌成就，背后总有一个默默为之奉献的人。丁喜才之所以能在民间音乐教育中取得如此成绩，与他的贤内助姬凤英的默默支持是密不可分的。妻子是一个传统、善良的陕北农家妇女。

丁喜才之子丁永义虽已年近古稀，但精神十足、气宇轩昂，流畅的普通话非常入耳，有播音员的风范。他深情地告诉笔者："从我记事起，我的妈妈就是一个非常负责的母亲。为了让父亲能够集中精力做好工作，母亲主动承担了所有的家务，把家中的一切都打理得井井有条。父亲日常生活起居全部由母亲负责照顾。根据父亲的饮食习惯，她用心良苦。我们刚到上海时，邻居们也看不懂，人家买面是三斤五斤买，而我们一买就是一袋两袋买，因为父亲喜欢吃面食，所以她每天都要做面条、面片、面疙瘩汤等，既让父亲吃得舒舒服服，也让我们姐弟吃得津津有味。在上海我们吃的仍然是陕北饭食，而母亲却劳在其身，乐在其中。

父亲喜欢抽烟，每天三包左右，尽管母亲和我们不乐意，但劝说也没用，后来他对孙子的话言听计从，但最终还是落下哮喘、肺心病等病症。母亲热情好客，陕西、内蒙古、山西等地，父亲业务上的同事、朋友、学校的学生、老家的来客等等上门，母亲总是想着法子，烧上一桌子菜，忙里忙外，把客人招待好，让来客有宾至如归的感觉。特别是对父亲的同事、我们的邻居、民间艺人王秀卿（我们称'瞎子先生'），因他行动不便，母亲经常让我们姐弟俩过去给予家务上的帮助。逢年过节母亲就做好酸粽子、米糕等陕北风味食品，送给邻居以及父亲的同事们。母亲的勤劳、善良、好客深得邻居们的喜欢，她任劳任怨、无怨无悔，相夫教子一辈子。

父亲同样也深深爱着母亲，特别是母亲曾两次大病住院治疗，需花费昂贵的医疗费，家庭经济偏紧，母亲甚至因此要放弃治疗，然而父亲耐心地做母亲的工作，给她讲道理：'这个家庭不能没有你。'在手术治疗期间，父亲日夜守护着母亲。由于治疗及时加上父亲耐心周到的照顾，母亲病愈后恢复得很好。父亲一般从不操持家务，而在母亲生病期间却表现出如此细致入微的关照，我的父母亲真是一对患难与共的好伴侣。"

在采访鞠秀芳时，86岁高龄的鞠秀芳教授泪眼婆娑，激动地说："丁老师

1983 年 4 月，丁喜才与府谷籍导演雨霖（赵保林）在上海音乐学院（雨霖提供）

是我的恩师，对我们全家恩重如山。我在音乐学院可以说就是一个孤儿，是在学校里面长大的，当时的生活圈子就是在学校，要是想回家，就去丁老师的家。我和丁老师一家的关系一直特别好，经常在丁老师家吃饭，师母每次给我做鸡蛋面吃，没有一次让我饿着肚子回家。在我最困难的时候，由于哥哥、弟弟先后被打成'右派'，丁老师在自己经济也很紧张的情况下，每个月还借给我 20 块钱。我们出去演出，都是三轮车，丁老师从来不要求报销车费。后来我和爱人王珂成家并有了孩子后，我们两家相处可以说是亲密无间。每逢周末，要么我们全家到丁老师家，吃点师母做的陕北风味饭食；要么丁老师全家到我家吃点苏州饭菜。逢年过节互送礼品，孩子开心，全家幸福，在那个物资匮乏的年代，能处成那样不容易呀！现在想起来感觉太好了。"

丁喜才不仅在教育事业上成就辉煌，而且在教育子女上更是为人楷模。他对子女要求非常严格，但在教育方法上从不强迫，而是正面积极引导，顺其自然地发展。丁永义告诉笔者："记得小时候父亲因为学习仅打过我一次，对我震动很大，这段记忆后来成了我不断进步的催化剂。中学毕业后，我们姐弟俩都下乡插队，特别是我当时要到远在黑龙江省的漠河下乡插队，母亲不允许，认为我刚刚 15 岁就到那么远的地方，而且又在中苏边境，当时中苏关系相当紧张。但是我年轻气盛，有种'要到反修防修第一线，紧握枪杆保边疆'的气势。父亲还是支持了我，我也成了父母亲最大的牵挂。然而，我们姐弟俩都很幸运，在农村、边疆都入了党，并且在同一年都上了大学，回了上海。大学毕业后，都分配在教育系统工作。"

永远的家乡情怀

丁喜才夫妇是非常有爱心和家乡情怀的人，在上海音乐学院工作期间，几十年如一日，时刻思念着家乡的亲人。他们全家生活费用仅靠丁喜才的工资收入，生活并不宽裕。但几十年来，丁喜才每月定期给老家的一个没有后代的叔父寄生活费，为他养老送终后，又将自己的房屋无偿地献给麻地沟镇政府，作为文化宣传服务站。他妻子一生勤俭持家，就是自己舍不得吃穿，也要为家乡父老乡亲做好事、善事。当时上海很多商店经常搞展销活动，她总要去看一看，如有质量好、价钱又实惠的衣服，就买一些寄回府谷家乡，让乡亲们穿上新衣服。她还经常将邻居、同事不穿的衣服收集起来，洗得干干净净寄给家乡人，这样一直持续了很多年。

1984 年，彩色电视机在府谷属于紧缺商品，麻地沟镇中学急需一台彩电，于是写信给远在上海的丁喜才。当时彩电在上海也很紧张，丁喜才又与商业人士不交往，只得让在上海工作的府谷老乡刘俊帮忙。刘俊在上海的一家土产公司上班，这家公司同一家商店有来往，商店负责人给他特批了一台彩色电视机，丁喜才把它捐给了家乡麻镇中学。

丁喜才十分关注陕北民间音乐文化，经常协助府谷县政协、文化部门解决所需文化资料和宣传设备，为家乡的文化事业发展做出了不可磨灭的贡献。

1994 年 4 月，丁喜才先生走完了他从民间艺人到音乐教育家的一生。他把二人台带入高等学府、送进音乐会、推上国际舞台。小曲的发展过程中，不仅产生了大批歌唱家、学者、教授，也培养出许多优秀的青年传承人。现在，"丁喜才与二人台"或"丁喜才与榆林小曲"已成为学术课题。

作者简介：

程怀祥，榆林市榆阳区青云镇人，榆阳区作家协会、诗词学会会员，榆阳区政协文史员。擅长散文、报告文学写作。

王府梅

王府梅，1958年1月生，府谷县府谷镇人，上海东华大学纺织学院教授、博士生导师。2010年3月8日，被授予上海市巾帼创新奖提名奖暨上海市"三八红旗手标兵"荣誉称号。

中国木棉研究专家王府梅

徐约维 / 文　　王府梅 / 供稿

"长期研究新型纤维材料、纺织品性能以及其设计与生产技术，近年从事新型聚酯 PTT 和木棉纤维的纺织技术研发，被誉为'中国木棉第一人'。她主持完成国家技术创新项目等省市部级以上科研项目 15 项，横向科研项目 20 余项，获得省部级以上科技奖励 16 项。"这是上海市巾帼创新奖提名奖对王府梅的评价。

上海市巾帼创新奖由上海市妇联、市科委共同设立，它以世界科技、教育水平为坐标，每两年评选一次，每次各评 5 名创新奖和提名奖，被誉为上海女性科学技术领域的诺贝尔奖。

面对荣誉，王府梅说："我其实是一个很简单的人，童年的梦想是想做个工人。我对人生其实并没有规划，只是一步一步走到了今天。"

在时代的转折点逆袭而上

王府梅的人生大事件都契合了时代的大转折："大跃进"时出生，"一片红"时插队，高考恢复第一年时上大学，出国潮时留学，强调"科技是第一生产力"时出科技成果。

1958 年 1 月，王府梅出生在陕西省府谷县，名字中的"府"就是取其意。父母原来在西安工作，1955 年支援陕北建设到了府谷。王府梅在家排行老三，不过在姐妹中是老大，她从小就知道帮父母分担家务，会做饭，会做衣服，属于心灵手巧型的，在大家眼里她是个勤快能干、动手能力强的乖女孩。

1975 年，"文革"还在延续，17 岁的王府梅来到离家 100 多公里外的府谷县古城公社插队落户。野茫茫的天地，充斥着无边无际的荒凉，日子仿佛一眼就可以望到头。这段经历对于 17 岁的少女意味着什么？今天王府梅只用一句话就交代过去了，"锻炼了我的体力和意志"。

1977 年，"文革"结束，高考恢复。机遇如星辰，点亮了王府梅茫茫不知所以然的心，一个懵懂的念头忽然浮现："上大学，到大城市去。"她凭着一股韧劲考取了。王府梅说，当时她对大学的印象是模糊的，对专业更没有概念，记得是填"分析化学、数学"之类的理科，后来的专业是服从调配的结果。

1978 年 2 月，王府梅进了西北纺织工学院纺织工程专业。

大学学习的气氛非常浓，大家憋了一股劲，要把 10 年荒废的学业抓回来。相对"老三届"，王府梅在当时的大学生中算是年轻的。20 岁，激情、体力、意志都有。大学四年，她的成绩一直名列前茅。毕业后，她一鼓作气，考上了上海的华东纺织工学院（后改称中国纺织大学，即现在的东华大学）研究生，专业是纺织材料。那是 1982 年的事情。

城市更大了，心也更大了。东华大学两年的学习生活，上海给王府梅留下了深刻印象。

1984 年，研究生毕业，王府梅回母校西北纺织工学院任教。结婚，生子。助教，讲师。在西安一待就是 7 年。

1991 年，王府梅获得日本国家奖学金，赴日本奈良女子大学，攻读博士学位。当时儿子两岁半，正是最需要母亲的时候。为了学业，王府梅错过了母子相依的温暖。说到儿子，王府梅还会微微惆怅："要是我当初能给他学习

工作中的王府梅

上多一些帮助，他可能会更好。"其实她儿子也很出色，目前已从东华金融学院管理专业毕业。

1996 年，王府梅回国，回东华大学做博士后。

热爱可抵万难

"雄关漫道真如铁，而今迈步从头越。"其实每个成功人士一路走来都坎坎坷坷，尤其在他们心里。

由她主编、2000 年出版的《服装面料的性能设计》一书先后获教育部优秀教材二等奖和上海市教委优秀教材二等奖，并被指定为研究生教学用书。

其实接近 45 岁才晋升教授的王府梅，一路走来丧失了很多申请纵向资助项目的机会。有容乃大，接受命运的不公平，也许是心灵成长的基础。

于是王府梅沉下心，在认真上好每一节课的同时，默默地做一些自己能够做而且可以做好的事情，做那些别人不想做但社会需要的事情。

日复一日，年复一年，她的付出有了回报，她的成果出来了。

王府梅主讲的纺织材料学被评为国家级精品课程，她完成的教改项目获得国家级教学成果奖。同时针对社会对学生知识结构的需求，王府梅还为本科生开设了新课纺织服装商品学、纺织品性能设计概论，为硕士生和博士生开设新课纺织品设计原理、纺织品性能与功能设计方法导论。

同时，她针对社会需求，与企业联盟，做好科技转化的大课题。1999 年以来，王府梅先后获得宝钢优秀教育奖，其"新型化纤应用与低含毛混纤产品开发"成果先后获得上海市和中国纺织协会的两项科技进步二等奖，"长丝、短纤维复合纺纱以及系统补偿法"获教育部科技进步二等奖，2010 年获"上海市巾帼创新奖"。她总计获得省部级以上科研与教学成果奖 17 项、国家知识产权局授权发明专利 10 多项。

岁月悠悠，王府梅在工作中已经不知不觉地跨过了个人得失那道坎，也沉淀了自己的那颗心。在默默的工作中显示着她的才华和胸襟。

世界在我们眼前流转

王府梅喜欢上课的感觉，那种感觉是总结讲述前人的经典研究成果、与青年人思想交流、现场互动的感觉。讲课让她激情飞扬，投入其中，享受其中。在她的课堂内没有"愚钝生"，深入浅出是她授课的特色，深奥理论被她用生动形象的实例和通俗语言一讲就清楚了。

面向研究生开的纺织品设计原理课程，涉及材料科学、力学、传热学、流体力学、微分方程、聚类判别、生理感知等基础学科知识，面宽难度大，若是简单汇编国际论文或照本宣科，所有学生都会进入梦乡。王府梅精心梳理知识体系，提取上百篇国际论文的精华，汇编成十讲授课内容（后来提炼

2018 年，王府梅出席在英国举行的世界纺织大会并做报告，同时受到大会奖励

编写成教育部推荐的研究生教材《服装面料的性能设计》），由浅入深，理论联系大量应用实例，图文并茂，授课生动，成为硕士和博士生们人人爱听、"受益匪浅"的好课程。

王府梅喜欢学生，喜欢与年轻人交往，她喜欢年轻人身上那种对社会的新理解、新感受以及带来的新力量。这也是她能够保持活力，保持对生活的热望、热情与热忱的原因之一。用她的话来说就是"世界在我们眼前流转"。

学生亦喜欢她。报名王府梅课的学生特别多。因为她学术水准高，科研有前景，因为她对学生好。

她的助手徐光标老师说："王老师上课表达力特别强，她思路清晰，不是照本宣科，不是平铺直叙，而是把重点强调出来，用最简单的语言概括出最关键的要点。"

学生刘晓松说："王老师对学生的论文，基本一眼过了就能抓到要害，挖掘出我们自己没有意识到的问题与症结。经她一点拨，深度、高度一下子全有了。让我们深切感到，导师就是导方向的。另一个感受特别深的就是王老师的学术魄力。她抓课题眼光特别准，基本上抓一个准一个，有想法而且特别有行动力，比如有关木棉的课题，国内就是她第一个在创新在实践。跟着这样的老师我们特别踏实，特别有出路。"

博士生罗锦说："我跟王老师 5 年了，硕博连读。感受最深的是王教授的工作激情。她工作起来已经没有 8 小时的概念，几乎每一个细小的空当都充分利用。她经常出差，即使在候机时也在看我们的论文。一般老师不愿意双休日被打扰，而王老师经常在周末给学生打电话发邮件。基本上我们每一个人投稿的小论文来来回回有 3 ~ 4 次修改，大论文（学位论文）也要 2 ~ 3 次。王教授课题组有 20 多个学生，可见她的工作量了。"

2009 年王府梅开刀住院，也不告诉学生，怕他们分心要去看望。而她躺在病床上还在修改学生的论文，并在病床上给学生打电话。

来自绍兴的博士严金江跟随王府梅已经三年了，感受最深的是老师从来不发脾气，好多事情都是亲力亲为。大学教师其实是不用坐班的，很多事情只要遥控指挥学生就可以了，但王府梅几乎是天天上班，与学生一起钻研、探索。

辛勤汗水和智慧耕作的王府梅早已是桃李满天下，她的学生不乏大学教师、企事业单位高管、技术骨干、联合国高级职员。除了培养本科生以外，她每年向社会输送 6 名以上硕士和博士毕业生。学生们在学位论文最后写下的致谢，从中可以看出导师的人格魅力和学术水平。

王府梅是个顾家的女人。"让家人有个家的感觉"是她生活的目标。她儿子虽然学的是金融，但暑假时王府梅安排他与学生一起去企业实习，39 摄氏度高温的纺织车间，她的用意是让儿子经受艰苦环境的磨炼。王府梅的教学区在松江大学城，而家在长宁，虽然科研教学任务很重，但是王府梅坚持一星期回家三次，"我不回家，他们爷儿俩只能守着冰箱过日子"，她说。

王府梅生活简朴，已经成为习惯。如有应酬，出去吃饭，每每都把剩菜打包带回。她经常会提醒学生买早点，生怕他们不吃早饭，还经常给他们买好带回来。出差时，一般企业会给王府梅安排五星级宾馆。王府梅总是很反对："吃住只要干净就行，不用浪费钱。"而且她一到宾馆就工作起来，不是修改文章，就是看有关材料；一出宾馆就是开会，或者到车间现场。学生们悟出一个道理：成功人士一般都不贪玩，生活得很有效率，事业就是他们最大的享受。

虽然王府梅离开自己曾工作过的西北纺织工学院已经多年了，但她对自己的恩师姚穆院士一直非常牵挂。有些活动遇见了恩师，总要嘘寒问暖，会议结束了总要热心地送老先生回宾馆。如与姚穆院士有文件来往时，每每细细叮咛工作人员传真文件字体务必要放大一点，让老人能看清。

恩师王善元教授为东华大学的博士生培养做出了突出贡献，临退休时老先生拿出自己数十万元的科研结余，奖励"纺织科学与工程一级学科"的优秀博士论文作者，他的弟子们和全国各地的纺织学科教授们进一步集资设立"王善元优博基金"，奖励全国"纺织科学与工程一级学科"的优秀博士论文作者。王府梅除了为基金贡献 5 万元以外，还默默地联系众多校友将一笔笔小经费汇集成"大基金"，并联合青年教师义务承担基金事务工作。她就是这样的人，认准了有意义的事情就会花精力去做，做自己力所能及的事情，不太计较个人的一时得失。

工作，才能发挥你的才智

近十多年，王府梅更是科研硕果累累，又获得上海市级教学成果奖、优秀教材奖、中国纺织科学技术奖等，她指导的博士生有的被联合国录用、获得上海市优秀博士论文奖等，新增 16 项授权国家发明专利。

她从事新型聚酯 PTT 的纤维和纺织品研发，已经使她成为 PTT 领域内公认的领军人物。所谓 PTT 是聚对苯二甲酸丙二醇酯的简称，是 21 世纪初美国研发的新型可成纤高聚物材料。

　　她主持完成了跨国公司壳牌化学公司 2005—2009 年度连续 5 期国际合作项目、杜邦公司项目、浙江省重大科技专项、江苏省项目等。

　　她主持进行国家自然科学基金项目和杜邦公司项目，其中的"PTT 高附加值产品的关键技术"，曾获得 2008 年度上海市科技进步二等奖。

　　她与解放军总后勤部军需装备研究所同事合作研发的 PTT/毛精纺梭织物的成套技术，已用于 2008 年部队换装的"军官礼服"和"军官春秋常服"，也就是说令我们眼前一亮的大阅兵的军姿军容里也凝聚有王府梅的一份心血。该成果 2011 年获得中国纺织科学技术奖。

　　PTT 形状记忆纤维和织物的技术，已用于江浙两省的盛虹集团和荣盛石化股份有限公司两大集团，新增产值 2 亿~3 亿/年。PTT 双组分丝技术，成为海宁新高纤维公司、江苏阳光股份有限公司等企业新的重要经济增长点。

　　在这些成果的支撑和示范下，2007 年中国 PTT 产品的市场份额跃升全球的 15% 以上，2008 年在纺织品整体缩量的大背景下中国 PTT 面料产销量增加 300%，2009 年以来原本占据高端市场的日韩 PTT 产品逐渐退出国际市场。该项目为我国纺织行业的技术进步做出了重要贡献。

　　关于木棉纤维的纺织技术研发，王府梅率领团队辛勤耕耘了 15 年，被誉为国际"木棉研究第一学者"。关于木棉的前景，其实也不是没有人看到，但是看到了不等于就是行动，木棉开发的漫长期甚至是不确定的前景，使不少人最终却步。只有王府梅一根筋地"心动，并行动着"。在别人放弃的领域，她依旧默默耕耘着。王府梅研发木棉的阶段性成果 2013 年获得中国纺织科学技术奖。

　　王府梅说，她看好木棉，一是可以解决全球资源日益稀缺的趋势，二是木棉本身具有轻质、保暖、弹性好、手感好、不霉、不蛀、抗菌等特点。而且木棉能够自然降解，木棉废弃物不会危害环境，是非常理想的环保友好型天然纤维。更为可贵的是，木棉是树上生长的天然纤维，种植木棉树，可以吸收二氧化碳、遏制国土荒漠化，尤其适应南方山区种植，不但美化环境，而且具有很高的经济价值。

但现存的问题是木棉纤维的纺纱技术一直不能突破。

看准了，就要做下去。这就是王府梅，一个简单人的简单坚持。一旦决定了，就坚持去做了，把生命托付在上面。"一点一点做，慢慢做呗，总归会成功的。"

目前，木棉加工技术方面，王府梅已经拥有 6 项授权发明专利，先后与 8 家企业合作，突破了木棉的纺纱技术、絮料制造技术、针织和梭织技术、相变储能材料技术，打破了木棉不能做纺织原料的"千年禁区"。林业部下属的中国治理荒漠化基金会也对王府梅的研究表示高度重视，已经把种植木棉作为云南、广西等省（自治区）发展山区经济和保护生态环境的重大举措。

多家合作企业的领导说，是王府梅带领我们开始了一项既惠及企业又利国利民的木棉纺织运用大事业。

2023 年 2 月，作为博士生导师的王府梅正式退休了，她移交给团队多项科研工作，唯一难以割舍的是她发明并带领多名博士生、硕士生研发的一组国际领先的纤维测试仪器，因为这个"孩子"还没有长大，她放下就等于半途而废，就意味着我国暂时没有能够顶替进口的仪器设备，需要继续每年耗费巨资进口国外仪器。可喜的是，这个"孩子"在快速成长，仪器样机得到行业认可，关于该测试法的毛纤维检测新国标已经颁布。

对于把工作看成使命的人来说，工作本身就是目标。他们对于工作充满热情，在工作中达成自我实现。激发才华和潜力、发挥空间，是他们最深度的幸福感。这也是她的人生格言。

王
建
国

王建国，男，汉族，府谷县木瓜人，主任医师。1950 年出生，1969 年参军，1971年由部队选送到中国人民解放军第二军医大学上学，1974 年毕业后分配到中国人民解放军基本建设工程兵 22 支队医院工作，1983年集体转业整编为中建八局医院，先后任外科主任、副院长、院长等职。

杏坛耕耘四十年

王建国 / 供稿　　石锐杰 / 整理

艰苦岁月

我于 1950 年农历正月初二出生在府谷县木瓜乡桑林坪村。

木瓜地处府谷县腹地，属于典型的黄土丘陵地貌，虽然到处是厚厚的黄土，但那时因十年九旱、耕作落后、缺少肥料，难以养活勤劳耕作的百姓。桑林坪村位于木瓜镇东南方向，那是一个一眼望不到头的山沟沟，蜿蜒曲折的山路，就像一条巨龙缠绕在山坡上。我的童年是在那个贫瘠的山沟里度过的。

1958 年 8 月，我开始在附近的柳树墕小学读书。那时乡村里学校很少，八九个村庄才有一所小学，学校只有一名老师，教着从一年级到四年级的所有课程。我们没有家庭作业，放学后就帮家里干些力所能及的农活。

1962 年 8 月，我升入木瓜完小上五年级，这是木瓜唯一的一所完全小学。我们班有 20 人，开设的课程主要是语文、算术。学校为了提高进入县中学的升学率，对毕业班的教学抓得很紧。上午 8 点上课，下午 3 点放学。我是语文课代表，学习成绩好，每年都被评为三好学生。

我家离学校有 15 里左右的山路。学校条件简陋，无法给学生提供住宿，我每天上学来回步行 30 多里路。寒来暑往，日复一日，从未迟到早退。母亲担心我下午挨饿，想办法给我带些干粮。

1964 年 6 月，王建国（三排右二）在木瓜小学毕业留影

1964 年 7 月，王向南校长带着我们 5 名学生参加了府谷县初中升学考试。8 月，我收到府谷中学的录取通知书，全家人异常高兴。对于世代以务农为生的家庭来说，能考出一名初中生，那是一件十分庆幸的大事。我也是村里的第一名初中生，这消息在村里迅速传开，整个村庄弥漫着一种喜庆气氛。

府谷中学始建于 1956 年，是府谷县最高学府，背靠青山，怀抱黄河，依山而建，随坡就势分成 4 个院落，井然有序。我们的校长是冯卫民，副校长杜焕成，教导主任苗建寅，总务主任郭世荣，团委书记刘二明。这届领导对教育充满理想，心中有韬略，眼里有目标，处处为学生的前途命运着想。

我在府中上学期间，学校每年要收 3 元学费。我是住校生，每月还要缴 6 元伙食费和 30 斤粮票。国家按月给我们发放助学金，甲等 6 元，乙等 5 元，丙等 3 元，丁等 2 元。我的助学金起初是 3 元，后来调整为 6 元，是由于总务主任郭世荣老师到我家随访，发现我父亲病重卧床，年迈的母亲艰难地维持着家庭生活。郭老师看到我的家境十分贫寒，就向校党委作了汇报。不久我的助学金调整为每月6元，粮食由政府补助。党和政府及校领导的关怀与帮助，使我在最艰难的时候完成了学业，多少年来，我的心里一直充满了感激。为了减轻家庭负担，冬季我和同学两人分吃一份饭，偶尔从家里带些炒面充饥。那时学校条件艰苦，冬季教室里烧地炉子，宿舍烧炕炉子，每逢冬天来临之际，老师和我们一起到学校外边的荒山野岭拾捡引火柴，人力背回学校以度寒冬。

初中阶段开设的主要课程有语文、数学、物理、化学、俄语等。刘二明老师是我的班主任。我是班里的学习委员，由于学习成绩在班里名列前茅，思想表现也很突出，1965年6月15日，我光荣地加入了中国共产主义青年团。

1966年5月"文化大革命"开始，7月开始全国大串联，参加串联的主要对象是中学以上的在校学生，吃、住、行免费。我也加入了府中组织的串联队伍，于11月中旬到达北京。11月26日上午9时许，接受了毛主席的检阅。

1967年6月，全国大串联结束，学校本想复课闹革命，但学生无心上课，我们老三届的学生无事可做。1968年9月15日，校革委决定让我们毕业离校各归原籍。我拿着一张中学毕业证书，回乡接受贫下中农再教育。

我回到小山村参加集体劳动，对于地里的农活根本不懂，队干部安排我干些力所能及的活。那时生产队实行工分制，男劳力每天记10分，女劳力每天记8分，给我记9分。年底分粮时工分与人头三七开。如果风调雨顺收成好，生产队交完公粮后，留足下一年的种子和牲畜饲料，分给社员的粮食还能维持温饱生活。遇上旱灾，粮食减产，生活就成了大问题，灾荒严重时，还得靠国家发放救济粮度日。

光荣参军

1969年11月征兵开始了，我想去参军，背地里和三哥商量，三哥担心母

1969年11月，王建国（二排右一）参军时和亲戚朋友留影

亲不同意，因为父亲已经病故，只有我和母亲一起生活。经过反复交流，母亲还是同意了。我顺利地通过了政审、体检，穿上了崭新的军装，戴着大红花出发了。

我们新兵在西北大学训练了3个月，1970年2月，我被分配到中国人民解放军基本建设工程兵211部队卫生队，卫生队驻扎在陕西省蓝田县薛家村。我到卫生队刚落脚，部队就举办第四期卫生员培训，共有两个班，我任二班班长。为期半年的培训结业后，我开始为伤病员打针送药送饭。这一年，我在食堂做过饭，上山采过药，下乡巡回医疗为贫下中农送医送药，年终被评为五好战士。

1971年2月，卫生队举办第五期卫生员培训，我任班长。老师讲解有关医学基础，护理基础，常见病的诊断和治疗。我的主要职责是管理和组织学习。

1971 年 7 月 18 日，我光荣地加入中国共产党。这是党和部队培养教育的结果。

1971 年 10 月，由卫生队推荐，经部队党委批准选送我到中国人民解放军第二军医大学上学。听到这个消息我欣喜万分，做梦也没想到我会成为一名军校大学生。

10 月 12 日，我来到中国人民解放军第二军医大学，被分配到医疗系七一级学员大队十中队三排九班。学员来自不同的兵种，文化程度、年龄和军衔都不尽相同，教材是学校自己编写的，有些内容来不及编成教材就印刷成补充材料。医学内容繁多复杂，学校又将过去五年制的教学内容改成三年完成，时间紧、课程多，老师只能选重点讲解。

第一年主要是学习医学基础理论，解剖、生理、生化、化学、药理、外语等十几门课程。学习非常紧张，有时节假日或晚上还要加课。

第二年主要是学习临床医学，内科、外科、妇科、儿科等。边学边到病房见习，理论和实践相结合。

最后一年进入临床实习阶段，我们班被分配到河南省新乡市人民医院实习，在全院各科室轮流进行。在外科做些简单的手术，如阑尾切除术、疝气修补术等；在妇科接生；在内科、传染科、儿科学习常见病的诊断和鉴别诊断等。通过实习，初步掌握临床常见病的诊断、鉴别诊断和治疗原则。三年的努力学习，为后来从事医务工作打下了坚实的基础。1974 年 11 月，我拿着大学毕业证书，恋恋不舍地告别了母校，踏上新的征途。

军医生涯

毕业后，我被分配到中国人民解放军 22 支队医院传染科，当时部队驻扎在辽宁省辽阳市蓝家区的山坳里，全支队 6 个团，2 万余名指战员，在此大会战建设辽阳化纤厂。辽阳石油化纤总厂是国务院批准的重点工程项目，该厂

1974 年 10 月，王建国（三排左一）在第二军医大学七一级二中队三排毕业时留影

引进法国设备在国内组装用来生产布料。原材料为石油，半成品是化学纤维颗粒，用来纺织的确良布，可为中国 13 亿人口每人每年增加 7 尺布料。为抢工期保质量，战士们喊出"毛主席圈定我施工，建设辽化多光荣""只要骨头不散架，就要拼命建辽化"的战斗口号。

医院设在附近的峨眉疗养院，离施工现场约 5 公里，医院的诊疗任务很繁重，不仅负责部队常见病的诊断治疗、流行病的宣传预防以及各连队的巡回医疗，还要给周围村庄百姓看病。当时小儿流脑发病人数较多，传染科医护人员精心治疗，患儿先后治愈出院。其中一个 3 岁患儿抢救过程惊心动魄，至今历历在目。1975 年 1 月 19 日晚 7 时许，一对夫妻抱着小孩上气不接下气地赶到医院传染科，哭喊着让医生快救救他们的儿子。值班医生发现患儿口吐白沫，不省人事，科主任李占军立即组织全科医护人员进行抢救。当注射急救药物时，患儿突然心跳、呼吸骤停，立刻进行胸外按压和口对口人工呼吸，4 分钟后恢复了自主心跳和呼吸，可是不一会儿又停止了，就这样 7 小时内反复间断，呼吸、心搏骤停 5 次，共计 15 分钟。医护人员全力抢救，一次次从死亡线上将这个孩子抢救回来，最终抢救成功，治愈出院，成为医学界的奇迹。患儿父亲赠送了一面锦旗，上书"当代神医 妙手回春"，以表感谢。我全程参与了抢救，事后撰写了一篇《3 岁流脑患儿 5 次呼吸、心搏骤停共计 15 分钟抢救成功》的论文。经院党委批准上报中国人民解放军基建工程兵司令部，被司令部评为"科技进步三等奖"，并给传染科记集体三等功，奖励电视机一台。

1975 年 5 月，施工连队一些战士双腿发软，站立不稳。医院派我和一名检验员调查发病原因。我们来到连队，进行检查化验，发现这些战士血钾低，经过对水源和饮食方面调查，发现这些战士平时吃粉条较多，蔬菜较少，随即调整饮食结构，合理搭配，观察一周以后，这些战士康复了。我被部队评为优秀党员。

1976 年 5 月 1 日，我和战友隋美娟同志组成军人家庭，没有婚纱，没有仪式，部队为我们准备了一间平房，两张单人床拼在一起，就是婚房了。当时她为麻醉科军医，既是我最信任的工作伙伴，也是我的终身伴侣。

1976 年 7 月，后勤部在医院开办了七二一军医大学，接收医院和各团卫生队的学员 26 名，由我和郑尧干、沈全伦负责进行教学实习，历时一年半结业。培训班学员结业后我被调到医院外科，近 4 年没有接触外科专业，在上级军医的指导下逐渐能施行一些中小型手术。

1981 年 5 月，我被选送到中国人民解放军第二军医大学第一附属医院（上海长海医院）普外科进修学习一年半。阔别 7 年后回到母校，见到老师和同学，万分激动。

手术是外科很重要的治疗手段。外科医生不仅要有扎实的理论基础，还要有灵活的手术技巧。多练多做才能熟能生巧，遇危不急，遇险不慌。我积极争取参加危重病人的抢救和手术。在老师的指导下，我能独立完成普外科常见手

王建国与妻子隋美娟

术和一些高难度手术以及一些危重病人的抢救，医疗技术得到很大提高。

在进修结束的欢送会上，华积德主任诚恳地对我说，别的同学进修一年，你进修了一年半，不怕苦、不怕累、好学上进，时刻为病人的生死安危着想，你具备了军医的素质，将大有前途。

转业地方

1982 年，中央军委决定撤销基本建设工程兵部队。

1983 年 9 月，我所在的中国人民解放军基本建设工程兵 22 支队（00229 部队）在济南整编为中国建筑第八工程局，隶属中国建筑总公司，医院整编为中建八局医院（处级单位）。

我在医院外科率先开展了胃癌根治术、乳腺癌根治术、改良根治术和巨大甲状腺结节切除术等高难度手术。这些高难度手术要求很高，必须具备精细的手术技巧。如胃癌根治术适应早期胃癌，它不仅仅是胃大部切除，还要清除胃周围及肠系膜淋巴结，以防止术后复发转移。一般胃大部切除术 1 小时左右就能完成，而胃癌根治术则需要 4 小时左右才能完成，如遇复杂情况时间会更长。我施行的首例胃癌根治术是一位 49 岁的男性患者，术后随访 6 年生活得很好。

1987 年全国恢复技术职称评定，第二年我被评为主治医师。

1989 年 5 月，从外院转来一例病人，腹痛已经半天，腹部呈板状腹，均有压痛、反跳痛，发病原因说不清楚。询问有无外伤史，病人起初否认，我又问疼痛前干过什么活，病人忽然想起自己曾在赶马车运货时马突然受惊，他在控制马时，马车辕的前头撞到了腹部，卸货后开始腹痛。腹腔穿刺分泌液镜检有大量白细胞，拟诊为外伤性脏器穿孔弥漫性腹膜炎。我立即进行剖腹探查，从腹腔吸引出 1100 毫升混浊渗出液后，发现小肠表面有脓苔附着，回肠有约 3 厘米裂口，用生理盐水和甲硝唑消毒液清洗腹腔，将回肠裂口缝

1989 年 7 月与医院外科医生留影（左三为王建国）

合，术后联合应用抗生素，维持水电解质平衡，11 天后治愈出院。术后诊断为外伤性回肠穿孔弥漫性腹膜炎。腹膜炎是一种复杂的病症，好多原因可以引起，遇到这类疑难病例应尽快明确诊断。这位病人如若继续观察超过 24 小时，就有可能导致败血症休克而危及生命，失去手术时机，想抢救成功就很难了。

1992 年 8 月，医院安排我担任外科主任。之后为一名患者开展了肩胛部带蒂旋转皮瓣治疗腋窝疤痕粘连，恢复了肩关节的功能，取得了很好的效果。

1995 年 1 月，我晋升为主任医师。同年 8 月，担任副院长，协助院长处理日常事务。并开展了肝癌切除术，半椎板切除移植治疗椎管狭窄，取得了成功。

1995 年 4 月的一天下午，一个 12 岁的男孩在跳远时摔伤右季肋部，来我院急诊。小孩由于腹痛，面色苍白，头上汗珠淋漓，说话断断续续，血压很低，危在旦夕。多年的临床经验告诉我小孩内脏一定有破裂，便立即进行腹腔穿刺，抽出的是新鲜不凝固血液，证实了我的判断。我立马进行剖腹探查，从腹腔里吸出了 850 毫升血液后，才发现肝右叶右前叶肋面有一道约 3 厘米长的裂口，鲜红的血液正从裂口汩汩溢出，我毫不迟疑地用大网膜填塞了裂缝，然后小心翼翼地进行了缝合固定，腹腔清洗，细查裂口不再出血，才松了口气。接着将抽出的血液过滤后输入患者体内补充血容量。一周后小孩痊愈出院。救治外伤性内脏破裂出血的病人，不仅需要医生作出敏锐的判断，还要争分夺秒，和时间赛跑，只有快速找到出血部位采取行之有效的止血措施，才能挽救病人于危难之中。

开拓创新

1998 年 12 月，组织任命我担任中建八局医院院长。

八局医院是中建八局的直属单位，受局党委领导，而医院的医疗资质，

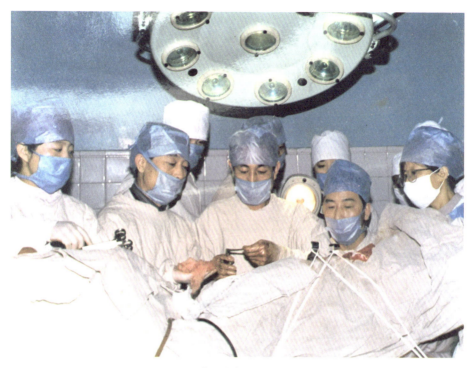

王建国在实施手术中

医务人员资格评审，日常医疗行政和收费标准又受济南市卫生局的指导和检查，实际上是双重管理。

医院实行院长负责制，领导班子由5人组成：党委书记、院长、工会主席和两名副院长。每届任期4年，期满由局人事部和组织部组织全院职工进行考察评议，优良率≥85%可以连任。

起初局里每年还能给医院划拨点资金。2002年，国务院为了减轻企业负担，决定企业不再办医院、学校、幼儿园等附属单位，原来的附属单位与企业剥离，寻求自我生存，自我发展。当时医院的医务人员绝大部分是转业军人，也有新招的大中专生，其中有八局职工的子女。既不能减员，又不能下岗，经营下去非常困难。院办公会议多次研究走出困境的方案，最终决定从

王建国和家人在一起

降低医疗成本，拓展社区医疗卫生服务以及请求市政府、市卫生局的资金补助为突破口。

为了降低药品采购成本，医院直接与药厂联系，大型液体和常用药品从药厂采购，从而减少中间环节，在出厂价的基础上，还可以得到优惠。对医院医疗成本核算方案进行了改革，每个科室都有核算指标。实行月结算，有奖有罚，奖罚分明。

为响应市政府、市卫生局号召，推广扩大社区卫生服务，医院拓宽了社区卫生服务片区。医务人员为社区居民建立家庭档案，并签订服务协议。设立家庭病床和家庭医生，上门为居民提供医疗服务。由于社区老年人居多，增设老年康复科，每年免费为社区 60 岁以上老人健康检查。并且积极开展儿童计划免疫。市政府为了加强社区卫生服务工作，每年给医院补助资金 400 万元。

经过几年的运行，医院步入平稳有序的发展轨道。医药品成本降低 48.9%，医疗成本降低 17.6%，年收入同比增加 20%。全院职工努力拼搏，走出了困境，迎来了曙光。

2008 年 12 月调整医院领导班子时，我退居二线。2010 年 1 月光荣退休。在我的职业生涯中共诊治病人约 30 万人次，抢救 19 例垂危病人，使他们转危为安。这些危重患者大多是外伤，如外伤性大出血、车祸等。抢救必须争分夺秒，不能有丝毫闪失。我任外科主任时忠告全科医护人员，用你们灵巧的双手为患者治病，用你们忠诚的心对待病人，一丝不苟，济世救人。担任院长时我要求全院职工，遇到危重病人，首先要积极组织抢救，竭尽全力挽救病人生命，绝不允许因病人无钱而拒绝抢救或延误抢救。

从军从医40年，回顾我走过的历程，是党培养了我，军队历练了我，使我成为一名合格的医务工作者。我要在平凡的岗位上，为党和人民付出毕生的精力。

贺建刚

贺建刚，1973 年出生，中共党员，府谷墙头人，南京审计大学教授，博士生导师、学科带头人，校学术委员会委员、润泽学者，财政部全国会计领军人才，江苏省"333 工程"专家，入选"中国哲学社会科学最有影响力学者排行榜"。

深耕沃土有繁花

司志美

盛夏的一个下午，暑期回乡探亲的贺建刚教授欣然接受了此次访谈。采访之前，我对贺教授的了解仅限于两篇新闻报道，一则是贺教授去西藏自治区财政厅任副厅长时国务院新闻办发布的高层次人才援藏消息，另一则是国务院大督查他带队去山南市督查重大政策措施落实情况的报道。见面时，我发现他原来是一位年轻、温和、谦逊的高知学者。他告诉我，他出生在墙头的一个小山村，准确地说，就在黄河入陕第一湾的位置，那里是梦开始的地方，他从小就梦想着能够踏着母亲河的波涛去徜徉，感受外面的精彩世界。

勤学不倦

"最难忘，是上学时的辗转，与小伙伴们结伴步行上学，一路欢声笑语，嬉戏打闹，甚至经历了中途辍学回家放羊的愉悦。"源于山村教育资源的局限性，从老旧窑洞的求学起步，到墙头中学的经日往返，融于田间劳作的风景，便是贺建刚的童年。

高中时期，他就读于麻镇中学。学校坐落在一个斜坡上，地理位置优越，是整个麻镇的门户，也是当时方圆数十公里内唯一的高中学府，从这里走出了无数优秀学子。1991 年，贺建刚参加高考落榜，之后他回到府中参加补习班准备"二战"。功夫不负有心人，1992 年的高考，贺建刚超常发挥，取得好成绩，被录取到中国矿业大学的王牌专业——采矿工程专业。到江苏徐州上大学，是他第一次走出家乡。他说，离开府谷去往高等学府，他心情非常激动。那时，正值神府煤田开发前期，专业前景广阔，他满怀壮志地投入了大学专业知识的学习，为将来发挥专长、服务家乡建设积蓄力量。当时采矿工程专业的学生还可以拿到生活补贴，凸显出国家对这方面人才培养的重视，激励学子投身国家能源建设。

大学里，贺建刚一直保持着不断求索的学习态度，除了学习本专业课程外，他还选修了会计课程。1996 年毕业时顺利拿到了采矿工程和会计学专业的双学位。毕业后，他一心想回到家乡就业，但找工作并不容易，相关人才也趋于饱和，一位校友领导先安排他到淮南矿业集团一座年产 300 万吨的特大型现代化矿井工作。工作是艰辛的，在这里他发现现代化的综采技术难以充分发挥效用，受经济利益驱使，存在盲目蛮干倾向。那几年，煤炭行业并不景气，煤炭销售通道不畅，疯狂开采的煤炭堆积如山，还经常发生自燃。他在思考，任何事情都不能违背市场经济规律，协同一体化的思维和管理理念尤为重要。

有一段时间，贺建刚觉得"一切规划应该随着时间和情况的不同，作出相应的调整"，自己也需要转型。1999 年，他考取了中国矿业大学会计学硕士研究生，师从会计专业领域江苏最出名的导师朱学义教授；2002 年，成功考取中山大学会计学博士研究生，导师是我国会计界泰斗葛家澍老先生最得意的弟子刘峰教授；2007 年，申请进站从事会计学博士后研究，师从上海财经大学的常务副校长孙铮教授。

在硕士毕业的时候，贺建刚已经获得了留校任教的机会。当时，他有在会计领域继续深造的想法，就决定去考博士。在广州考试的时候他淋了雨感冒了，觉得没考好。回程前，他去拜访导师，汇报了一下考试的情况，并与导师进行了一次恳谈，聊了对会计学科的一些见解，让孙老师对这位陕北

贺建刚作学术报告

后生印象深刻。后来他才知道，导师专门为他争取了公费读博的机会。孙铮老师具有知青下乡的背景，曾半开玩笑地说，之所以愿意收贺建刚为弟子攻读博士后，是由于他小时候放过羊、会数数，与会计结缘。

回想自己的求学之路，贺建刚非常感恩各位良师的无私培养与助力。让他最为感动的是，读博期间导师以国家公派留学高级访问学者去美国学习两年，他曾一度担心自己的学业，没想到导师早已将他安排到香港城市大学任职研究助理。在香港一年多的留学时间里，导师尽可能地安排他参与研究项目，经常参加全国的学术会议。也是源于在香港城市大学的历练，贺建刚比别人提早一年博士毕业。2005 年，就已经在国内最高权威刊物《管理世界》上发表学术论文。至此，贺建刚实现了从工科背景向人文社科领域的探索转型。

笃行致新

2005 年，贺建刚从中山大学博士毕业，以高层次人才引进南京财经大学。他潜心研究，埋头工作，历任系副主任、系主任、会计学院副院长，在南京财经大学一待就是 16 年。一篇又一篇的学术论文、一项又一项的研究成果，伴随他度过了这些朴实的岁月。他说，一路走来支持他不断迸发的还是对于会计学这门学科研究的热情。

学之广在于不倦，不倦在于固志。会计学科对于贺建刚来说，不仅仅是一门学问，更是人格情怀的展示方式，他愿意躬身其中，不辍探索。在做研究、育人才的事业中，刻苦钻研不松劲。丰硕的研究成果，是不懈付出最无

贺建刚（中）和所带研究生毕业合影留念

价的馈赠。2008年，他入选江苏省"青蓝工程"优秀青年骨干教师；2010年，入选江苏省"青蓝工程"中青年学术带头人；2011年，入选江苏省"333高层次人才工程"第三层次专家，同年成功入选财政部全国会计领军人才（系财政部第四期学术类领军人才唯一来自江苏省的入选者）；2016年，晋升为江苏省"333高层次人才工程"第二层次专家。他先后担任中国会计学会资深专家、中国会计学会财务成本分会理事、中国医药会计学会高级研究员、江苏省生产力学会理事、江苏省财政厅会计咨询专家、江苏省会计学会专业委员会副主任、江苏省高校优秀创新团队会计学科方向带头人、江苏省教育厅科技评审专家、江苏省现代产业服务研究院智库专家、江苏省和西藏自治区会计系列高级专业技术职务评审专家、全国研究生教育评估专家、国家自然基金与国家社科基金项目评审专家、《会计研究》编审委专家、多个刊物匿名审稿人、云南财经大学兼职博士生导师等，主持国家自然基金项目3项、教育部重大招标项目子课题1项、中国博士后基金首批特别资助项目、江苏省社科基金项目等省部级课题10多项，在《管理世界》《会计研究》《审计研究》《中国会计与财务研究》等权威学术刊物上发表论文50余篇，多篇论文被《财务与会计导刊》全文转载，荣获第六届和第七届江苏省高校人文社科优秀成果奖2项，入选"中国哲学社会科学最有影响力学者排行榜"。

多年来，贺建刚通过不懈努力，从一名年轻教师成长为系主任、副院长，工作角色在转变，但他从来没有忘记肩上的职责。贺建刚在学科研究中的成绩可圈可点，在南京财经大学任职期间，发表在管理学领域权威刊物《管理世界》上的研究成果，在学校也是凤毛麟角，实现了学校会计学科在国家自然基金项目上的零的突破。当时学校正处于快速上升的发展通道，成功获批工商管理一级学科硕士点。他的研究主要关注我国资本市场会计、财务与审计问题，包括上市公司信息披露、财务战略、公司治理、内部控制与审计治理等。近年来，受江苏省委人才工作领导小组委托，完成了江苏会计行业人才队伍开发研究、江苏支持数字经济人才发展政策体系研究等课题研究，形成的研究成果发表在政府部门内刊上，为当地政府提供了非常有价值的政策建议，产生了积极反响。

2022年，贺建刚以高端人才引进南京审计大学，主要从事资本市场会计、财务与审计研究，担任博士生导师。作为南京财经大学、南京审计大学的知名教授，贺建刚也在引领着教学改革，并承担着本科生、研究生的教学管理工作。他说："师者为师亦为范，学高为师，德高为范。教学无小事，从学生进入学校的那一刻起，老师就要对他们负责任。"贺建刚不断创新教育教学方法，通过公开授课、课题研究、研讨交流、担任指导老师等方式，带动会计人才素质全面提升，培养造就了一批知识结构优化、实践经验丰富、创新能力突出、职业道德高尚的高素质人才。从2008年开始至今，累计培养了70多位研究生，其中十几人已在各自岗位上担任重要职位。

值得一提的是，2015年10月至2017年1月，贺建刚作为中组部派遣干

参加高原零距离电视频道节目专访

贺建刚在西藏工作挂职结束离别时的场景

部到西藏自治区财政厅挂职锻炼，任职自治区财政厅副厅长、党组成员。西藏财政基础薄弱，财政主要来自中央和地方支持，用好每一分钱，发挥财政资金效益，统筹发展与安全，就变得尤为重要，这也是他此次援藏的主要任务。在西藏工作期间，他与对口援藏的各省市干部通力合作，充分发挥理论研究、学科建设对会计改革与发展的理论支撑作用，积极服务经济社会发展和财政会计改革，构建和强化了西藏自治区财政厅会计监督体系，完善财政监管，夯实基础，为中央大督查提供了坚实保障。同时，进一步健全了自治区会计基础工作，提高全区基层干部的履职能力，首次启动了西藏会计领军人才培养工程，依托北京国家会计学院联合培养，取得了积极成效。他说："援藏是人生宝贵的财富和经历。当时要应对高强度的工作任务与强烈的高原反应，自己的工作压力很大。雪域高原，西藏缺少的是氧气，不缺的是精神！

也是源于黄土高坡锤炼的体质和品格，自己也从未畏惧过，走遍了山南、阿里、日喀则等西藏的大部分地区，尽到了一个援藏干部的职责。此外，西藏旅游资源丰富，但开发理念较为粗放，为此我们还通过联合内地资源，进一步加强规划和论证，景区人文得到显著改观，极大地促进了美丽西藏建设。"

情系家乡

"家乡建设发展取得的成绩有目共睹，府州大地是支持自己实现理想追求和抱负的最大平台。我经常与江苏陕西对口支援的挂职干部进行交流，在中国式现代化进程中，家乡以高质量发展为中心推进转型发展，成绩斐然。"离开家乡多年，贺建刚始终心系家乡，关注着家乡的发展变化。

他说，府谷资源禀赋优势突出，历史文化底蕴厚实，在域外有着很高的美誉度，身为府谷人也是自豪感满满，"离开府谷 20 多年，家乡面貌发生了翻天覆地的变化，县域经济突飞猛进，社会事业繁荣进步。每次回到家乡都会有不同的感受，基础设施更完善了，群众精神面貌更好了，特别是人们那种喜悦真的是发自内心的，真心为家乡的变化感到高兴，由衷地祝福我的家乡未来更美好。"

谈到家乡的发展，贺建刚从区位优势和"会计情怀"的角度给予两点建议：一是利用好府谷区位优势，抢抓新一轮的发展机遇。府谷有许多得天独厚的条件，有丰富的矿产资源、深厚的历史文化底蕴，具有黄河流域发展的契机，契合"ESG"理念（环境·社会·治理），要立足这些区位优势，着力打造出府谷的"底色、特色、本色、亮色"，构建现代化的新型产业体系，将来会有更多的维度去展示"府谷名片"。二是重视会计作为一门商业语言对经济社会发展的助推作用，以及审计的国家治理和发展的保驾护航作用。经济越发展，会计越重要。府谷作为全国百强县，在全省也具有引领和示范效应，在中国式现代化的高质量发展进程中，无论是思维还是理念，会计无疑是最好的工具和制度支持。他说，愿意为家乡的人才培养贡献一分力量，如若政府有需求，将不遗余力地牵线搭桥，创造条件，为家乡提供优质教育支持。

白利斌

白利斌，男，1974年12月出生，府谷县府谷镇人，哈尔滨工业大学通信工程专业硕士研究生学历，曾任诺基亚浙江省总经理等职。

我在外企的职业生涯

白利斌

　　我于 1974 年 12 月出生在府谷县天桥邮电所，这个邮电所是专门为支持天桥水电站建设而设立的，就在水泥厂旁边的半山坡上。父亲是邮电所第一任所长，后来母亲也从水泥厂调到邮电所，父亲负责收发报纸、包裹和信件，母亲负责接打电话和收发电报，这就是所谓的"夫妻邮电所"。我的童年就在"夫妻邮电所"里度过，后来随着父母的工作调动又到了孤山和新民生活。一直到 6 岁时，父母调回县邮电局工作，我也一起回到了县城。

　　1980 年我开始上学，先后在府谷二完小、府谷中学一路读完小学和中学，1992 年高中毕业，以全县理科第一名的成绩考取了哈工大通信工程专业。高中三年经历了三次分班，其间班主任老师也换了三次。高三毕业的时候我们班是学校的重点班，但据说我们这届是历届毕业生中比较弱的一届学生，并不被学校看好。然而学校还是给我们配备了专业能力很强的老师，语文郭秀清老师、数学刘志华老师、英语苏彦忠老师、化学老师兼班主任郭爱军老师，他们的专业扎实，知识了然于胸，板书洋洋洒洒。特别是郭老师，对我个人关爱有加。这么多年过去了，心中有感激又有惭愧，惭愧没有机会回报老师的恩情。虽然我是全县的理科状元，但实际上还有几个同学也是非常聪明的，他们的某些学科特别突出，令我自叹不如，自己只是各科成绩均衡一些罢了。

白利斌（前排中）高中毕业时同学合影

在哈尔滨过了四年开心的大学生活，坦白讲学业方面实际上远没有高中紧张，倒是同学之间的情谊给我今后的工作、生活留下很深的烙印。1996年大学毕业，我和几个同学去了改革开放的前沿——广东，应聘到华为工作。当时的广东也是通信行业的前沿。中国的通信企业也正是在那个时候突破了之前被外国企业垄断的通信市场，此后的20年里通信行业飞速发展，技术日新月异，彻底改变了中国社会。

20世纪90年代末的广东正处于高速发展时期，城市建设热火朝天、日新月异，内地的人才源源不断地涌入，每个人都对未来怀有憧憬。当时的华为正在高速成长，在社会上已经小有名气，公司一直在大力招聘人才，除了应届生还有大批内地科研院所来的年轻人，公司一天天在壮大，员工士气高涨，一张张年轻的面孔紧张而活泼。因为当时都还在创业期，我们大多住在深圳的城中村，与工厂的打工仔打工妹生活在一起。每天早晨8点上班，晚上9点之后才能回到宿舍。或许是太眷恋校园生活的缘故，我对这种生活状态并不是很满意，当时就想着如果我一辈子这样生活，是不是自己想要的？于是，自然而然想到了考研以给自己再次选择的机会。于是，1996 年的国庆节开始，我利用下班后的休息时间开始复习考研，甚至在出差到陕西安康的一个月里也没有中断。

　　1996 年、1997 年正是国家提倡"村村通电话"的时期，程控交换机的业务刚刚起步，华为生产的国产设备还只被分配到县乡市场。我们这批人在经过三个多月的培训后被安排到全国各地不太发达的地区"开局"，我被派到陕西安康。出差到安康安装开通程控交换机的一个月是毕业后第一次独立应对工作的生涩期。12 月初，我穿着单衣从深圳飞到已是满目凋零冬日的西安，和姐姐在酒店里匆匆见个面，第二天晚上就乘火车到了安康。出了安康站，早有紫阳邮电局的车在等候了，随车的技术人员一口一个"白工"，叫得我很心虚。车子在大巴山中颠簸了半天，终于爬到了一个山顶，也就是将要开通交换机的乡镇，下车先吃饭，然后到机房查勘线缆及机柜走线，然后给机器上电。我至今都记得第一次给比我高一头、散发着崭新设备味道的机器上电的一刹那，由于担心出事，自己每一个插拔板卡的动作都小心翼翼，浑身起鸡皮疙瘩，生怕这个冰冷的高科技设备给自己这个"菜鸟"出难题。好在我们从深圳出发的时候就带好了老员工的联系电话（当时还只是各省办事处固定电话），这个电话簿犹如一个宝典，遇到拿不准的技术问题赶紧找老员工虚心请教。因为安康比较落后，每个开通交换机的乡镇实际上没几个用户，局数据做起来也不那么复杂，第一次开局还算顺利。邮电局的技术人员也很开心，第一个电话就打到局长那里报喜。我也打了一个电话给刚刚装了电话的家里，给爸妈报个平安。乡镇邮电局的人又张罗了一桌饭，这次是要喝酒庆祝的，那个时候生活条件不是太好，连邮电局的工作人员也不是经常有酒喝，大家都乐于找个喝酒的理由热闹一番。在安康的一个月里，我先后去了五六个县城的十几个乡镇，交通方便、开局顺利的时候，一天要去两个乡镇，一大早就出发在邮电局的工程车上颠簸，深夜才能赶到住宿的地方。最多的时候，一天要吃五顿饭，早晨吃早餐，上午到了地方先吃一顿再干活，一两个小时后开局顺利再吃一顿以示庆祝，然后出发到下一个地方，等干完活吃完饭已是晚上八九点钟。不顺利的时候也有，记得有一次在一个油田开局，吃过早饭就开始调试，非常不顺利，邮电局等吃饭的人也散了，就剩我一个人心急如焚地找问题，等最后调试完毕已是华灯初上，饥肠辘辘地回酒店躺下就睡。

20 多年前的汉江上游是真正的原生态，蓝天白云、碧水青山，只是交通太差。往往乘工程车到了一个乡镇邮电所，开局也很顺利，但因为镇上唯一的工程车去拉线缆物资，没有其他车辆可乘，我只能留在青山绿水的小镇上，或者坐在汉江边看考研资料。

1997 年初，我在西安交大参加了研究生考试，因为是考本校，我幸运地被录取了，1997 年 8 月底我从华为辞职再次回到哈工大攻读研究生。多年后，华为已经成长为通信行业的领头羊，把外企远远甩在后面，当初和我一起入职华为甚至更晚的同学同事都已经财富自由，大家都开玩笑地替我"惋惜"，假如当年一直留在华为，至少比现在积累了更多的财富。人生没有假设，而且离开华为回去读书的确是自己当时真切的想法，此外当时选择离开华为的也不在少数。对我而言，当年选择读研究生也是一种逃避，是刚出校门的学生不敢直面职场的退却，从而生出一种"天真"的想法，想着研究生毕业后能有更好更多不同的选择。其实，迈入社会和职场是要做好心理准备的，如果现在有年轻人面临类似的选择，我会建议他大胆地选择进入职场，而不是选择读研究生，除非他真的有志于科学研究。

研究生毕业后，我选择去了一家合资企业——上海贝尔。当时全世界的通信技术处于高速发展的时期，互联网的兴起更加促进了跟 IT、通信相关的行业飞速发展，中国的通信行业也处于大步发展赶超的阶段，几乎所有的外国通信企业都进入中国寻找商机。2000 年，我从上海去北京加入了美国风险资本投资的一家初创企业从事通信标准化研究，初创企业的使命是技术概念创新，

2004 年，白利斌在德国工作期间于阿尔卑斯山留影

力争在 3G 标准化中谋得一席之地。在这家美国初创公司里有来自很多国家的员工在一起工作，和他们共事使我感受到多元文化的碰撞和冲突，也接触到通信技术的前沿领域，当然也锻炼了英语的交流能力。然而，好景不长，2001年下半年互联网泡沫破灭，维持公司运营的资本难以为继，2001 年 8 月我离开这家美国公司，在北京加入了西门子移动通信，转做新技术市场推广。

西门子是德国著名的百年企业，从事包括通信、自动化、交通和电力等多个行业的业务。德国人做事严谨、恪守纪律、诚实守信、尊重流程等特点对我影响很大。招聘我入职的是一位德国天体物理方面的女博士，她对工作要求很高甚至是苛刻，但对员工却十分礼貌和蔼。后来她离开西门子去美国攻读了管理类的博士研究生，毕业后去了法国一所工商管理大学从事教育工作，直到现在我们还有联系。外国人自由追求自己的兴趣爱好真的让我们感叹和羡慕。在西门子，我一直从事的是产品技术的推广和售前支持工作，参与了全国多个通信建设项目，去了除西藏之外的所有省份进行产品方案宣讲、标书制定、方案设计和投标工作。

2003 年，我被提拔为无线产品方案部门的小领导，内部调动从北京回到了上海。2004 年，作为奖励，公司派我到德国总部工作。在慕尼黑和我们国内不同，一起工作的德国同事大多是 40 多岁甚至 50 多岁的老工程师，个个勤勤恳恳，一板一眼，不像我们国内，社会高速发展，各行各业都生机勃勃，很多新兴行业里面年轻人都是行业的中坚力量。两相比较，的确让人感慨。

2006 年，应西门子（印度）公司邀请，我作为项目技术负责人带三个兄弟去印度支持 3G 商用投标。出国前就听说印度的卫生状况很差，除了饮用水处理不到位，还有通过蚊虫叮咬传播的疾病，我们每个人从上海出发的时候扛了一箱矿泉水，而且带了长袖衬衫。到了印度后天气炎热无比，真是应了印度人的话："3 月份 30 度，4 月份 40 度……"长袖肯定是穿不了，换了短袖后祈祷蚊虫不要叮咬。那时印度的基础设施的确很差，环境卫生更不如人意。我们住在新德里号称"新技术开发区"的五星级酒店，看设施最多也就是国内的"四星"标准，客房墙壁斑驳，床铺潮湿，但价格却高得吓人。西门子印度公司和我们熟知的一些国际化的大企业就坐落在离酒店 20 分钟车程的"开发区"，环境也是非常糟糕，四层的小楼周围被垃圾环绕，实在让人无语。印度西门子给我们这些"外国专家"配备了一辆专车和一名司机，每天接送我们上下班。这位司机师傅年近五十，我们称他为"老哥"，应该是种姓比较低的劳苦百姓，因为有一次我们去一家比较高级的印度餐厅吃饭的时候饭店竟然不让他进门，让我们多少有些"不平"。"老哥"能听懂英语，很开心与我们一起"厮混"。每天早上吃完早饭，老哥已经在酒店外等了，车子启动驶出酒店大院后，"老哥"双手松开方向盘合十祈祷，吓得我们大呼小叫，然后一路欢声笑语到了公司。投标阶段几乎每晚都要加班准备标书应答，工间休息的时候我们就和印度同事在楼顶抽烟闲聊，一起吐槽公司，也聊聊中国与印度的不同。最近 20 年，不仅中国飞速发展，印度人觉得自己国家变化也很快，而且非常引以为豪。一天晚上工间休息的时候，印度同事在电脑上打开一张图片，并招呼我们过去看印度第一大城市孟买的夜景，看着顶多是中国

2009 年，白利斌和德国公司领导在上海办公室合影

三线城市的市中心，但印度同事的神情分明有"显摆"的意思。我们几个中国人搜遍了电脑没有找到上海的夜景，就发邮件给国内的同事让第二天发一张外滩的夜景，第二天晚上加班，我们也招呼印度人来看，印度同事看完讪讪笑不语。

此后，通信行业进入高速发展期，技术的日新月异和快速迭代，特别是中国的华为和中兴在全世界的崛起，通信行业发生了一系列的巨变，北电倒闭，西门子通信集团和诺基亚合并了，我没有离开公司，但公司更名为"诺基亚西门子"。不久后，朗讯与阿尔卡特合并，诺基亚西门子又吞并了摩托罗拉，通信行业进入"短兵相接"的残酷竞争阶段，行业陷入了低迷，我所在的公司也更名为"诺基亚"。后来，诺基亚又并购了"阿尔卡特朗讯"，包括大名鼎鼎的"贝尔实验室"，其实这一切并购的背后都是明日黄花的黯淡和无奈，因为中国的通信企业华为真正成为行业的领导者。

2010 年，我在武汉做项目期间从技术方案顾问转岗去做销售工作，担任

2017 年，白利斌在诺基亚全国销售会议上分享经验

诺基亚湖北销售经理，从此开始了长达 10 多年的"外派"生活，基本上每两周回家一次，每次回家待三四天。坦白讲，当初选择转型做销售实际上也是看着销售光鲜潇洒的一面动心的，却没有细想如何面对压力和挫折，正应了那句老话"只见贼吃肉，没见贼挨打"。此外，自己的性格并不太适合销售工作，特别是与印象中"能说会道"的销售相差甚远，好在电信行业的销售还需要一些技术背景，在诺基亚的文化中又对销售有"团队带头人"职能要求，也算是对自我的挑战吧。作为普通销售，我先后在武汉、长春和呼和浩特工作了五年时间。2015 年 4 月，我被派到宁夏做销售总监，开始从事团队和销售管理。和团队一起，我们使出了浑身解数，在宁夏这个偏远省区挖掘了很多销售新产品的机会，并且连续保持了很高的利润。2018 年 3 月，在宁夏工作近三年后，我调到了杭州担任诺基亚浙江省总经理、销售总监，负责诺基亚在浙江省的业务，其间任务重，压力大，但业绩突出，大家负重前行越战越勇，第一年，我们就取得了销售额过 10 亿元的骄人战绩。

在那些繁忙的日子里，拜访客户、技术交流、报价谈判、商务竞争（往往会面临友商零报价的进攻）、开会应对、上门求情、安排领导见面、觥筹交错、大功告成或失败总结，这些已经成为销售工作的日常。当然，除此之外还有一堆需要协调努力的杂事：发货到货、工程开通、安排会见客户、维护客户关系，等等。我从一名普通销售经理到现在负责一个省业务的分公司负责人，其间经历了移动通信 2G（GSM）/3G/4G 轰轰烈烈的建设，工作生活在不同的城市，和不同的团队一起配合，与形形色色的客户打交道，甚至"斗智斗勇"，经历过无数次的竞标或商务谈判博弈，和竞争对手见招拆招，始终背负责任，面对压力，有胜利的欢笑，更有失败的无奈与苦涩。

从事销售工作的这 10 多年，是我所在的通信行业激荡变革的时代，很多伟大的公司退出了历史舞台，行业竞争日趋激烈。也是我真正感觉"时光变迁"的 10 多年，结婚生子、事业发展、孩子成长、父母渐老、行业衰退、奔波劳累。10 多年里，我慢慢成为这个行业的"老员工"，职位也从普通销售经理升任负责诺基亚在省内业务的管理者。入职这些年，先后辗转于武汉、贵阳、长春、呼和浩特、银川和杭州，最大的感受就是"人在旅途"的漂泊，记忆里有武汉夏日的闷热、东北久违的严寒、内蒙古隐约中的"家乡情"、宁夏的羊肉和硒砂瓜，以及西湖和钱塘江的温婉湿润。

回看自己这些年的经历，应该说，自己是幸运的，赶上了改革开放、尊重知识的年代。特别是大学毕业后经历了通信业在中国起步、蓬勃发展直到行业整合回归常态发展的 20 年。自己加入了国际大公司、见识了国外企业的管理工作方法，不知不觉间，从离家时的少年成为一个中年人，恍惚中感慨岁月的无情。回忆自己从只有一条街的陕北小县城一路走来，到全国各地闯荡，也曾到国外学习工作，虽然有遗憾，但也有收获。我也常常回忆起关心自己成长的亲友和师长，一起成长的伙伴和同学，我记得他们，他们可曾想起那时候的我？人生各不相同，各有各的精彩，但珍贵的是我们有共同的经历和记忆。借此我祝愿大家平安幸福！

杨
卫
明

　　杨卫明，1986 年 8 月出生于府谷县新民
镇白家沟村，中共党员。2005 年以优异的成
绩考入中国矿业大学，2009 年本科毕业后在
中国矿业大学物理系硕博连读。2014 年 6 月
博士毕业后留校任教，现任中国矿业大学力
学与工程科学系主任。

青年科学家杨卫明

石治宽

杨卫明是走出家乡、走进国家重点大学的青年科学家。现任中国矿业大学力学与工程科学系主任，博士、教授、博士生导师，江苏省青年科技托举人才、中国矿业大学青年学术带头人。主要开展深部地下空间开发关键材料、亚稳金属材料强韧机理、3D 打印器件残余应力调控与裂纹抑制等方面的研究工作，第一作者或通讯作者发表 SCI 论文 80 余篇，主持国家重点研发计划子课题、国家自然科学基金面上项目等 20 余项，获江苏省优秀博士论文、新疆维吾尔自治区自然科学二等奖、校教学成果一等奖、百佳本科教师等奖励，已培养硕、博研究生 20 多名。

他是三尺讲台的耕耘者，也是科技创新的探路人。作为一名科研工作者，他淡泊名利、专注学术；作为一名教师，他一丝不苟、倾心育人。凭着对科研事业的无限热忱，对教育工作的孜孜以求，他用无悔的信念，扎根科教事业、书写璀璨人生。

少年自有凌云志

小时候的杨卫明，除了顽皮，也对世界充满好奇，常常会对一些新鲜事物刨根问底。很小的时候，夜幕降临一家人在院子里纳凉，他坐在奶奶的怀

杨卫明（右二）在小学时与班里同学合影

里，抬头数天上的星星，就很想知道为什么星星能够挂在天空不掉下来。农村家庭收入微薄，不太可能拿出钱来专门给孩子买玩具，那时候很多玩具都是他自己制作，比如拆卸家里废弃的录音机，用手电筒里的电池组装一些简单能放出音乐的玩具。

转眼到了上学的年纪，上学第一天，是父亲赶着牛车将他送去了学校。父亲将他带到其中一个老师的办公室，让他逐一给在座的老师们敬烟，以表达对老师们的敬意。尽管生活条件艰苦，但杨卫明父亲尊师重教的理念可见一斑。小时候，父亲对杨卫明比较严厉，不断校正他的言行，尽力为他的学习创造条件。当时家里很穷，根本没有钱给他买课外书，就连平时写字的练习本都是父亲将买来的一大张白纸切割后和牛皮纸封皮钉在一起。村子里没有电，晚上只能在煤油灯下写字，一不小心就会把头发点着，散发出一阵"烧烤"的味道。很多次杨卫明也想像周围的小伙伴一样辍学回家，自由自在地玩耍，但是碍于父亲的威严，只能硬着头皮坚持了下来。

直到上了五年级，学校调来了一位年轻老师，正是在这位老师的启蒙下，杨卫明内心受到了某种触动，学习开始认真起来。也恰巧在那一年（1998年），杨卫明生活的小山村通了电，可以通过电视了解外面的世界，从此他开始向往走出大山。他开始主动向邻居的哥哥姐姐们借学习资料和书籍，帮家里干完农活的间歇就坐在树荫下自学。就这样成绩进步得很快，六年级期中考试考了全班第三名。由于在此之前从来没有得过奖状，这次把奖状带回家他都不好意思拿给父母，而是塞到了院墙上的破洞里。父亲听说他考了第三名，还不太相信，教育他不管学习成绩如何，考试都不要作弊。接下来的又一次考试他考了第二名，又有所进步。小学毕业考试时，杨卫明考了全校第一名，顺利地考入了镇上唯一的重点班。从那以后，他的成绩一直不错。

上初中后，需要住校，每周家里最多给5块零花钱，有时只给一两块。2001年父母为了养家糊口搬到了镇上的新城川村卖豆腐，每天凌晨四五点钟杨卫明就得起床给父母帮忙，放学后或者节假日还要肩挑担子给附近的煤矿送豆腐，抑或帮父母收取街坊邻里赊下的豆腐钱。十几岁正是虚荣心比较强的年纪，可以想象在同学们嬉戏玩耍时，挑着担子卖豆腐的他内心要经历怎样的波澜，但这些年少时的艰辛也磨炼了他独立、自强、不屈不挠的个性。初中开始学习物理后，他开始制作飞机模型、水火箭之类的玩具。这个时候，他开始梦想拥有一间自己的实验室，里面有很多瓶瓶罐罐供他做实验，也许这些朦胧的想法就为他以后走上科研之路埋下了伏笔。

2002年，他成为新民中学第一个在全国中学生物理竞赛中获奖的学生，同年在发挥失常的情况下仍考入府谷中学高中重点班。经过三年的学习，2005年以优异的成绩考入中国矿业大学，成为村子里考上全国重点大学的第一人，这一纪录也一直保持至今。少年的杨卫明不仅有当科学家的梦想，还有一腔保家卫国的热血。当从电视上看到北约轰炸我国驻南联盟大使馆的消息后，当天晚上他抱着玩具枪睡了一晚上，随时准备跟侵略者拼命。

2019 年 3 月，杨卫明（右）与吴跃教授在美国北卡罗来纳大学校园合影留念

追梦路上奋力行

从落后小山村衣衫褴褛的农家娃到如今全国重点大学的年轻教授，从一名普通学生到如今的科研专家，杨卫明一路走来，漫漫征程，不负青春，奋发图强，砥砺前行。

实际上，刚上大学的时候，杨卫明很不适应，和城里来的同学相比，他在各个方面都毫无优势。大学的学习和中学也有很大的差别，他也曾迷茫和困惑。2008 年春天，还因为治疗腰椎间盘突出耽误了很长时间的课程，一度情绪比较低落，开始怀疑自己的未来在哪里。当在失意中感叹世事无常，在病痛中体会人情冷暖时，他也曾问过自己："要独自走过多少的远路，才能成为一个真正的男人？"在那段艰难的日子里，他的爱人走进了他的世界，爱情的滋润和真情实感的鼓励，让他逐渐走出了低谷。由于大学期间学习成绩优秀，2008 年底获得免试推荐研究生的资格，从此他的人生目标逐渐清晰。2009 年本科毕业后顺利成为中国矿业大学物理系一名硕士研究生，攻读凝聚态物理专业的硕士学位。也正是在这个阶段，杨卫明遇到了他的硕士导师刘海顺教授，在刘老师的指导下，杨卫明开始走上了科研道路，生活、学习和工作都步入了正轨。从此，他远离打牌、游戏等娱乐活动，除了科研，对其他事情好像都不怎么感兴趣了。2011 年硕博连读后加入了中科院宁波材料所软磁课题组联合培养，2014 年 6 月份博士毕业后留校任教。2015 年 9 月获得硕士生导师资格，同年 12 月破格晋升副教授，当时的他只有 29 岁；2018 年底获得博士生导师资格，2020 年 12 月晋升教授，时年 34 岁。2018 年 3 月至 2019 年 3 月，他还在美国北卡罗来纳大学（教堂山）吴跃教授课题组访学一年。2022 年 11 月开始担任中国矿业大学力学与工程科学系主任。

他说："人生的起点固然重要，但成长过程中的加速度比起点更重要！"

潜心科研逐浪高

心中有光，脚下有路，梦想终将绽放。"愿得云帆三千尺，屹立潮头续远行"是诗人马致远在《南海归赋》中所写，意为希望拥有高高的云帆，能够永远屹立在波涛汹涌的潮头，继续远航。这是一种远大的向往和壮志，表达了不断追求进步和不断超越自我的意愿。投身科研事业的杨卫明，在筑梦中奋斗，发扬初生牛犊不怕虎的前进精神和迎难而上的担当精神，勇挑科研重担，让奋斗的种子开花结果，让科研梦想走进现实。在科技创新的赛道上，不断求索、登攀，砥砺科技报国之志，逐梦时代浪潮。

研究生期间，他总是待在实验室看文献、做实验、写论文，几乎没有节假日、没有周末。妻子在家生女儿的时候，他还在千里之外的中科院宁波材料所。研究生期间先后荣获研究生特等奖学金、博士研究生国家奖学金、优秀创新博士奖学金、江苏省三好学生、中科院宁波材料所优秀课题生、中国矿业大学优秀毕业生等奖励。

2014 年博士毕业后参加工作，科研与教学工作更是占据了他大部分的时

2015 年，杨卫明在东南大学实验室

间与精力。经常是早上出门的时候孩子还没醒，晚上回家的时候孩子已经睡了。由于工作繁忙，不能尽心照顾家庭，这让他深感愧疚。也正是因为家人对他的理解与支持，使他得以心无旁骛地投入教学与科研工作中。

回望初心，杨卫明从未后悔自己的选择。他说："从某种程度上说，科研生活是苦涩的。但另一方面，科研生活也是快乐的。当实验做出了自己期待的结果，当百思不得其解的问题经过研究豁然开朗，当自己的研究工作得到国内外同行的认可时，那种由衷的快乐和幸福，也许只有真正经历过的人才会懂得。"身为农民的孩子，他始终带着那份骨子里的踏实，发挥着把冷板凳坐热的精神，沉下心来搞研究，在不断的积累与沉淀中取得了丰硕的科研成果。

他的研究领域主要是深部地下空间开发关键材料、应力场磁各向异性检测、3D 打印铁基非晶器件残余应力调控与裂纹抑制等方面的研究工作。其研究成果广泛应用于电力电子器件、航天航空等高科技领域。他和他的团队与多位国内外知名科学家合作，研究揭示了铁基非晶合金低温比热波色峰的物理机制；研究了压应力对铁基非晶合金反常玻璃转变行为的影响；开发出可以在室温下弯曲近 180 度而不断裂的大塑性铁基非晶合金体系。提出了一种高强高韧掘进刀具材料的制备方法；开发出一系列具有优异软磁性能的非晶纳米晶合金；发现了金属玻璃性能遗传性的基因；开发出新型磁性温控非晶合金，可以高效、自动循环降解有机污染物；作为项目骨干参与国家重点研发计

2022 年，世界著名材料科学家、日本学士院院士、日本东北大学前校长井上明久教授（左二）到课题组访问交流

划、国家自然科学基金重点项目、江苏省科技成果转化项目等重大科研项目十余项；获省部级科技进步二等奖、江苏省优秀博士论文、徐州市自然科学论文一等奖、中国矿业大学教学成果一等奖。担任教育部学位论文评审专家、科技部项目评审专家及《先进材料》《自然通讯》《增材制造》等国际顶级期刊审稿人；合作出版教材和专著 3 部，多篇论文入选领域内的热点文章，论著已被国内外同行引用近 2000 次，受邀参加国内外学术会议 20 余次，作邀请报告 10 余次；入选江苏省青年科技人才托举工程、中国矿业大学青年学术带头人、优秀青年骨干教师、"启航计划"培养对象；担任全国磁性材料与器件专家委员会常务委员、江苏省固体力学委员会委员；担任国家自然科学基金通讯评审专家、波兰自然科学基金国际评审专家。

2022 年 10 月，杨卫明作为 Materials Futures（《材料展望》）期刊的封面

人物，接受采访时说："尽管读研以后发现和想象中的科研生活有一些区别，我依然很享受这种不断探索未知世界的过程。当一个百思不得其解的问题得到了解决或者一个关键实验取得进展时，会非常有成就感。我也很享受阅读文献的过程，总是期待能从文献中得到一些问题的答案或者寻得一些启发，也期待看到一些新颖的、有趣的实验结果。"

深耕讲台育桃李

除了科研，杨卫明说，自己还"有幸"成为一名老师，"学高为师，身正为范"的职业精神始终激励着自己。在完成繁重的科研任务的同时积极投身于教学工作之中，把科研与教学有机结合起来，相互促进，同步发展。坚守教学一线，言传身教，播撒智慧，收获富足，培养出一批又一批的优秀学生和科研工作者。

2023年6月，杨卫明（左二）与课题组全体师生合影留念

课堂上，他尽最大努力为学生营造一种自由宽松的学术氛围，以此激发学生的研究兴趣与自主性，同时，他注重随时了解学生的最新研究进展并及时给予指导。至今已培养或协助培养研究生 20 余名；指导国家级、校级大学生科研创新训练计划多项，主持理论力学教改项目、研究生教改项目；他是江苏省力学创新创意大赛特等奖、微论文一等奖指导教师，连续多年在教职工年度考核获得优秀，被评为优秀共产党员、优秀班主任等。

他时常教导学生"做研究要立足国家重大需求，沉下心来，刻苦钻研，只有这样才有可能在国际学术舞台上崭露头角"。问及他在访学美国北卡罗来纳大学期间，有没有被邀请留在美国时，他说："在美国的一年现在回想起来都很难忘，我的导师吴跃教授，为人儒雅、学识渊博，人长得也非常帅，是 1978 年考上北大的高才生。我们经常一起讨论学术、一起散步、一起交流对热点问题的看法，现在回想起来，仍然十分美好。因为我们做的工作比较前沿，也有一些国外的研究组对我们的工作很感兴趣，希望我能到他们那里工作。一方面，钱学森毅然回国报效祖国的事迹从小对我触动就很大；另一方面，我的根在国内。所以我还是选择了回到母校工作，为我们国家的现代化建设尽自己的一份绵薄之力。"

通过多年的努力，他在科研与教学方面都取得了丰硕的成果，积累了丰富的经验，但追求卓越的步伐永不停息，他说，"生活中可以知足常乐，但学问和事业上绝不可以轻懈"。当下的他，一如既往地保持着内心的那份笃定与赤诚，用自己的一腔热血，执着追梦，向更高处登攀，向更远方前行。征程万里，不忘初心。杨卫明表示："当前，正是青年科技报国大有可为的黄金时代。我们一定不辱时代使命，做新时代的奋斗者，勇立潮头、引领创新，让青春在科技报国中绽放绚丽光彩。"

刘
雄

刘雄，男，1980 年出生，府谷县庙沟门人。2002 年毕业于哈尔滨工业大学航天工程与力学系，现任上海航天技术研究院新一代中型运载火箭副总指挥兼项目管理办公室主任，上海宇航系统工程研究所科技委常委。

中国航天运载火箭工程师刘雄

吴来如

亲人眷爱厚植文化根基

1980 年刘雄出生于庙沟门镇后沟门村，小时候家庭条件非常困难，他个子比较小，身体孱弱。为了能让同时上学的姑姑照顾，他 7 岁就开始在附近的沙梁小学上学。一天中，上午在沙梁小学认字读书，下午回到家里做些力所能及的家务，夜晚则在昏暗的煤油灯下写作业。

20 世纪 80 年代的沙梁小学教学条件艰苦，教学设施落后，学生数量不足百人，甚至每个年级都不能有独立的教室。一、三年级的学生在一个教室上课，二、四年级的学生在另一个教室上课。老师先给高年级的同学上课，再给低年级的同学上课，聪明好学的刘雄在一个课堂里听了两个年级的课程，比同年级的同学掌握了更多知识。刘雄虽然生在农村、长在农村、学在农村，但在他的身边有一个良好的学习文化氛围，他的外公曾经担任过民办教师，舅舅和四个姨姨都接受过高等教育，后来有四人从事教育工作，特别是他的舅舅是府谷有名的数学教师。在良好的家庭环境和浓郁的文化氛围影响下，使他自小就养成了热爱读书和刻苦钻研的习惯，阅读了当时颇为稀缺的《三字经》《三国演义》《一千零一夜》《格林童话》等中外名著。

1992 年起，刘雄在姨姨等亲人的悉心关爱和无私帮助下，有机会以借读

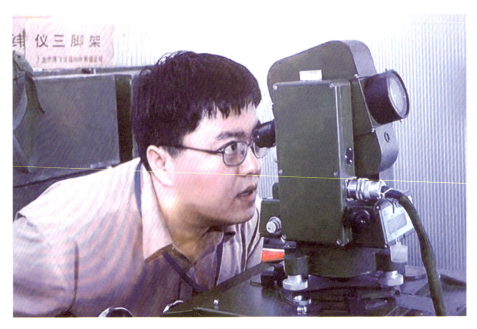

刘雄在发射场

生身份进入府谷二中，接受了更好的教育。那时候二中不能住校，他就吃、住在姨姨家。农村家庭经济条件有限，刘雄的不少学费都是靠亲人们资助。亲人们的努力付出和深深的关爱，激励着他好好读书、努力上进。上初中时，他为了一个单词曾三次叩响英语老师的门。勤奋好学的他参加全国数学竞赛获奖，1995年以优异的成绩考入府谷中学。

府中校风严谨务实，学校师资雄厚，设备优良，建有实验室和电教室，让他和同学们在学习理论知识之余，也有了动手实践的机会。他在高三分班时进入了理科实验班。星光不负赶路人，三年的认真学习，使他以出类拔萃的成绩考入哈尔滨工业大学。

他说："18岁之前的主要任务是学习，因为学习是改变人，特别是农村人命运的最有效出路。"他对生活学习的理解汇通到"悟"这个字上，一是感悟生活中的爱，这更能激发他内心的家族使命感；二是感悟书本中的知识，在悟中学，在学中悟，这让他勤于思考实践，使知识内化于心，外化于行。

逐梦航天投身科学事业

20世纪八九十年代，信息的传播和获取远不及现在便利，除了书本和戏剧里了解的历史人物外，刘雄最敬仰的就是钱学森先生。他被钱学森的传奇人生和不畏艰难困苦、一心报效祖国的精神深深吸引。1998年高考之后，他在舅舅的辅导下填报了哈工大"航天工程与力学系"。据他自己回忆，当时并不清楚这个专业的具体内涵，但他敏锐地感到了"航天工程"必然和国家科学振兴战略有着紧密的联系。迈入学校的大门后，刘雄知道自己如愿以偿了。

哈工大航天工程与力学系所在的航天学院是我国第一个以培养高级航天专门人才和从事航天高技术研究为主的学院，也是国际宇航大学在亚洲唯一常设分校的依托单位。刘雄刚入校门是自豪的、骄傲的，但他慢慢接触同学后才意识到自己所掌握的知识有限，相比南方的同学基础更是薄弱。俗话说得好："不怕有差距，就怕看不到差距"，"不怕慢，单怕站。"他意识到进入大学不是人生的高光时刻，而是学习的新起点。

哈工大的校训是"规格严格、功夫到家"，在这里有铁面无私的"四大名捕"的考试，也有叫学生到办公室讲解知识、习题，直至学生全部理解和做对试卷的仁慈长者；在这里能聆听到国内一流学者和国际顶尖学者的专业讲授，更能聆听到哈工大"八百壮士"亲述爱国奋斗、建功立业的壮举；在这里学到的不仅是专业知识，更是学习如何掌握"终身学习"的本领；在这里他会永远记得校长公开课讲的"做老实人、说老实话、干老实事"，也会永远记得古稀院士2小时国际交流课全程站立翻译的敬业场景……

四年大学生活弹指一挥间，进入毕业季，他因为个人能力突出，在企业校招时就被上海宇航系统工程研究所顺利招录。

刘雄（前排右二）与所在金牌班组合影

任重道远服从国家安排

刘雄入职的是上海航天技术研究院（也称中国航天科技集团有限公司第八研究院）下属的上海宇航系统工程研究所。

上海航天技术研究院是中国运载火箭研制两大基地之一（另一基地是坐落在北京的中国运载火箭技术研究院）。上海宇航系统工程研究所是运载火箭总体设计所，因为刘雄的专业是飞行器设计与工程，他被分配到火箭总体室，从事设计工作。2002年至2007年，刘雄在导师的"传、帮、带"下，在航天"严慎细实"和上海航天技术研究院传家宝"六严"作风的熏陶下，逐渐从一个航天新兵成长为分管某发射任务的总体设计师，其间参与了10次火箭发射任务，成为当时的进场执行任务"专业户"。他亲眼见证了我国首次载人航天神舟五号的发射升空，深切体悟到了国防科技战线工作应该"严肃认真、周到细致、稳妥可靠、万无一失"。

2006 年，我国新一代大型液体捆绑运载火箭（长征五号）立项，上海航天人负责承担助推器研制任务，因组织工作需要，2007 年刘雄从总体室调入了科研管理部门，从事长征五号的项目管理工作。2009 年，我国新一代小型运载火箭（长征六号）立项，上海航天人负责抓总研制，他又加入该火箭的研制团队。航天人的使命是神圣的，同时航天人的工作是系统工程，需要各个岗位通力协作，身边涌现出的可歌可泣感人故事激励着刘雄不畏艰辛、一路前行。火箭发射时工程师的一个小错误可能会带来灾难性后果，同样工人师傅装错一根螺丝钉也会带来致命的后果。每个人的工作对于成功都至关重要，正所谓"失败的项目里没有成功者，成功的项目里没有失败者"，所有参研人员都极度渴望发射成功，所以团队中既会走出国家级技术专家，也会培养出大国工匠，当然更多的是毕生默默无闻的奉献者。

他在这里也领悟到读书成绩好不是唯一的希望。人的才能就像线性代数里的 N 维向量，就像农村里有人耕地水平高，有人砌房技能强，有人生意头脑好，各人要发现所长、发挥所长，在自己擅长的领域发光发热。

随着一个个项目的磨炼和多项目并举的发展需要，根据组织安排，他又从专门负责单个型号的指挥调度转变为协助同事负责多项目的综合管理工作。2011 年起担任科研管理部门副处长，2012 年担任处长。

不忘初心致力天梯构建

2014 年，我国首个多星发射上面级——远征三号（又称"太空巴士"）启动立项，上海航天人再次勇担重任，2015 年院里根据任务需要专门组建了各型号项目管理办公室。刘雄有幸被选派兼任远征三号上面级项目管理办公室主任，后由集团公司下发型号副总指挥任命文件。远征三号上面级是介于

刘雄在野外考察

卫星与火箭之间的一种灵活、快速、多用途轨道运输工具，在轨飞行时间要求不小于 48 小时，这对于他来讲既熟悉又陌生。为了更好地胜任工作，刘雄一方面加强航天专业知识学习，另一方面则报考了天津大学项目管理专业的在职研究生。通过三年多的努力，他在 2018 年初取得了天津大学的管理学硕士毕业证书，远征三号上面级在 2018 年底也成功将两组卫星送入高度相差500 多公里的不同轨道，成为名副其实的中国"太空巴士"，其间上面级也获得第十八届中国国际工业博览会创新奖和第二十一届中国国际工业博览会特别荣誉奖。刘雄个人也收获国防科学技术进步二等奖和集团公司科学技术进步一等奖，并被集团公司评为宇航型号科研生产工作先进个人。

2020 年初，随着我国商业航天的蓬勃发展，为支撑航天强国建设，上海航天人再次对标国际先进水平、组织开展我国新一代中型运载火箭的研制工作。刘雄加入了这个全新的团队，担任型号副总指挥兼项目管理办公室主任，同年该型火箭以其突出的技术创新斩获第二十二届中国国际工业博览会特别荣誉奖。截至 2023 年，研制团队在新时代探月精神、北斗精神的指引下奋力拼搏，火箭已经进入冲刺大考的关键时刻，刘雄期待来年再下一城。

刘雄对人生、事业、社会也进行着不断的观察、思考，形成了自己独到的认识和体会。他认为，在今天这样一个多元化的社会中，每个人都有自己的个性和追求；每一个人所从事的工作和事业是不一样的，但都是平等的。

在他看来，在今天这样一个较为宽松的发展环境中，每一个人都应该为自己的事业和理想努力拼搏，为国家的建设和社会发展尽一份力。特别是那些在特殊行业和岗位上的工作者，应有一种"功成不必在我"的精神境界和"功成一定有我"的历史担当，要永葆初心、心存高远、脚踏实地，要坚守自己的岗位、做新时代永不生锈的螺丝钉。

杨振华

杨振华，男，生于1984年，府谷县三道沟人。中共党员，医学博士，上海中医药大学附属龙华医院（国家中医临床研究基地）副主任医师，在中西医结合治疗消化病方面颇有名气。目前他担任上海中西医结合学会消化内镜专业委员会青年学组主任委员等。

一片仁心济苍生

——记中西医结合消化病专家杨振华

石锐杰

在上海中医药大学附属龙华医院里，有一位身材高大、精力充沛、目光敏锐、神情专注的年轻专家，他每天小心翼翼地探查、处置着复杂多样的病情，摆渡着一个个患者的命运，他就是消化科医生杨振华。

出身贫寒　志从高远

1984 年的陕北还是一派贫穷落后的景象，这一年杨振华出生在三道沟乡张明沟村。那是一个偏僻的小山村，沟壑纵横，土瘠人贫，祖辈都是地地道道的农民。振华的父母吃苦耐劳，正直厚道。他们文化水平不高，却非常重视子女的教育，为了能让两个孩子获得更好的教育资源，他们把家迁到府谷县城，通过体力劳动艰难地支撑着生活，供养着孩子上学。刚上小学时由于没有县城户口，父母每学期开学都要为孩子缴纳几百元的借读费。杨振华和姐姐每次看到这一幕，心里都有说不出的滋味。姐弟俩从小就很懂事，在学习上一直名列前茅，从来没有让父母操心过。父母良好的教育让杨振华从小就树立了远大的理想，立志要做对国家社会有用的科学家。

2000 年 7 月，杨振华以优异的成绩被府谷中学高中示范班提前录取。高

1989 年，杨振华童年时的全家福

中三年的学习成绩一直比较优秀，而且他在思想上积极要求进步，表现突出。2003 年 4 月 18 日，杨振华迎来了自己人生中难忘的一天，他光荣地加入了中国共产党。但是 2003 年的高考却遭遇了滑铁卢，没有考上自己心仪的大学。

多年的努力换来了一个令人沮丧的结果，他被录取到承德医学院中西医结合专业。杨振华心情一度低落，他想选择复读，但是父母让他出去走走再作决定。父亲陪着他来到了承德医学院，那里深厚的历史文化、浓郁的学术氛围、美丽的校园风光、较强的师资力量让杨振华怦然心动。这时父亲的一席话又像一缕春风驱散了他心中的阴霾："人生不是一帆风顺的，高考并不能决定人生的终点，只要自己踏实进取，一步一个脚印，选择什么样的人生都能成功！"

投身医学　任重道远

2003 年 9 月初，杨振华拿着新生录取通知书，来到承德医学院报到，正式开启了他艰辛的学医之路。"健康所系，性命相托，我决心竭尽全力除人类之病痛助健康之完美！"医学生入学誓词让他内心充满激情与力量。不久他对博大精深的医学产生了兴趣，他发现医学是他喜爱的专业，学医是他无悔的选择。他开始全身心地投入新的学习生活中。

第一学期期末考试后，系主任韩素华老师像伯乐发现了千里马，当着全班同学的面说："杨振华同学不怕吃苦，善于思考，胆大心细，动手能力极强，是个难得的医学人才！"

在大学五年的学医之路上，杨振华乐观向上、勤奋刻苦，不仅学习成绩名列前茅，而且综合素质也得到了锻炼和提高。在大学期间他先后担任系体育部部长、学生会主席等职。

功夫不负有心人。2008 年杨振华以初试、复试第一名的成绩被上海中医药大学研究生院录取，师从上海著名的中西医结合消化内镜专家殷泙教授。

三年的研究生学习是十分忙碌辛苦的，不仅要进一步学习更深的医学理论知识，而且要在三甲医院各个科室进行轮转。杨振华一向做人厚道，做事踏实肯干，这些优点使得他的临床技能水平得到了很大的提高，而且很早就完成了自己硕士毕业的课题。2011 年 6 月他以优异的成绩毕业于上海中医药大学，取得医学硕士学位。研究生期间的出色表现以及导师的推荐，使他顺利地留在了上海中医药大学附属龙华医院工作。

上海中医药大学附属龙华医院，是全国最早建立的四大中医临床基地之一，坚持中西医结合的道路，已成为集医疗、教学、科研为一体、中医特色鲜明、优势突出的全国著名中医医院，是上海市三级甲等医院、全国示范中医医院。在这样的大医院里，个个都是精英，个个都是高层次的人才。杨振华丝毫不敢放松对自己的要求，他知道人体是一个十分复杂的系统，同样的

方法、同样的药物，有的人药到病除，有的人可能发生险情。生命的复杂性和医学的风险性，决定了医生不仅要有渊博的知识、精湛的技术，还必须时刻保持清醒的头脑、谨慎的态度。他还需要不断的学习和长久的打磨，才能胜任这份工作。

他怀着对生命的敬畏与尊重，踏着龙华医院紧张的节奏，严谨细致地诊治病情，耐心周到地照顾每一个病人。他经常顾不上吃饭，有时连续几天不能休息。一年后被评为"上海市优秀住院医师"。面对来之不易的荣誉，杨振华并没有满足。"医海无涯，学无止境"，一年来的工作实践使他清晰地认识

2020 年，杨振华顺利取得医学博士学位（毕业照）

到学医是一项终生的事业，作为一名医生，医学和医德永无止境。他暗下决心决定继续攻读医学博士学位。

杨振华开始白天上班，晚上挑灯夜读，积极备战考博，这时一场灾难悄然而至，猝不及防。他的父亲病重住院，被确诊为淋巴瘤晚期。杨振华奔走于上海大医院之间求助有关科室的名医，希望能从死神手中夺回父亲的生命，但是无情的现实告诉他，没有这种可能。2016 年春，最爱他的父亲带着无限的眷恋永远离开了他。父亲的不幸去世对于从事医学工作的杨振华来说，无疑是个沉重的打击。一度时间，无论他走到哪里，眼前都是父亲的影子，悲伤与思念笼罩着他，折磨着他……

安葬完父亲，杨振华站在父亲墓前默默地许了个愿：一定要努力提高自己的医疗水平，挽救更多的生命！

回到上海，他更加坚定、更加迫切地想攻读博士学位。强大的意志力和坚持不懈的努力换来的必然是成功。2017 年杨振华再次以优秀的成绩考入上海中医药大学攻读医学博士学位，师从上海中医药大学校长、国家中医药岐黄学者季光教授。2020 年又以上海中医药大学优秀毕业生的身份顺利完成博士论文答辩，取得医学博士学位。道阻且长，行则将至，他一步一个脚印向自己理想的人生巅峰迈进。

一颗仁心　情系苍生

杨振华在消化领域内不断探索，精益求精。工作日里，他每天上午要完成 20 多台胃肠镜的诊疗工作，包括胃肠镜的精度筛查以及消化道早癌的内镜微创切除手术等。下午赶去专家门诊接诊来自全国各地的患者。他对患者一视同仁，仔细了解他们的病情，详细记录每一位患者的发病时间、原因、诊断情况等，为了能够准确地判断病情，制定合理的治疗方案，他常常像个认真听课的小学生，对一些蛛丝马迹都不放过。随着临床工作经验的积累，杨

2022 年 5 月，患者给杨振华（右）赠送锦旗

振华发现消化道很多慢性疾病，如慢性萎缩性胃炎、炎症性肠病及胃食管反流病等单用西药效果并不好，利用中医药治疗往往能取得意想不到的效果。因此在临床实践中杨振华坚持中西医结合的治疗思路，使得许多疑难杂症病人恢复健康。

2023 年 3 月，一位 70 多岁的老母亲在女儿的陪同下，不远千里从沂蒙山区赶来就诊。老人 40 岁时就患上严重的胃食管反流病，经常烧心、反酸，伴有夜间的刺激性咳嗽，严重时不能平卧。疾病导致老人进食减少，睡眠质量差。就诊时老人面容憔悴，两眼无神，表情痛苦，体重只有 90 斤。30 年来当地医生只通过西药控制老人的症状，疗效甚微。第一次来到上海的大医院就诊，老人显得焦虑不安。杨振华没有开门见山询问病情，而是另辟蹊径和老人谈起了沂蒙山区的饮食习惯及山东人豪爽的性格，看到老人逐渐放松，他才一边把脉一边询问了病情以及过去的治疗过程。就诊结束后母女俩带了半个月的中药回去了。半个月后老人病情明显改善，体重增了5斤。接着女儿代替母亲来上海就诊，经过了解，杨振华胸有成竹地开了一张处方，让她回去在当地配药煎服。2023年5月，老人再次出现在杨振华的专家门诊时，面带笑容，手里提了两袋煎饼，感动地说："谢谢杨医生治好了我30年的老胃病，我给你带来了亲手做的煎饼。"

能为老百姓解除疾苦，杨振华感到莫大的荣幸。他用中药治愈了许多疑难病症，赢得了患者的高度信任，为此许多外地患者纷纷慕名而来找他看病。

杨振华在研究生时期就熟练掌握了胃肠镜的操作技术，曾经师从世界著名内镜教授、日本国立癌中心傅光毅教授。消化道肿瘤的发病率越来越高，利用消化内镜对消化道早期肿瘤进行内镜下的切除是目前消化内镜领域越来越主流的治疗方式，杨振华在上海龙华医院较早地使用了这一新技术。

2017年，杨振华代表科室参加香港国际消化内镜研讨会，与来自世界各国消化病专家进行学术交流。2019年，杨振华率先在医院开展了食管胃底静脉曲张的内镜治疗。从参加工作至今，杨振华已经完成胃肠镜手术操作近8万例，为数万名患者挽救了生命。

一天，杨振华突然接到院办的电话，说收到了一封上海信访办转来的表扬信。看完后他才想起几年前的一件事：

一位70多岁的上海女性患者，因为右下腹反复疼痛，先后去了上海多家知名医院就诊，医生建议肠镜检查，由于患者年轻时做过剖宫产手术、胆囊切除手术，肠道粘连，肠镜检查时因剧痛难忍而均以失败告终。经朋友介绍，患者抱着试一试的态度来找杨振华再做一次肠镜检查。杨振华没有拒绝，在没有麻醉的情况下，经过20多分钟的仔细操作，终于将内镜抵达回盲部，在患者右半结肠中发现了肿瘤。得知病情后，患者用无助的眼神一直看着他，希望能提供帮助。他给这位患者介绍了最好的外科医生。尽管手术做得很成功，但是对于70多岁的老人来说，化疗是一件非常痛苦的事。经过多次化疗后老人身体很憔悴，头发都掉光了。一天老人拖着疲惫的身躯来到门诊，对杨振华说："杨医生，谢谢你对我的帮助，但是我的病情我知道，我不想活了，想把钱留给老伴，不知道你们医院可否给我提供安乐死？"面对绝望的病人，杨振华一阵刺痛，他忽然感觉到医生的使命不仅仅是治病救人，除了医治好患者的躯体，还应守护好患者的心理，不让病魔吞噬了他们的意志。

他非常贴心地和老人聊天，帮助老人分析病情，分享一些同类患者治愈出院、恢复健康的案例；同时介绍中草药的奇特疗效。在他的耐心开导下，老人同意了让他同时进行中医药治疗的方案。在他的精心医治下，老人后续化疗过程中再没有严重的不良反应，所有化疗顺利完成。老人出院后专门找到杨振华，流着眼泪说："您是我遇到过的最好的医生，我们老两口给您鞠一躬吧！"那一刻杨振华感到非常欣慰。

杨振华的专家门诊每天都要接诊慕名而来的外地患者，为了跟踪病案，减少患者不必要的往返，他通过互联网建立了"杨医生患者交流群"，人数达到1000多。他每周都会抽出时间回答群里患者提出的问题，同时对疾病的预防、治疗、用药及日常饮食的调护进行科普宣讲，获得了患者的一致好评。

杨振华在学术领域日益精进，先后在国内外核心期刊发表论文数十篇，其中SCI文章8篇；参与编写了《消化内镜工程技术与临床应用》和《消化道早癌内镜形态学》等专著。目前他担任上海中西医结合学会消化内镜专业委员会青年学组主任委员；中国中西医结合学会消化内镜专业委员会青年委员；中国中西医结合学会消化内镜专业委员会大肠早癌学组青年委员；中国中西医结合学会消化内镜专业委员会食管胃底静脉曲张学组青年委员；第九届上海市医学会消化内镜分会ESD学组委员；上海市医学会食管静脉曲张委员会委员。

不忘初心　砥砺前行

2020 年新冠病毒肆虐全球，国内疫情形势十分严峻。杨振华主动报名去疫情防控第一线工作，这是一场没有硝烟的战斗，他每天穿着密不透风的防护服，进行查房、诊断、治疗，行走在极其危险的边缘。他在医院疫情防控工作中一丝不苟，吃苦耐劳，累计志愿服务达 120 小时，他所负责的病区内实现了医护零感染，被上海中医药大学附属龙华医院评为抗疫先进个人。在中国共产

2021 年 3 月，杨振华为新冠病毒感染患者做胃镜检查

党成立 100 周年庆典大会上，杨振华被上海中医药大学附属龙华医院评为优秀共产党员、优秀党小组长。

杨振华走出家乡已近 20 年，他作为新上海人，沐浴着大都市独特而又迷人的风情，享受着来自世界各地多元文化的滋养，但是他从来没有忘记自己是一名地地道道的府谷人，没有忘记那片生他养他的黄土地和那个小山村。他带着与生俱来的热情耿直，敦厚朴实，吃苦耐劳，坚忍执着，躬耕于他深爱的医学事业中。他的血脉中跳动着一颗赤子之心，就像黄河母亲激荡的春潮，汹涌澎湃，生生不息，勇敢决绝地向着更遥远的目标奔腾而去。

胡奇

胡奇，男，汉族，1983年生，陕西省府谷县墙头人，北京大学医学部药物化学硕士，清华大学生物学博士，曾在美国加州大学旧金山分校进行博士后研究。西湖大学研究员，博士生导师。

胡奇的求学之旅

郝先锋

从府谷墙头农业园区到西湖大学，空间距离不到 2000 公里，但是胡奇却走了整整 24 年。

2023 年暑假，他与妻子携两个孩子从浙江杭州回府谷看望父母亲。其间，他还特意带孩子参观了府州古城。抚今追昔，他一边参观，一边向孩子们讲述这座古城的历史，以及他曾经在这座县城读书学习的过往。

他想让自己的孩子对故乡多一些了解和认识，因为他们毕竟不是长期生活在这里，故乡在孩子们的记忆中更多地停留在他零星的讲述中。他也想让孩子了解他的过去，特别是他在怎样的环境和条件下一步一步地走出大山。

他的求学经历与感受对于年幼的孩子，显然无法有更多的体会。但是对他而言，却是一个充满了奋斗的艰辛和不断追求自我的过程。

一

胡奇 1983 年出生于府谷县墙头乡，那时的墙头各方面条件远没有现在好。他父母主要靠种地维持一家人的生计与开销。像许多父母一样，他们希望通过全力支持孩子读书学习，让孩子有一个美好的未来，从而改变家庭的处境。

胡奇在当地读完小学并继续在这里读初中，在他初中读到中途的时候，他父母希望他能够接受更好的教育，以便能够顺利地考入当时颇有影响的府谷中学，于是在征求他同意的情况下，将他转学到位于府谷县城的同心路初级中学。

同心路初级中学是 1995 年由府谷本地人李厚林先生所创建，在府谷教育史上曾留下辉煌的一页。彼时的同心路学校尚处于起步发展阶段，但是学校当时整体上所显示出的教育雄心、严格的教学管理和良好的学风让他受益匪浅。

由于离家较远，他只能选择住宿。周末节假日他也很少选择回家，一则由于当时县城到墙头交通条件并不好，客车要绕行较远的路程，再则是他想节约开销。这样也使得他有了更多的时间进行学习。在学校里，各项生活事务都要靠他自己完成，这锻炼了他的独立生活能力。

同心路学校一年多的住宿学习经历对他而言是比较艰苦的：在生活方面，最初半年吃的主要是山药焖饭，直到周末的时候才能吃到还算不错的白菜豆腐汤；在学习方面，学校对于学生的管理比较严格，学习任务重，学生们早起晚睡，每天的时间都安排得非常紧凑。

他有一个明确而现实的目标，即以全校第一的成绩获得学校全年学费的免除，他实现了这一目标。如果说这个阶段他有什么突出的表现和收获，那就是他以自己学习上的努力和取得的成绩逐步树立起了自信，并养成了钻研和思考的习惯，对数理化表现出浓厚的兴趣，因此他在高中文理分科时，毅然选择了理科。

胡奇在同心路学校的优异表现也引起了校长李厚林先生的关注，在生活学习方面给了他许多鼓励和帮助。特别是他后来在北大医学部六年学习期间，李厚林先生每年都无偿资助他 4000 元，这对胡奇而言是最为感激和终生难忘的。

二

初中毕业前胡奇参加了省级奥林匹克竞赛并获奖，这对他而言是一次难得的机遇，因为按照当时的政策，一个初中生在省级奥林匹克竞赛中获奖，便有机会自由选择参加西安五所中学的考试，并有机会被录取。

胡奇获得了成功，他成为西安铁一中学的一名高中生。

这样的结果远远超出了他曾经确立的要上府谷中学的目标，不管是对于他个人，还是对其家庭以及对他寄予极大希望的老师而言，都是莫大的荣誉。但是他的兴奋和身边人的赞誉所带给他的良好感觉，在他进入西安铁一中学后被极大的心理冲击和压力所取代，这促使他沉下心来学习，以便更好地应对挑战。

西安铁一中学带给他的心理冲击和压力，首先还不是来自对异地生活的不适应，而是来自周围同学的博学和独到的学习、分析问题的视角和方法。胡奇清楚地记得，一次上课，有一位同学向老师所提出的问题是他从未思考过的，并且他连问题也理解不了。其次，城市同学的消费水平，也让他这样一个自幼在农村长大、第一次到省城读书的学生，真切地感受到一种差距。

胡奇并没有在这种压力下气馁和丧失自信，而是认真思考自身的不足，寻求进步的方法。许多个夜晚，在西安铁一中学的宿舍中，他躺在床上望着窗外的夜色，想到了远在数百公里之外的故乡和父母。他在发问，自己何以来此求学？其目的何在？他在这样的不断追问中获得了前进的动力，内心变得更加笃定。

他把在学习和生活中遇到的挑战分解成一个个小目标努力加以实现。事实证明，这种方法对他是非常有效的。他凭借以往打下的扎实的基础和自身的努力，终于在学习上获得了老师和同学的肯定。在这个过程中，他也得到了老师和同学的帮助和关心。有一次在他不知情的情况下，他的语文老师就自己花钱为他订阅了学习资料。

2002年胡奇从西安铁一中学顺利毕业，考入北京大学医学部药学专业，本硕连读，他要在这里进行六年的深造。

三

胡奇后来坦言，自己被北大医学部药学专业录取并不是他的初衷，他的理想专业是数学。但是既然已成现实，他只能面对。

进入北大医学部真正接触药学专业之后，他发现自己对这个专业并不排斥，反而在学习过程中找到了更多的乐趣。

这一心路历程使他对于"兴趣"这个词有了新的认知。他认为一个人对于某方面的兴趣并不一定是天生的，而是当他真正接触之后所产生的一种偏好，也就是说兴趣是可以培养的。

药学专业对许多人士来说是陌生的，胡奇将其学习内容简单概括为两个方面：一是学习认知人体健康状态与非健康状态的区别与表现，以及造成这种区别的原因；二是寻求科学干预的手段与方法。

北大医学部六年的学习，胡奇最深刻的体会是，要想在专业领域做得好、走得远，自己所欠缺的知识还很多。药学专业的学习范围涉及生物学、医学、化学等领域，对生物学知识的掌握和领会尤为重要。因此他在硕士毕业后毅然选择到清华大学生命科学学院做科研助理，积累生物研究的知识和经验，为他进入清华读博做准备。

两年后他如愿成为清华大学生物学专业的博士生。

之后的四年中，他重点在于研究和掌握"细胞凋亡"的机理。在这个过程中他得到两个方面的训练，即从生物学的角度了解和认识疾病的产生机制，以及对基础研究思路和方法的掌握。

此时他对自己所要研究的重点和未来的职业发展方向已非常明确了。但是他也意识到要想开展药学专业领域的研究，特别是要领导一个实验室，需要有博士后的工作经历。于是他在2015年选择赴美国加州大学旧金山分校从事相关的研究和训练。

选择到美国深造，这是他日渐清晰的目标。他觉得这有助于提升专业研

胡奇与研究生进行学术交流

究能力和水平，尤其是他也想体验和感受域外的学术文化氛围、探求不同的研究思路和方法，从而激发灵感，避免和克服长期在同一文化氛围中学习研究可能带来的思维固化的风险。

在美国加州大学旧金山分校四年的学习研究经历，给他的突出印象是，这里科研的软硬件建设与国内不相上下，但是专业研究的思路和方法还是有很大不同，研究团队内部及团队之间的交流探讨非常频繁而深入。在这里他对于基础研究方法和药物研发的相关知识及实践有了更多不一样的领悟和掌握。

四

在美国学成归国后，胡奇在择业方面有好几个选择，但是他最终还是选择了西湖大学。

他说之所以选择西湖大学，主要是因为西湖大学的学术研究条件在国内研究型大学中是领先的，而且学科研究经费有保障，待遇也不错。另外，西湖大学是一所社会力量创办的新型研究型大学，学校把管理和教学、科研的制度设计最终导向教学及研究成果的取得，学术研究方面十分宽松自由。当然校长施一公先生是他在清华读博士时的导师，彼此建立了较为深厚的师生关系，也是他选择西湖大学的原因之一。

在西湖大学，他从事的主要是科研和学生培养。在科研方面，他主要致力于小分子药物研发和基础研究，目前针对的是抗肿瘤药物研发和抗新冠病毒的药物研发。在学生培养方面，他主要是指导研究生开展科研工作。他注重使学生养成严谨、专注的研究习惯，也非常看重学生的批判性思维能力和受挫能力。在他看来，受挫力是一个研究者要具备的素养，因为研究本身不一定总是成功的，而关键是要在研究过程中锲而不舍地去攻克每一个难关，总结研究的经验和不足。

从 2019 年至今，他在西湖大学已经走过了四个年头，对于这座坐落在美丽的杭州西湖区的高等学府，他是满意的。他认为自己找到了安身立命和实现自己学术理想的平台。

回顾自己的求学历程，他觉得自己从陕北黄河边的一个小山村走出，进北大清华读书，赴美国留学，最终落脚西湖大学，这是一个充满了奋斗的艰辛、不断挑战自我、寻求各种可能，且又收获着奋斗的快乐和成功的喜悦的过程。在这个过程中机遇和挑战并存，他更是在不同阶段获得家庭和师友们的诸多支持和帮助，这是他最为感念的地方。

胡奇是一个由普通家庭出身的孩子凭借自身的努力和聪明才智实现身份跨越的成功者。在他的思维中，既有的成绩只不过是为他未来发展所做的准备。他要把更多的精力投入学术理想的实现和对学生的培养上，从而为推动国家社会的进步，增进人类的福祉尽自己的一分力，以不负一路的付出。

华南地区

苏秉华

苏秉华，男，1962年出生，府谷县府谷镇人。北京理工大学光学工程博士学位，教授，北京理工大学珠海学院信息学院院长，澳门城市大学博士生导师，出版个人专著3本。

电子信息技术创新与教育的探索者

林佳绚　　陈淑芬

"守教育初心、担筑梦使命，言为上则、行为世范"，这是他的人生信条。他35载如一日潜心教学和科研，把自己所有的时间和精力倾注到每一个学生身上和电子信息技术的创新发展中。他以严谨务实的研究精神，紧随行业和产业的发展步伐，不断探索电子信息技术前沿和创新人才的培养之路。深耕不辍，一次次带领团队创造出不平凡的成绩，一次次实现零的突破。

他就是北京理工大学、北京理工大学珠海学院教授，北京理工大学珠海信息学院院长，电子信息技术创新与教育的探索者与践行者苏秉华。

朝乾夕惕　功不唐捐

苏秉华1962年出生于陕西府谷，从小闻三省鸡鸣、听黄河波涛，勤思好学，成绩优异，是同龄人中的佼佼者。1974年，他入读府谷中学，度过了青涩且难忘的中学生活，尽管那是个半工半读、又红又专的年代，但少年求知的渴望并未因此受到影响。除了课堂知识，苏秉华还尤其喜爱课外读物和社会实践，许多革命英烈的故事也时时感染着他。

动荡年代的平凡孩子如何实现人生的华丽转身？对苏秉华来说，是读书，通过知识掌握命运的主导权。

1977 年，停了 10 年的高考终于恢复了，少年苏秉华倍感兴奋，开始了紧锣密鼓的备考生活。在缺乏复习资料的情况下，他用尽一切办法学习和研究自己所能接触到的知识，向师长借阅相关书籍，或者与同学传阅自印的资料。16 岁的他抱负不凡，从全国 610 万名高考考生中脱颖而出，1978 年顺利被西安工业大学军用光学（光学测量）专业录取，这成功点亮了他的军工报国梦。

步入人人孜孜求学的大学殿堂，苏秉华感受到浓郁的学习和竞争氛围，自习室里一座难求，每日下课后需得步履匆匆，才能占有一个席位。毕业时，同窗好友在同学录上为他画下了一串长长的脚印，这是大家对他最直观的印象。朝乾夕惕，功不唐捐。本科毕业之后，苏秉华被分配到兵器工业部 051 基地（现中国兵器工业试验测试研究院）担任助理工程师，富有挑战性的工作让苏秉华萌生了继续深造的念头，压力和动力驱使着他步履不停。为了掌握更多的知识，具备更强的本领，苏秉华于 1985 年进入北京理工大学攻读硕士研究生，1988 年获得光学仪器硕士学位；2002 年获得北京理工大学光学工程博士学位。

不吝微芒　造炬成阳

1988 年，硕士毕业后，站在人生岔路口的苏秉华不由思考：改革开放的春风已经吹起，电子信息科技产业正蓬勃发展，怎样才能为这个行业添砖加瓦？答案呼之欲出：投身教育事业，培养出更多热爱电子信息技术的青年人才。当时国家高等教育事业正处于发展壮大阶段，教师资源极度匮乏，信息化时代的巨轮已经启动，国际上信息技术更新迭代迅猛，社会对电子信息技术人才的需求大增。35 年来，他先后在西安工业大学、北京理工大学和北京理工大学珠海学院任教，一直从事光电信息技术的科学研究和人才培养工作。多年沉淀，从一名普通讲师慢慢成长为学识渊博的教授，所教授的学生，从

苏秉华在做学术报告

本科层次覆盖到博士层次，目前已顺利培养指导了硕士研究生和博士研究生50余人。

　　不论身在何处，他始终践行一名普通人民教师的使命担当，坚持学用相长、知行合一。2006年，在任职北京理工大学珠海学院信息学院院长之后，更是星夜兼程，发光发热，打造了独具特色的创新和应用型人才培养体系，领导和建设国家级和省级质量工程项目20余项。在他的领导下，创建了广东省重点实验室、广东省协同育人平台、广东省实验教学示范中心等重大平台，打造了多个省级创新技术团队、省级教学团队。作为专业负责人，领导电子科学与技术专业获批为国家级一流本科专业；领导信息工程、自动化两个专业获批为广东省一流本科专业；领导通信与信息系统获批为省重点学科；领导电子科学与技术、自动化两个专业获国际工程教育认证。

通过协同育人、产教融合，探索双力驱动的人才培养模式，从人才培养的"课堂"延伸到企业一线，大大提升了学生动手实践能力，实现与企业无缝对接，毕业生深受用人单位青睐。重视学生创新实践能力的培养，所领导的学生创新实践团队"毅恒团队"获"广东省明星团队"称号；带领学生在全国大学生电子设计竞赛、全国机器人大赛、全国计算机博弈大赛、美国大学生数学建模等高水平赛事中获国家级以上学科竞赛奖数百项。重视学生创业工作，鼓励学生走"创新创业融合发展，创新带动创业"的特色道路，扶持了一批杰出校友企业，创业氛围浓厚。

匠心育人，硕果累累，苏秉华本人则先后获得"珠海市先进教师"、广东省"南粤优秀教育工作者"等荣誉称号。2018年，由他主导的"产教融合、协同创新双力驱动电子信息类'3+X'应用型人才培养模式探索与实践"获广东省教育教学成果奖二等奖（排名第一）。斐然的成绩为苏秉华教师生涯留下浓墨重彩的一笔。

青衿之志　白首方坚

作为北理工光学工程研究团队的一员，苏秉华受国内光电信息专家周立伟院士、倪国强教授的影响，长期在光电成像及信息处理、激光与光电子技术、机器视觉等领域深耕。主持和参与国家863项目、国家重大科技基础设施建设项目、省级重大专项等其他基金项目20余项。若干技术和攻关项目已取得突破性成果；发表论文70余篇（其中被SCI和EI收录40余篇），申请及授权专利30余项。担任中国仪器仪表学会光机电技术与系统集成分会理事会常务理事、中国光学学会光电技术专业委员会委员、中国兵工学会光学专业委员会委员、广东省本科高校电子信息类专业教学指导委员会委员、广东省本科高校创新创业教育教学指导委员会委员、中国能源研究会能源供给与绿色消费专业委

苏秉华（中）在实验室进行实验

员会委员、广东省科技特派员等社会职务。

　　超分辨率图像处理技术是电子信息领域一项变革性技术，多年来，苏秉华致力于超分辨率图像处理技术的研究，提出了"基于 Markov 约束的 Poisson-ML 和 Poisson-MAP 超分辨率图像复原"等几种具有创新性的超分辨率图像复原算法，目前已应用于高速目标的大视场高分辨率、航空遥感等测量中。在此基础上，他又继续开展了基于视频图像的超分辨率图像复原技术研究，提出了"基于小波变换的视频图像超分辨率图像复原方法"，通过片上系统实现图像的实时处理，为超分辨率图像复原技术的广泛应用奠定了基础。这项技术已应用于知名品牌激光打印机芯片研发中，取得了很好的经济效益。

　　瞄准军民融合技术的激光器关键技术及其产业化的发展，研制出 1064nm 连续功率 12W 光纤激光器以及 532nm 连续功率 8W 光纤激光器，该激光器具有体积小、重量轻的特点，能实现在 − 40 ～ 60℃的极端环境下连续工作。

　　着眼机器视觉及应用关键技术的研究，以光学、计算机视觉和人工智能等技术相结合，研发了智能渔业系统。该系统可以实现高清晰度的水下成像，实时观察记录鱼类生长情况，同时可以获取养殖环境的温度、氧含量、盐度、浊度等数据。该系统结合了渔业养殖经验及大数据分析，可以向养殖户提供预警和科学养殖指导，该技术为智能海洋牧场的发展提供了完整的解决方案。

　　致力光学检测及应用关键技术的研究，重点解决了小型镜头的 MTF 快速、精确检测等关键技术问题，采用自主知识产权的结构设计、测量算法与软件，可实现光学镜头的 MTF 高精度、高重复度、快速测量，填补了该仪器的国家空白。

　　聚焦北斗导航系统在精准农业生产中的研究与应用，搭建了果业智慧化农业物联网大数据系统，通过物联网系统、北斗导航、5G 通信等技术进行智能化果业栽培，利用携带高清摄像头和高光谱摄像头的无人机、机器人进行多方位、多角度的立体化信息采集，通过图像识别与光谱分析技术，实时辨别果实的成熟度与病虫害等问题。基于大量收集作物产量、虫害等方面的数据，形成大规模数据库，实现了果树的精准栽培与高效的过程监控，形成了一套全方位的农作物生产与管理系统。

　　当下，乳腺癌已然成为全球女性因癌死因首位，因缺乏早期检测手段，绝大多数病患确诊时已是中晚期。针对这一现象，苏秉华提出了一种基于光谱大数据智能化乳腺疾病筛查预测技术，通过灵敏度极高的光谱仪采集生理信号，结合患者医疗健康数据与机器学习等手段进行处理和分析，达到预测诊断的目的。此方法具有非侵入性、无害等特点，填补了乳腺疾病早期无创筛查的空白，为广大女性创造了福音。

　　2022 年，广东省"天临空地海"复杂环境智能探测重点实验室正式获批，苏秉华作为实验室主任及珠海市光电信息技术与应用协同创新中心主任。依托校本部的优质资源及珠海得天独厚的地理优势，开展智能感知与探测技术、空间异构通信与协同组网技术、无人集群协同控制技术与智能管理体系等方向的研究，构建了一个"天临空地海"全方位多层次立体化海洋环境监测平台，有望大幅度提升海洋环境立体监测和防灾减灾能力。

浩渺行无极，扬帆但信风。不论是求知、执教还是科研，苏秉华的步履从未停止，始终活跃的创新因子、不忘初心的使命担当、一往无前的激情毅力，一次次让梦想照进现实。

作者简介：

林佳绚，女，1991年8月生。广东揭阳人，硕士研究生学历，中共党员。现任北京理工大学珠海学院信息学院辅导员、政工师。

陈淑芬，女，1991年7月生。广东揭阳人，硕士研究生学历，中共党员。现任北京理工大学珠海学院信息学院人事专员。

赵
媛

赵媛，女，1984年8月出生，府谷县哈镇人。中共党员，海南省文化艺术学校声乐老师，抒情女高音，国家二级演员，中国音乐家协会会员，海南省音乐家协会副主席兼秘书长，海南大学艺术学院校外硕士生导师，海南师范大学音乐学院外聘老师。

音乐路上的逐梦者

张党旗

小荷才露尖尖角

赵媛成长在一个艺术氛围浓厚的家庭里，从小在奶奶和姑姑的熏陶下非常喜欢唱歌。每当家里来客人，她总要唱上几首歌给客人听。上学时，每逢"六一"儿童节、元旦，学校举办文艺活动她总是第一个报名参加。场地布置、彩排演出，同学们总能见到她的身影，在老师和同学心里她就是"歌唱家"，大家给她取了个绰号叫"百灵鸟"。

12岁那年，在一次家庭生日聚会上，赵媛给家人们唱了一首《父老乡亲》，歌声婉转，悦耳动听，在场的人无不赞叹，都说她天生一副好嗓子。她的姑夫郭侯绪（时任府谷县文化馆馆长）非常赏识她的音乐天赋，推荐她去榆林市文化艺术学校学习。在学校三年里，她每天晚睡早起苦练基本功，并且积极主动地参加学校的各类文艺活动，在舞台上初露头角，开始走上了自己挚爱的音乐艺术道路。

宝剑锋从磨砺出

2001年8月，赵媛被分配到孤山学校任音乐课教师。教学期间，她对艺

2023 年，赵媛在海口举办个人独唱音乐会

术不懈地追求，继续学习深造的梦想一直没有停止。在姑父的引荐下，她前往西安音乐学院跟随专业老师学习声乐。

2002 年 7 月，她参加了当年的高考，遗憾的是文化课因一分之差，无缘西安音乐学院，最后被海口经济职业学院录取。来到了美丽的海南，校园里绿意盎然，郁郁葱葱，她深深地爱上了这里。在大学期间，她的兴趣很广泛，经常和同学一起参加各种活动，去校外当志愿者，假期里去实习，无论多忙，她都坚持歌唱。每天天还未亮，她就第一个起床，去学校体育场晨跑，因为唱歌需要"很足"的气，需要健康的身体。傍晚，她在校园的椰子树下，沐浴着夕阳和晚风，反复练习喜欢的歌曲，风雨无阻，坚持不懈。周末同学们逛街游玩购物，她却独自一人钻进学校图书馆看书学习，引来一些同学的嘲笑，说："学音乐表演的人那么多，有几个能成为歌唱家？不说我们学校，就是海南，又有几个能叫得响的歌唱家？所以，别做梦了……"赵媛不顾同学们的嘲讽，下定决心学好各门功课，同时积极参与校内外各种音乐比赛。2003 年荣获学院艺术实践声乐演唱二等奖，参加海南省权威音乐奖项"金椰奖"比赛，获得优秀奖。因各方面表现出色，她当选为优秀学生干部，获得了奖学金。

2005 年 8 月，赵媛顺利完成学业，并留校工作。其间，她被学校推荐借调到中共海南省委组织部、海南省教育厅工作，2011 年 3 月返回学校在艺术学院担任办公室副主任兼声乐教师，2013 年 3 月由行政岗位正式转为一线教师。

在教学岗位上，她始终严格要求自己。夜深了，她仍在看书、思考、备课。她对教学工作认真负责，所教课程，学生的成绩均在良好以上，在每年学院组织的教师业务素质考核中她都处于优秀位次，受到学院奖励。在认真做好教学工作的同时，她还如饥似渴地汲取知识营养，积极进行学术研究，在多个刊物上发表 30 余篇学术论文。

教学的同时，她始终坚持着自己的歌唱事业。有一次，她在比赛中遇到了时任广西艺术学院音乐学院副院长的龚小平教授。为了向龚教授请教，她每周五下班就直达机场，坐飞机去南宁找龚教授上课，周日下午再返回海口，半年里她没有落下一次课。后来她还利用去北京过春节探亲机会，专门挤出时间参加中国音乐教育家金铁霖老师的培训课。现在回想起来，赵媛都很感谢当初自己的坚持。她的坚持让她学习和掌握了许多演出技巧和舞台表演经验，她又把这些知识和经验传给了她的学生。

2013 年，年仅 29 岁的赵媛在海口经济学院第一次成功举办个人独唱音乐会。

直挂云帆济沧海

赵媛音色纯净甜美，技巧娴熟，细腻而又不乏张力。通过不断的实践和探索，在民族唱法与流行唱法上，她都有着出色的表现，特别是她的歌声具

赵媛荣获 2013 年度金钟奖

有陕北黄土高原委婉悠扬、高亢粗犷的特点，很有感染力。

"台上十分钟，台下十年功"，她付出了辛勤的汗水，最终赢得了鲜花和掌声。2007 年 7 月她荣获海南省第四届金椰奖声乐类民族组优秀奖并被推选参加全国第六届金钟奖大赛；2007 年 12 月荣获中国文联、中国音协举办的全国第六届金钟奖声乐组（民族）复赛入围奖；2008 年 11 月荣获全国新人新作歌手大赛全国总决赛声乐组民族唱法银奖；2009 年 10 月荣获第五届海南省音乐金椰奖暨中国音乐金钟奖海南赛区选拔赛民族组金奖；2010 年 7 月荣获第二届孔雀奖全国高等艺术院校声乐大赛教师组民族唱法银奖；2011 年 5 月荣获第六届海南省音乐金椰奖暨中国音乐金钟奖海南赛区选拔赛民族组金奖；2013 年 5 月荣获第七届海南省音乐金椰奖暨中国音乐金钟奖海南赛区选拔赛民族组金奖；2017 年 5 月荣获第九届海南省音乐金椰奖暨中国音乐金钟奖海南赛区选拔赛民族组金奖，并代表海南省参加全国金钟奖获得半决赛入围奖；2019 年荣获西北音乐节民歌邀请赛一等奖；2021 年荣获"海南省中青年德艺双馨文艺工作者"称号。

赵媛不仅多次应邀参加国内各类大型演出活动，而且还代表海南赴韩国、新加坡、中国台湾、香港、澳门等地进行文艺交流演出。在教学与演出的同时，她还辛勤地创作，先后创作了《望南海》《爱在澜江》《幸福海南》《新的赶考路上》《有一个美丽的地方叫白沙》《都说波莲好地方》《点赞，伟大的党》《向崇高敬礼》等作品。2022 年 10 月她的代表作《潮起海之南》荣获海

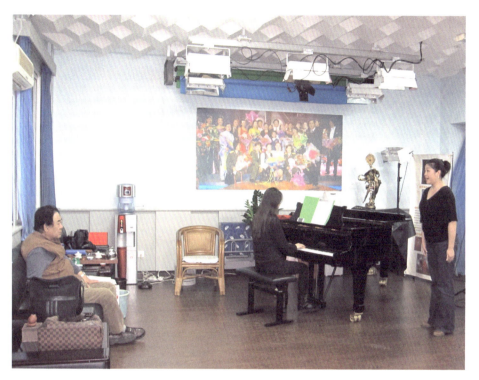

2010 年，赵媛在北京金铁霖老师的课堂上

南省"五个一工程奖"。

2015 年 10 月，她当选为海南省音乐协会秘书长。2018 年 12 月，34 岁的她被评为副教授，同年当选为海南省音乐协会副主席，是当时全国各级音乐协会系统中最年轻的副主席。由于工作出色，乐东县委书记曾两次聘她担任乐东县文化馆馆长，她都婉言谢绝了。

2018 年 12 月，为纪念祖国改革开放四十周年、庆祝海南建省三十周年、海南省技师学院成立六十周年，她在海南省技师学院成功举办"经典传唱"个人独唱音乐会。2023 年 5 月，为了感恩母校、回报海南，她在海口经济学院成功举办了"媛起海南 因为有你"个人独唱音乐会，得到海南省音乐界一致好评。

　　"德为根基，从艺先从德，做艺先做人。坚持以人民为中心的创作导向，为人民放歌，为新时代放歌。以诚挚为民之心扎根新时代的文艺创作，以文艺精品的创作与演绎肩负起文艺工作者的时代担当"，这是赵媛对艺术的理解和追求。

　　从陕北的黄土高坡来到海南岛，赵媛圆了自己的音乐梦。作为一名音乐界后起之秀，她虽然已硕果累累，但并不满足，仍然怀着对音乐事业的无比热爱和执着追求，不断地向前奔跑着。

西南地区

陈蛇

陈蛇，男，汉族，生于1969年1月，府谷县清水镇人。1991年7月参加工作，1988年6月入党，博士，研究员、博士生导师，历任成都市社会科学院院长、四川省社会科学界联合会副主席、成都市政协城建人资环委副主任等职。

中国公交行业的改革者

吴来如

2012 年 6 月 29 日上午，天空晴朗，阳光灿烂，四川省成都市九里堤公交场站内人声鼎沸，中国质量协会的授鼎仪式在这里举行。当中国质量协会会长陈邦柱和成都市市长葛红林缓缓将覆盖在大鼎上的红绸揭开之际，会场上响起了雷鸣般的掌声，一人多高的大鼎映入人们的眼帘，大鼎上镌刻着"中国用户满意鼎"七个醒目的大字。

"中国质量鼎·中国用户满意鼎"活动组委会在《授鼎决定》中写道：鉴于成都公交集团对城市公交改革发展做出的突出贡献，经"中国质量鼎·中国用户满意鼎"活动评审委员会严格评审，决定确立成都公交集团为 2012 年"中国用户满意鼎"全国公交行业唯一授鼎企业。

而在 2006 年 8 月之前，成都市公交集团内部管理混乱，因任务和工资待遇挂钩，公交司机因利益驱动"抢客"，导致事故频发，市民怨声载道，经济效益和社会效益下滑，成为成都市的老大难企业。

为什么一个管理混乱、效益低下、形象较差的企业，在短短几年之内成为"中国用户满意鼎"2012 年度全国公交行业唯一的授鼎企业？这还得从新任公司党委书记、董事长陈蛇说起。

一

陈蛇，1969 年 1 月出生于陕西省府谷县清水镇石山则村一个农民家庭。他自幼聪明好学，1984 年初中毕业后考入榆林师范学校普师班。在校期间，他学习刻苦，成绩优秀，1987 年毕业之际，被保送到榆林师专数学系学习；1988 年加入中国共产党。凭着自己的努力，参加专升本考试，1989 年被陕西师范大学数学系录取，1991 年 7 月毕业，获得理学学士学位。毕业后又回到母校榆林高等专科学校任教。其间，在 1994 年 2 月至 1995 年 7 月到浙江大学经济管理学院做访问学者。任教期间，他一边教学一边认真钻研，于 1996 年 9 月考入西南交通大学经济管理学院攻读研究生，1998 年 6 月毕业，获经济学硕士学位。

毕业后，他被分配到成都工投系统工作，先后担任成都工业投资经营有限责任公司党委委员、副总经理，后兼任成都市国有资产投资经营公司总经理。工作期间，他始终不忘学习，2000 年 4 月至 8 月参加成都市委组织部选送的赴美高级管理人员培训班学习。2001 年 3 月，他又考入西南交通大学经济管理学院，攻读博士研究生，主攻的方向是管理科学与工程。经过六年艰苦的学习与研究，他获得管理学博士学位。一个管理学博士，该放到哪里才能发挥他的最大效益？成都市的领导想到了全市最大的老大难企业——成都公交集团。他们怀着忐忑的心情，把年轻的博士推了上去。

二

成都，四川省省会，也是全国 15 个副省级城市之一。经国务院明确定位的国家中心城市，全市总面积 1.46 万平方公里，常住人口 1600 余万人，其公共交通的重要性不言而喻。成都公交集团成立于 1952 年，是国内比较大的公交企业。然而，进入"十五"期末，成都公交集团却面临着许多困难。2006 年

8月，陈蛇临危受命，出任成都公交集团党委书记和董事长，摆在他面前的是成堆的问题和混乱的局面。经过梳理，陈蛇将成都公交集团所面临的问题归纳为以下三个方面：

一是关键资源被浪费。由于公司连年亏损，为了缓解财政压力，成都公交集团通过招商引资，拿出部分优质线路与外部投资人合作，并在2001年成立了三家合资公司：运兴公司、巴士公司和星辰公司。然而该决定恰似火上浇油、饮鸩止渴，不仅没有摆脱困局，反而加重了财政困难，因为关键资源被浪费了。

各个分公司五脏俱全，整体效率低下。除了运营公交主业外，都拥有场站、修理厂、广告及其他辅助生产机构。各个分公司独立经营，修理厂和场站等公共资源不能共享。2006年，成都公交集团一共有27家修理公司，是全国城市公交中修理厂最多的，由此形成资源浪费，成本居高不下。

赚钱的线路做了赔钱的买卖。城市中不同的线路有完全不同的利润率，每家公司都在争夺优质线路资源，在高利润的线路上增加车辆投放，运营的车次超过了线路的负荷，形成了恶性竞争，本来赚钱的线路做了赔钱的买卖。而非国有运营主体不愿意在低收入的线路上运营，国有公交公司为履行社会责任，保障市民公交出行，不得不在全市各处承担公共交通的职能。2006 年底，集团陷入财务危机。

二是激励制度不当。成都公交集团采用基于运量的工资系统，给予乘客量大的司机高工资。这导致拥有高效率线路的第一公司的经理和员工的工资是第四公司员工工资的 1.5 倍，尽管他们有同样的工作量。前两任董事长也曾试图调整工资制度，但是高待遇单位职工通过上访、罢工来威胁和反抗。迫于压力，为了息事宁人，改革只能作罢。

一线员工工作强度非常大。有时司机和售票员需要连续工作 15 个小时，连上厕所的时间都没有。但是，一线员工每月平均工资只有 1500 元，待遇比工作在二线的管理人员和辅助工作人员还要低。久而久之，导致艰苦岗位没人愿意去，一线员工有情绪，工作不积极，服务质量上不去。

三是公众形象差。一线员工对现状强烈不满而且士气低落，导致负面事件频发。一次，一个压力过大的 54 路车司机在中途命令乘客下车，否则他就将车开进附近的河里。98 路车司机因对公司不满罢工 3 天。那时，关于成都公交集团的报道 90% 是负面的，严重影响了公众形象。至此，成都公交面临政府不信任、乘客不满意、团队没信心、社会没形象的恶性发展怪圈。

三

在此之前，陈蛇从未遇过像成都公交集团这样复杂而又相互关联的难题。可是，市长给他下了"死命令"，要求"一年明显见成效，三年必须将成都公交集团改革成为国内同行业的标杆企业"。

成都公交集团的原任领导和各分公司的负责人认为，这么大的一个集团公司，几任知名的企业家都因改革败退走人，一个"乳臭未干"的白面书生又能怎样？公司里几乎所有的人都认为改革难以成功，准备看陈蛇的笑话。

陈蛇挑着一副沉甸甸的担子走马上任。上任伊始，他不动声色，开了几次会，认识了一起工作的同事，便马不停蹄地来往于各个分公司、修理厂、停车点，向公司的老同志请教，倾听分公司负责人汇报，与一线员工交流谈心，了解他们的苦衷，了解成都公交集团的"前世今生"，寻找问题症结，思考破解难题的方法。经过充分的酝酿，一个改革的蓝图已成竹在胸、跃然纸上。陈蛇凭借自己撰写的《成都公交改革发展战略方案》，在一家商业银行争取了 1.2 亿元的信用贷款。没有声势浩大的动员会，没有大张旗鼓的宣传口号和标语，他的改革计划悄无声息地开始了。

第一步：优化市场结构。

陈蛇突然宣布：将公交集团线路票价降低一半。这个决定出乎所有人的意料，公司连年亏损，入不敷出，再将票价下降一半，这不是将公司推向万劫不复的深渊吗？人家新官上任三把火，他连一个像样的会也没开，却在自己身上开刀，这个人是不是精神有问题？各种议论纷纷。谁也不知道他葫芦里究竟卖的是什么药。

三个月后，三个合资公司终于坚持不住低价票带来的经济损失。资本的逐利性，使私人投资者不愿做赔本的生意，他们希望成都公交集团收回他们的股份。尽管成都公交集团也遭受着巨大的经济损失，但"手中有钱，心中不慌"，陈蛇有 1.2 亿元信用贷款产生连锁反应的数十亿元的授信壮胆，他有足够的资金收回公司先前与人合资的股份，进而把不利竞争因素转化为繁荣市场的活力。2007 年 1 月到 4 月，成都公交集团分别用 8000 万元、3800 万元、1200 万元先后收回运兴、巴士和星辰三个合资公司的外部投资。当这三个合资公司成为国有全资子公司后，所有不理解陈蛇的人终于明白了，原来他这是明修栈道，暗度陈仓。

第二步：优化公交线路。

回购外部股份之后，陈蛇又干了几件在城市公交行业看来惊天动地的大事。一是大量征地，在当时土地市场还不算活跃的情况下，在成都市区出手征用了近2000亩土地；二是每年购置近1500辆高档公交车；三是2008年5月1日起，实施公交2小时内免费换乘。有的领导和员工不理解，不少人骂他是败家子。殊不知，"土地在手，不怕钞票没有"。有了公交用地保障，有了高品质的车辆，有了2小时公交的免费换乘，扫清了实施全面线网优化工作的一切障碍。成都公交集团重新将公交线路划分为东、南、西、北四个部分，将主场站所属的公交线路归为一家运营公司管理，以减少具体线路之间的竞争。通过免费换乘，缩短了一些超长线路，减少了公交配车，加之实施无人售票改革，大大减少了每辆车的人力成本。公交线网优化工作释放了非常丰厚的改革红利，公交载客量迅速提升，抵消了降价带来的损失；线网优化节约的行驶里程，抵消了2小时免费换乘带来的可能损失；有差异票价的空调车普及上马，抵消了高档公交车购置的高投入。改革是系统推进的，整体计算还有结余。此外，成都公交集团还为市民提供更加优质的服务，在利润率低的线路上投放更多的车辆，鼓励市民选乘公共交通出行。

第三步：重新设计组织机构。

一旦关键资源得到控制，组织结构将为适应需求和资源而调整。成都公交集团将维修车间集中到一个公司管理，以便故障车可以就近修理。多家广告部门被整合到一起成立了广告公司，以便提高公交集团市场化拍卖的议价能力。通过公交广告市场的培育，公交车身广告从年每辆车1650元提高到每年35000元，集团广告业务年收益超过1.37亿元人民币，充分显示了市场发现价格的强大魅力。

成立集团财务中心，实行财务集中管理。以往，企业内部的资金分散于下属各二级非法人单位，资金管理效率很低。2007年1月4日，陈蛇组织集团公司以及下属企业负责人召开了一次关于财务集中管理的专题研讨会。经过一天一夜从早到晚三四个小时的"马拉松"会议，终于在凌晨 3 点统一了思想，达成了"集团实行财务集中管理，收回分公司的财权，才能彻底解决企业内部的三角债，才能最大程度发挥集团的资金蓄水池作用，最大限度地提高资金使用效率"的共识。次日上午，陈蛇便召开集团公司党政联席会议，形成了财务集中管理的决议，随后配套建立了财务集中管理信息系统（NC 系统）。之后，企业利润开始涌现，仅就实施资金集中管理一项改革就归并了账外循环资金 2000 余万元。财务集中管理后，账面资金余额大，资金流水高，银行信用评级逐年上升，多家合作银行授信额度超过百亿元。从此，公交集团扭转了资金短缺的窘境。后来，成都公交集团又实行了集中收银改革，将以前分散在各运营公司的无人售票收银清分业务，交由以前只负责 IC 卡销售的票务管理中心统一管理，资金回笼更加快速，资金蓄水池作用更加凸显。

第四步：实行"主辅分离"改革，建立"网运分离"发展模式。

公司按照专业化分工、市场化运作原则，分批实施了公交运营公司主业与保修、场站、物资、票务等保障类辅业的全面分离和考核体系的变革。公交集团负责线网，开设、优化调整线路，制订线路发班计划。公交运营公司按照公交发车时刻表专注于组织安全生产，专心做好运营安全服务。保修、场站公司则集中了全集团的各类专业人才，统筹运用对应资源，专业从事车辆保养维护、场站后勤服务等保障性业务，实现了资源的集约利用，大幅度提高了管理的集中度和专业化水平。驾驶员得以享受就近救急、修车、保养，就近调停、加气、加油、洗车、停放，就近收换投币机内胆和采集 IC 卡刷卡机数据等一条龙服务。他们心情愉快，精神饱满，安全驾驶公交车辆。

第五步：改革工资制度。

为了改变不公平的工资制度，陈蛇借鉴前任因工资改革失败的经验教训，决定实行管理人员轮换制度。线网优化过程中，公交线路、车辆、人员进行了大调整，过去的工资制度已不适应新形势的要求。陈蛇要求各家公司负责确定各自发展的 KPI 指标体系，制定与目标考核相关联的工资改革方案，经过数十次的修订完善，最终形成了分岗位体现绩效的薪酬体系。为了消除频繁的交通事故，陈蛇将驾驶员工资与"安全里程累积"挂钩，极大地增强了驾驶员的安全意识。此外，陈蛇将管理层的激励、晋升同其所在岗位 KPI 考核业绩挂钩，形成奖勤罚懒的人才激励机制。

辅助行业归类合并后，根据员工的技能等级来评定工资，这样不仅消除了改革前薪酬不一的矛盾，而且调动了大家不断提高技术水平和工作能力的积极性。

第六步：提升公众形象。

建立"公开、公平、公正"的组织文化。在 2006 年前，成都公交集团给每个管理人员发放 1200 元用于中秋节购买月饼和水果，但是给普通职员发放的是 50 元。陈蛇说："在吃月饼这个问题上，为什么还要区别对待管理人员和普通职员？或许一线员工对吃月饼更有需求。"从 2006 年起，令职工开心的是管理人员和普通职员都按一个标准，可以在中秋节领到 300 元的过节费。陈蛇深入一线，包括保修车间、公交场站，与职工同吃，并且听取他们的意见和建议。职工因此非常喜欢他，热情地称呼他为蛇哥，亲切之情溢于言表。这一行为很快被其他管理者效仿，拉近了与员工的距离，鼓舞了员工士气。

为了提升公共形象，2006 年底，成都公交集团宣布全面采用中英文双语报站。2007 年 6 月 1 日，实施公交 IC 卡刷卡半价优惠、中小学生 2 折优惠、70 岁以上老人免费政策。2008 年 9 月 16 日，在公交车上安装了电子读卡设备以节省乘客的上车时间。2010 年 3 月在全国公交行业内率先建成智能信息系统，全面安装 GPS 定位系统、高清摄像头、车载电话、车载信息接收系统、车载报警系统、车载语音报站系统，公交服务更加全面周到，市民满意度显著提升。

由于成都公交集团的成功改革，市政府增加了财政支持。2008 年 3 月，市财政预算给予成都公交集团 4 亿元资本金投入，增强企业财务运转实力。为此，成都公交集团进一步加大了车辆更新、基础设施建设、科技创新力度。

仅 2010 年一年，购买 2000 辆高档次公交车，这使成都公交集团的高档次车辆占比达到 78%，乘客换乘更加便利。"5·12"汶川大地震时，集团公司下属"抗震救灾公交车队"和蓉城出租汽车公司以强烈的社会责任感，积极投身到抗震救灾第一线。当夜组织 386 辆出租汽车在第一时间火速奔赴都江堰抗震救灾，第二天成立的 100 辆"抗震救灾公交车队"更是作为抗震救灾应急车队，运送了大量的军人、志愿者、伤员、物资及救护专家，赢得了宝贵的抢救时间，挽救了大量的无辜生命，树立了良好的企业形象。2008 年 10 月 17 日，一位重庆市民在结束成都的旅行后写信给市长："他们的公交车采用双语报站，体现了成都作为一个国际都市的形象。他们的乘客上车井然有序，完全没有插队或者抢座的粗鲁行为。成都市优先考虑公共交通，并在城市道路上划设了清晰的公交专线。公交票价非常便宜，仅 0.5 元／人，还有两小时免费换乘……"

四

三年后，成都公交集团的改革取得了显著的成效。国际 FPT 组织十分关注成都公交的改革实践，在波兰和爱沙尼亚举办的第二届"免费公交学术研讨会"上，陈蛇应邀出席并交流了成都 FPT 项目的做法。国内多家媒体纷纷前来采访，并做了大量报道。上海交通大学教授井润田先生多次对陈蛇进行采访，将成都公交集团的成功改革作为案例写成《用"阴—阳"观念研究中国企业变革》等论文，发表在国际权威学术期刊《组织管理研究》上。

2012 年，陈蛇作为全国公交行业的唯一代表，出席了交通运输部时任副部长冯正霖在京主持召开的道路运输工作座谈会，他在大会上主题汇报了优先发展城市公交的建议。发言内容引起与会人员的强烈反响，交通运输部主办的期刊《运输管理世界》刊发了《陈蛇九问公交》。他的实践与研究，高度契合了 2012 年出台的《国务院关于城市优先发展公共交通的指导意见》精神。

经过 7 年多的不懈努力，陈蛇离职时，成都公交集团资产总额达到 108.76 亿元，在职人员 21963 人，公交车辆 10589 辆，年载客量达 16.29 亿人次，主营收入达 15.6 亿元。企业规模在全国同行业排名第二，在全国率先建立城市公共交通智能调度系统，实施"网运分离"管理模式改革取得实效，使成都公交的生产管理运营居全国领先水平。

成都公交的发展模式引起了全国公交行业的广泛关注，尤其在智能调度、线网优化以及管理模式等方面，在北京、重庆、深圳、武汉、杭州、郑州、济南、西安等地进行了广泛交流推广。

陈蛇用他的勤奋和智慧为了 1000 多万成都人民的社会福利事业做出了

重大贡献，也为促进全国公交行业快速、健康发展提供了"成都方案"，功莫大焉！

五

陈蛇成功了，然而他那进取的脚步从来没有停息。在成都公交集团担任党委书记和董事长期间，于 2010 年 4 月至 2014 年 12 月在四川大学工商管理博士后流动站从事研究工作，成为工商管理方向博士后。2013 年 9 月至今，担任成都市社会科学界联合会党组书记、副主席，兼任四川省社会科学界联合会副主席，西南交通大学兼职教授，管理科学与工程、工商管理专业博士生导师。他是四川省有突出贡献的优秀专家，主持国家社科基金项目 1 项、省部级项目 4 项，主研国家高技术发展计划（863 计划）重大项目 1 项，主研国家自然基金重大国际（地区）合作与交流项目 1 项，主研国家自然科学基金项目 3 项，主研国家社科基金项目 1 项；在《人民日报》《管理世界》《数量经济技术经济研究》《预测》《系统工程理论方法应用》等重要期刊发表学术论文 20 余篇；长期从事企业经营管理和研究工作，在工商管理、交通管理、资本运作、博弈论以及制度设计等领域的研究达到了一定的造诣。

2014 年其牵头的研究成果《城市公共交通优先发展中的若干重大问题与对策研究》获四川省第十六次社会科学优秀成果二等奖；2013 年其学术论文获中国交通企业管理协会颁发的全国交通运输企业科技创新成果二等奖；获得"2013 年全国交通运输企业科技创新人物"荣誉称号；其牵头研发的公共智能调度系统获 2012 年中国信息论坛组委会颁发的"第六届中国通讯与信息化应用优秀成果奖"金奖。他是四川省十二届人大代表，四川省十二届政协委员，成都市第十二次、十三次党代会代表，成都市第十六届人大代表，成都市第十六届政协委员。

陈蛇，这位从黄土高原走出来的山里娃，在他身上有着北方人的坚韧和倔强——永不退却；但也有南方人的精明和灵活——从不固守。凭着自己的聪明才智和坚韧不拔的毅力，一路攀登，一路拼搏，从上小中专开始，一步一个脚印成长为一名国内行业优秀的企业高管，一名管理学、经济学界成功的学者和博士生导师，他是府谷青年的榜样，府谷人民的骄傲！

华中地区

张建国

张建国，1945年7月出生，陕西省府谷县府谷镇杨家沟村人，中共党员，本科学历，工学学士，研究员级高级工程师。一直致力于光学研究和产品开发，先后荣获全国科技大会重大科研成果奖、河南省科技进步一等奖、兵器工业部科技进步一等奖，享受国务院政府特殊津贴专家。

追光而遇　沐光而行

张建国 / 供稿　　刘丽 / 整理

　　《诗经》里有句话说："追光而遇，沐光而行。"这句话也可以借来概括我的职业生涯。我半生都在光学领域里作研究，也可以说是在追光、在沐光。

　　1970 年我参加工作后，一直在光学品生产企业工作，1995 年至 2020 年，担任工厂总工程师。工作近 60 年来，积极上进，勤钻业务，业绩突出，先后荣获全国科技大会重大科研成果奖、河南省科技进步一等奖、兵器工业部科技进步一等奖，发表了涉及光学传递函数测量精度分析、连续变倍望远镜光学系统设计、减色法在彩色工艺中的应用、大视场大相对孔径物镜的设计等内容的多篇论文。2001 年被评为河南省国防工业劳动模范，2001 年至 2010 年被聘为国家国防科学技术工业标准化委员会委员。

少年勤奋　求知若渴

　　我的童年和少年时代都在府谷县度过，青少年的艰苦是我一辈子都难以忘怀的。少年时期的各种苦难变成光，照亮着我的前行之路，变成养分，滋养着我的整个人生。

　　1945 年 7 月，我出生在陕西省府谷县府谷镇杨家沟村。1953 年在本村上小学一年级，上学的第一天祖父送我到学校时说了一句话："读书全凭自用功，先生（老师）只是引路人。"这句话一直作为我学习的座右铭。1955年杨家沟小学与邻村西山村小学合并，小学三四年级学业在西山小学完成。我最为难忘的三位启蒙老师是高聚星、王文广、李秉聪，高聚星老师管理学生极其严格，他的教育思想可用一句话形容，即"教不学，师之堕，不成才，师之过"，完不成作业的学生常常受到责罚。在他的教导下，我养成了勤奋学习的习惯。王文广老师是一位老学究，他要求学生要知其然，更要知其所以然，"学而不思则罔，思而不学则殆"，常以古典文化教育学生，我听后似懂非懂。数学老师李秉聪是一位新文化老师，他锻炼了我的逻辑思维能力。总之，一至四年级我停留在传统的教育思想体系中。

乡村小学没有五六年级，念完四年级后，我考入县城唯一一所高级小学——城关小学（现为府谷第一小学），校长是杜焕成。五年级开设甲、乙、丙三个班，我被分到乙班学习，开设的课程有政治、语文、数学、地理、历史、自然、美术、音乐。班主任白玉洁经常教导我们要努力学习，祖国需要一批有文化的人才。听后我的思想观念有了一个根本的转变，极大地激发了自己的求知欲望。我家距离学校15里，全是沙土路，坑坑洼洼，遇到雨天，路面泥泞不堪，我怕弄脏了衣服，损坏了鞋子，就挽起裤子、提着鞋子光着脚板走路。每天5点起床，得走一个小时左右。尤其是冬天，天寒地冻，一片漆黑，那时山上有狼，周边经常有猪羊甚至小孩被狼叼走。我就和小学伴们采收了大量黄蒿、艾蒿拧结实了，扎紧晒干用来做火把，路上照明的同时也可以吓跑狼。从家里赶到学校上学，中午吃点干粮，下午放学写完作业后，要到傍晚才能回到家中。记得我经常在油灯下熬夜读书，两个鼻孔存积了大量烟油，摸一下手上就像沾上墨汁一样。煤油灯的光亮是我记忆中总也抹不掉的亮色。

那个年代的艰苦，让我一直记忆犹新。当时的经历是现在的学生难以想象的。每到星期天，上山打矿石，一天可赚2角钱，能够买两本书籍；到了暑假，在砖厂踩泥、做瓦、背砖，为的是赚到下学期的学费。我当时的求学之路走得很艰难，但在老师们的言传身教下，我刻苦学习的信念从来没有动摇过，我特别感恩我的启蒙老师们。

1959 年小学毕业后，由于学习成绩优异，我被保送到府谷中学上初中。当时招收四个班，我被分配在三班。在学习科目上，初中是一个转折点，特别是接触到现代科学基础的物理、化学、几何、数学。班主任老师高媛兰经常教诲：要想成为一个对国家有用的人才，就要做到"书山有路勤为径，学海无涯苦作舟"。在她的鼓励下，我找到了学习的乐趣，各门功课成绩优异。初中生活是我人生中极为关键的一段历练。

大学时期的张建国

1962 年我考上府谷中学读高中，当年高中只招收 45 人。那时全国正处于三年困难时期，全家七口人全靠父母劳动维持生活，每天忍饥挨饿、艰苦度日。一家人连正常的生活都难以为继，根本拿不出我上学的书本费、学杂费和生活费。当时府谷中学正在建设阶段，学生每天要参加一个小时的义务劳动，为我这样的困难学生提供了挣生活费的机会。每天打石子、背砖、码土坯，都是苦力活，特别是打石子，需要把大块的石头用铁锤砸成大小均匀的小石子。石头太坚硬，经常会把虎口震裂，手掌磨破。码土坯是个技术活，我掌握得快，干得好，烧砖师傅看在眼里，想收我为徒。

那个年代学生是吃商品粮的，每月供应 18.5 斤粮食，主要以黑豆为主，每顿饭只吃一碗清汤稀饭，其余由野菜、树叶充饥，偶尔看到美味的饭菜，同学们都垂涎欲滴。当时我任班长，记得有一次学校领导让我带领同学们到距离县城 20 多公里的乡下背蔓菁，每人背 20 斤，回到学校，有的同学吃得只剩下叶子。每当我礼拜天回到家中，父母亲连一碗小米粥都舍不得吃，都让给我吃，弟弟们噘着小嘴，用羡慕的眼光看着我。看到这种情景，我心中也是五味杂陈，就向父母谎称学校的生活还可以，后来礼拜天也很少回家了，和同学们一起挖野菜、摘树叶，蒸成窝窝头充饥。在艰难困苦下，有许多同学退学了，到高三时，全班只剩下30人。我的班主任盛思慎老师总是鼓励我们克服困难，坚持学习，反复给我们讲学习的重要性。他常说，如果错过现在这个学习的黄金时期，就会终身遗憾。因为读书不仅可以学到文化知识，还可以滋养人的浩然正气，读书的过程实际上是人的心灵和中华民族伟大智慧相结合的过程，五千年的灿烂文化精髓孕育了华夏儿女的成长，是国家发展强大的根和魂。

现在回想起来，越是在困难时期，越应该刻苦努力，决不能自暴自弃。在那种艰苦环境中，我们不仅增长了文化知识，也磨炼出了坚强的意志，终身受益。经过不懈努力，我们这一届学生大多在事业中有所成就。

1965年我考入西安工业学院（现名西安工业大学）光学仪器专业。入学后第二年，"文化大革命"开始了，一度学业中断。幸好毛主席号召"复课闹革命"，我作为班干部，积极响应号召，动员同学们复课闹革命，在光学工程系里按班级积极组织了复课小组，登门拜访请老师出来授课。在艰难时期我争取正常上课，以学为主，修完了22门基础课和专业课，顺利完成了本科学业，站在了人生新的起点上。

躬耕光学　成就斐然

从起初想通过读书来改变自身命运的朴素情怀，到后来自觉用学到的知识参与到国家的发展事业之中，于我而言，整个人生过程是蜕变，也是升华。

大学毕业后，我于1970年被分配到河南省南阳市镇平县地处深山老林中的三线378工厂工作。当时，知识分子要接受工农兵再教育，首先是体力劳动锻炼三个月。从清晨开始，背砖、挖地，建设三线工厂，直到傍晚，脚

1972 年，张建国设计光学传递函数工作照

也磨破了，腰也累弯了，整天灰头土脸。三个月期满我被分配到仪器车间当工人，每天干完分配给自己的任务后，主动帮助师傅们干铣工、磨工、钳工、铸造工、表面处理等工作，当时自己不怕吃苦，认为现在虽然苦一点、累一点，但正是熟悉产品加工工艺的好机会。通过生产实践，我学到了更多的知识，加深了对理论的理解，为以后从事技术工作奠定了良好的基础。

在 378 厂工作期间，我走访了许多院校和研究所，接触了许多专家学者，虚心向他们学习请教，参阅了大量的国内外技术资料，开阔了视野，增长了知识，提高了自己的科研水平。结合工作实践和专业需要，先后设计了投影式球径仪、曝光量测定仪、彩色合成仪、GCH-1 型光学传递函数测定仪、测角仪、连续变倍望远镜等 12 种新型产品。其中，GCH-1 型光学传递函数测定仪是国家计委下达的研制任务项目，要求兵器工业部（第五机械工业部）所属 378 厂和北京工业学院完成，并成立研制小组，我是五人核心攻关小组成

员之一。项目于 1971 年开始调研，拟定设计方案，1972 年完成产品设计，其中有 6 个大部件，3000 多个零件，我负责其中 3 个部件的设计和整机光学系统的设计。通过查阅大量国内外技术资料，结合当时国内先进工艺水平，采用变频矩形板扫描，完成傅立叶变换，精度小于 2%；设计了离轴抛物面反射镜，波差小于 1/20 波长，攻克了两项关键技术难关。产品设计完成后，我到车间跟踪服务，有些零件亲自制造完成。特别是在产品装配阶段，连续三个月整天工作在车间，每天睡眠不足三小时，埋头苦干了三年，终于完成了研制任务。经兵器工业部鉴定，光学行业泰斗、两院院士王大珩认定：产品性能达到世界先进水平，填补了我国光学行业测试领域的空白。此项目于 1978 年获得全国科技领域重大科研成果奖，当时《人民日报》还进行了报道，这是我一生中最光荣的一件事。

进入 20 世纪 80 年代，国家战略转移，国防工业任务大幅度减少，工厂积极响应国家号召，进入"军转民"时期，我也开始致力于民用产品的研发设计工作。当时，出口望远镜盛行一时，先后设计了 8×21、7×35、10×50 等一系列望远镜产品。民用产品需要降低成本，批量生产。按照这一理念，我又设计了两条生产线，年生产力 10 万具以上，当时 378 厂成为专业生产望远镜的重点厂家之一，产品远销日本和欧美国家，给企业发展带来了新的活力。

1990 年，党中央、国务院决定给做出突出贡献的专家、学者发放政府特殊津贴以示表彰，1991 年开始在全国进行选拔，每两年选拔一次，选拔的条件是科学领域的学科带头人或研究出的科研成果具有创造性和先进性，得到国内外同行专家的公认，达到国内领先水平，或者具有重大技术突破，推动行业内技术进步和国民经济发展并产生了经济效益。我被单位推选入围，从 1993 年开始，终身享受国务院政府特殊津贴，中央财政每月津贴补助为 600 元，这是我一生的巨大荣誉。这是党和国家教育培养的结果，这一奖励时刻鞭策我自己：只有勤奋工作、尽力奉献，才能更好地报效祖国。

1995 年，我担任中央企业 378 厂总工程师。当时，在"深挖洞、广积粮、不称霸"等战斗口号和"靠山、隐蔽、分散"的布局方针指导下建设的三线工厂，已不适应新形势发展的需要，国家要求分批将其搬迁到城市。经国家批准，378 厂从河南省镇平县伏牛山沟里搬迁到南阳市，厂部决定由我统筹兼顾、总体负责新厂生产线的建设和现行生产的技术管理，时间紧、任务重、难度大。

为了保证搬迁工作顺利进行和生产有序衔接，我们采用全面规划、重点突出、分批搬迁的思路。首先在新厂区组建机械零件加工和产品装配两条生产线，新老厂区交叉管理，我每天往返于两地两厂进行协调指导，有效保障了生产运行。我在新厂区除了负责安装设备以外，还要进行技术改造，原设计热能输送管道结构不合理，热能损失大，经过改造实现节能 20%；厂区废水处理消耗药量大，经分析，将工业用水和生产污水分开排放，实现了污水集中处理和达标排放，这一改造工程，受到南阳市的嘉奖。

老骥伏枥　志在千里

随着国家形势发展和政策调整，国防工业转向民用产品生产。过去国防三线工厂相当于一个"小社会"，有医院、学校、商店、运输公司、招待所

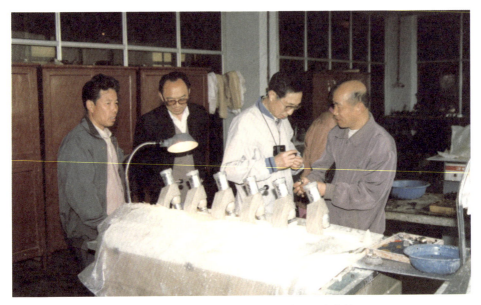

张建国（右一）向兵器工业部领导介绍生产线情况

等，包袱很大、负担太重。从 2000 年开始实行国企改革，逐步分离了后勤保障部门，因为中央企业医院和学校的费用没有纳入地方财政预算，学校和医院无法分离，继续由企业负担。在企改政策下，工厂搬迁费用由国家拨款改为贷款，企业无力偿还。2003 年工厂实行破产改革，砸碎了国有企业的"铁饭碗"，下岗分流人员一次性经济补贴又给企业造成更大的负担，正常运行难以为继。为推动改革，我选择了提前退休，不给企业增添负担。

因有专业技术特长和在国内同行业的影响力，我被中光学集团返聘，继续担任总工程师。几近耳顺之年，工作热情再次激发，我老当益壮，走遍大江南北，翻越高山峻岭，考察地形地貌，研发了全天候无人值守智能监控系统。这个产品主要用于陆、海、边防哨所等领域，能够随时监控外部环境，具有传递视频信息、录像报警、图像识别等功能，大大减轻了边防哨所值勤人员的负担。此产品被推广应用到黑龙江、吉林、辽宁、河北、山东、广西、海南等地的陆、海、边防哨所，发挥了很好的作用，受到一致好评。据军事频道报道，山东边防哨所利用该产品监控，破获毒犯贩运6公斤海洛因案件；广西边防哨所利用该产品破获一起偷渡走私案件，有效打击了犯罪分子。该产品给企业创造了可观的效益，带来了新的经济增长点。2007年4月30日，胡锦涛总书记莅临南阳视察，接见了我们，观看了集团公司的产品演示，并作出重要指示，要求进一步加大创新力度，把眼光放得长远一些，更好地为国防建设服务。胡锦涛主席走到我身边的时候，我紧紧握住胡主席的手，心情万分激动，只说了一句："胡主席好！"这是我一生中最大的荣幸。

2005年至2013年，随着市场经济的发展，产品竞争日趋激烈，产品如果没有创新，很难中标夺魁。多少个日日夜夜，我独坐书房认真思考，反复推敲技术大纲。功夫不负有心人，先后有7个创新产品中标成功。其中一个产品签订合同总额达2亿元。这一时期工作虽然辛苦劳累，历经严寒酷暑，但心情愉悦，我写了一首小诗，抒发感想。

张建国（右二）参加无人值守智能监控系统研究会议

浣溪沙·夺标

晨月西斜藏峻峰，
东方欲晓路蒙蒙。
群山深处响晨钟。
攻艰克难昼夜勤，
翻山涉水九天穹。
夺标欢庆喜悦浓。

2014 年，70 岁的我又被河南华阳装备制造有限公司返聘，再次担任总工程师。至 2023 年，经过努力拼搏，不断创新，相继研制成功六种光电产品，提升了企业活力。特别是 2016 年，短短一年的时间，完成了一个新产品从设计到定型的全部工作，打破了几年才能完成产品定型的工作惯例，受到了国家和上级机关的表扬，首长赞誉说："这是技术革命之星。"今日回想起来，这都是心血和汗水浇筑的结果。2020 年初，新冠疫情暴发，我在家里利用自己的一技之长继续编写产品技术方案。疫情过后，以 90.5 的高分赢得又一个产品竞标成功。

凡心所向，素履以往，生如逆旅，一苇以航。已至古稀之年，不禁感慨万千，我走过坎坷不平之路，尝过酸甜苦辣之味，但始终追随着光明的方向，用一种朴素而坚定的态度去追求自己的梦想。蓦然回首，人的一生真的好像是一场逆行之旅，即便自己拥有一叶扁舟，也要扬帆起航，奋力向前。

作者简介：

刘丽，女，1979 年 8 月生，榆阳区人，供职于府谷县政协文史委。

郝鹏威

郝鹏威，男，1966 年出生，府谷县三道沟人，1988 年毕业于西北工业大学计算机系，1994 年获西北工业大学硕士学位，1998 年获得中国科学院计算机专业博士学位，1999 年被聘为北京大学副教授，2002 年进入英国伦敦大学玛丽皇后学院计算机系工作，2005 年被聘为教授。国际信息与信号处理专家。

世界信息与信号处理专家

吴来如

2000 年 7 月 3 日，法国南部古老的小城，伫立在罗讷河上的珍宝——阿尔勒，地中海海风吹过，湛蓝的天空下显得格外动人美丽。这一天，这座拥有世界七处文化遗产的小城迎来一群来自世界各地的图像编码专家，他们将在这里参加为期四天的"图像编码国际标准化会议"。7 月 5 日上午，在他们下榻的五星级大酒店的会议厅里座无虚席，一位中国青年迈着矫健的步伐登上讲坛，他闪烁着睿智的目光，用流利的英语向参加会议的各国专家报告他的研究成果——《矩阵的 PLUS 分解及其应用》。他的报告轰动了整个会场，他就是走出家乡的骄子、世界信息与信号处理专家——郝鹏威。

潜心研究　成果卓著

郝鹏威，1966 年出生于府谷县三道沟乡松树峁村。在三道沟学校和庙沟门中学读完小学和初中后，1981 年考入府谷中学。1984 年夏天以优异成绩考入西北工业大学计算机系，1988 年毕业并获得工学学士学位。毕业后，他被分配到航空航天部西安飞机设计研究所计算中心任助理工程师和软件工程师。

三年的工作实践，使他深感知识的不足，一个个难题激发了他对计算机领域进行探究的强烈欲望。于是，他一边工作，一边利用业余时间认真学习，于 1991 年考入西北工业大学 CAD/CAM 中心和西安飞机设计研究所攻读研究生，1994 年以优异成绩获得工学硕士学位。同年，因读研期间成绩优秀，得到中国科学院徐冠华院士赏识，免试进入中国科学院遥感应用研究所攻读博士学位，他的主攻方向是"遥感图像处理"。那时他坐在实验室，在导师的指点下，投入遥感图像处理领域，潜心研究，取得了多项科研成果，发表了一系列有价值的论文。由于博士学习期间的优异表现和出色的科研成果，1998 年，他圆满完成学业，并获得了年度中国科学院院长特别奖。他的毕业论文《数字图像空间分辨率改善的方法研究》被评为 2000 年度全国优秀博士学位论文。

1997 年，他还在攻读博士期间就被北京大学聘为信息科学中心讲师，1999 年晋升为副教授。在北大工作期间，他一边给学生上课，一边从事图像编码的研究。随着时间的推移，他在图像编码和矩阵计算方面的研究成果愈来愈丰硕，而且蜚声中外，享誉全球。随之国内外的许多知名大学和科研机构邀他去访问讲学。

2000 年 1—3 月，他应英国萨里大学 Maria Petrou 教授的邀请，在英国萨里大学进行学术访问。

2001—2002 年，他受聘在英国伦敦大学玛丽皇后学院计算机系任博士后研究员。

2002 年 9 月，英国伦敦大学玛丽皇后学院计算机系正式聘他为教师，从事教学和科研工作，并于 2005 年获得终身教职。

2006 年 7—8 月，作为访问科学家，他对微软亚洲研究院进行学术访问。

2008 年 1—4 月，受加拿大渥太华大学信息技术与工程学院院长 Eric Dubois 教授邀请，他作为访问研究员在渥太华大学进行学术访问。

2009 年 1—4 月，应美国佛罗里达大学教授吴大鹏和方玉光邀请，他作为访问教授在佛罗里达大学电子与计算机系进行学术访问。

在这一系列的访问中，他不仅讲授他的科研成果，而且与中外知名教授、

2006 年，郝鹏威在北大的办公室

学者进行了广泛的接触、交流和讨论，极大地扩展了他的视野，对他的研究和实验起到了深远的影响和推动作用。

他在信号处理和图像处理领域都取得了很多重要的科学研究成果，尤其是在线性代数领域提出了一种新的矩阵分解形式——矩阵的 PLUS 分解。该数学领域的研究成果在图像编码中的应用已经成为图像编码的国际标准，在信号采样理论中的应用推翻了一直以来认为的重采样不可复原的观点，在信号变换理论中的应用得到了一类非线性变换——无穷大范数空间的旋转变换。此外，他还在彩色成像领域提出了一种滤色阵列的设计方法和一种通用的解镶嵌方法，这些方法目前是该领域的研究标杆。

他在线性代数、整数变换、信号采样与重建、图像编码、彩色成像、视觉计算等多个领域和研究方向发表科研论文 100 多篇，曾先后 20 多次去十几个国家和地区访问、讲学和参加国际学术会议，从事学术交流、研讨和探索。从取得博士学位以后，他先后培养了 100 多名中外硕士和博士研究生，这些

2005 年，郝鹏威在意大利热那亚开会时留影

学生分布在世界各地，有的已经成为大学教授，有的是科研单位的骨干，还有的是企业的高管，可谓"桃李满天下"。

聪敏好学　心存感恩

　　郝鹏威的童年是在府谷的家乡度过的。他家祖祖辈辈都是农民，只有父亲郝福明赶上新中国成立，才有机会走进学校读书。然而，1966 年正当高中毕业之际，"文化大革命"开始了，郝福明梦寐以求的大学梦破灭了，回到村里参加劳动，两年后出任乡中心小学教师。上高中期间，郝福明是班上的拔尖生，功课门门皆优。郝福明非常喜欢数学，经常在课外钻研这门功课，这为他后来从事数学教学奠定了良好的基础。事实也证明郝福明是一位非常优秀的数学教师，他渊博的知识和高超的教学技艺深受学生欢迎。而郝鹏威之所以有今天的成就，与他父亲的启蒙教育和言传身教是分不开的。

郝鹏威从小就聪敏好学，记忆力很强。到了上小学的年龄，他随父亲上学，吃住在学校里。父亲有很多藏书，郝鹏威除了学习课本知识外，就利用大量时间阅读各类书籍，还会提好多奇怪的问题。父亲十分惊讶，因为他当时是三四年级的小学生，提问的却是初高中学科的问题，诸如风、云、雷、电、雪等自然现象和重力、摩擦力以及化学变化中的问题，父亲有问必答，慢慢地在他上小学的时候，就掌握了很多中学的知识。特别是在数学方面，他似乎有天生的灵感。有一次，三道沟学区考查各校教师，试卷上有一道数学题把所有的教师都难住了。出了考场，六七个教师合力才解决了这道题，可又不确定是否正确，其中一名教师指着正在院子里玩耍的郝鹏威说："听说郝老师这个儿子特聪明，叫过来看他会不会。"于是，有位教师叫他过来，他拿着题看了一眼，便动起手来，他边写边讲，不一会儿就解开了。众人无不惊叹。

郝鹏威从小就很懂事。他兄弟姊妹四个人，全靠父亲每月 30 元的工资和母亲一人劳动挣工分度日。艰苦的生活，在他幼小的心灵中留下了很深的烙印。每到节假日，他总是跟着母亲干些力所能及的活。上学期间，父母有时给几角零花钱，他一直藏着，舍不得花掉。1984 年他考入西工大之后，一个人带着行李到学校报到。临走时父亲只给他带了路费和少量的生活费，等到学习生活正常以后再给他汇款。没想到，父亲一直等他来信要钱，但他写信从不提钱的事。过了一段时间，父亲突然接到一个亲戚发自西安的信，说鹏威好长时间没钱了，每顿饭只吃一两个馍，喝一碗白开水，即使感冒了也不买药吃，硬扛着。母亲知道后泣不成声，埋怨父亲不关心儿子。其实，是他们的儿子深知家里兄弟姊妹多，生活困难，向父母要钱难以启齿。他凭着自己的勤奋与努力，第一学年便获得了学校的奖学金，除了生活学习用度以外，还把剩下的钱交给了父母。

郝鹏威不仅是一位高才生，同时也是一位孝子，始终怀着一颗感恩的心。

参加工作后，虽然非常忙碌，但他总是利用各种机会回家看望父母，哪怕只能回家过一晚也要起早贪黑赶回来。他深深地眷恋着童年时生活过的小山村，虽然父母搬离那小山村已有 30 多年了，可他每次回来，总要去看看，看望还住在小山村里的乡亲。他还拿自己结余下的工资去帮助村里考上大学的孩子们。他也常常惦记着自己接受启蒙教育的小学。有一年他回家时，买了 100 多册图书，赠送给他的母校三道沟学校。上大学的时候，利用假期去府中看望他的老师。在北大和伦敦工作期间，经常去探望他的导师徐冠华院士。现在他虽然身居国外，但经常应邀回国讲学。2018 年 4 月初，四川大学决定将"矩阵的 PLUS 分解及其应用"列入相关专业研究生课程，邀请郝鹏威讲学，他欣然接受，并决定利用暑假回国亲自教授川大学子学习这门课程。国内还有一些大学向他发出邀请，他将根据自己的时间，逐步安排去讲授这门新课。

十年磨剑　终夺桂冠

2000 年之前，在世界范围内，线性代数变换无损实现的问题一直没有解决，图像编码的技术一直采用两种不同的方法进行无损和有损编码。世界顶级的图像编码专家都在寻找一种可以把二者统一起来的方法。郝鹏威用自己熟练的数学知识把这个问题转化为矩阵分解问题，并且在数学上得到了完美的证明。

在这里我们首先了解一下什么是有损和无损压缩编码。无损压缩是对文件本身的压缩，和其他数据文件的压缩一样，是对文件的数据存储方式进行优化，采用某种算法表示重复的数据信息，文件可以完全还原，不会影响文件内容。对于数码图像而言，无损压缩能够完好保存图像数据，不会使图像细节有任何损失，但其缺点是压缩量十分有限压缩效率很低，对于数据量巨大的图像数据而言，总是效率不彰，难以满足图像存储和传输的巨大需求。另一方面，数字图像在获取时，图像本身就保留了很多对人的视觉没有任何

2009 年，郝鹏威在南京开会时留影

影响的冗余信息，这些冗余信息可能对某些图像分析有用，但大多数情况下保留这些冗余信息是没有意义的。有损压缩是对图像本身的改变，在保存图像时去除了图像中的冗余信息，保留了较多的亮度信息，而将色相和色纯度的信息和周围的像素结合，使得信息量大大减少，所以压缩比可以很高，但缺点是图像质量也会相应地下降。

不可否认，有损压缩可以大大减少图像在存储时占用的空间和在传输时占用的带宽，只要对图像质量影响不太大，至少对于人类眼睛的识别程度来说区别不大。在屏幕上观看压缩的图像时，不会发现它对图像的外观产生太大的不利影响。因为人的眼睛对光线亮度比较敏感，光线亮度对景物的作用比颜色的作用更为重要，这是有损压缩技术的基本依据。无损压缩的基本原理是把图像看成是放在一起的数据来压缩，而几乎不考虑人的观看效果。

对于国际标准化的图像编码方法，人们都希望数字图像在原始存储介质上的存储尽量是无损的，而具体用户在存储和传输的时候，为了最大限度地节约存储空间或传输流量，可以根据需要取舍数据，取得一部分数据可以得到高质量的有损压缩图像，而取得全部数据就可以得到无损压缩的原始图像，这就要求从技术上实现图像有损压缩编码和无损压缩编码的统一。如何将有损压缩编码和无损压缩编码有机地结合起来，一直是个世界难题，有许多信息与信号处理专家为之奋斗了一生，但收效甚微，大部分研究进展只是一些很小规模的特殊形式的近似。郝鹏威在借鉴前人研究的基础上，经过艰苦钻研最终通过数学方法将二者统一起来，形成了《矩阵的 PLUS 分解》及其系列理论、方法和应用。

解决了统一图像有损和无损压缩编码的问题以后，压缩方法的研究再也不用分开进行了，而且这一数学理论可以实现很多其他应用。

郝鹏威告诉笔者："编码统一的问题本质上是线性代数里的一个新的矩阵分解问题，这个问题以前没有被发现过。我也是一步一步由浅入深逐步认识和解决的，现在这个问题已基本解决。"

十年磨剑，其中的艰辛，一时难以诉说。为了完成这一科研成果，郝鹏威有过痛苦的思考和不断的探索，有过大胆的假设和小心的求证。功夫不负有心人，经过刻苦的钻研和论证，他终于解决了图像有损和无损压缩编码统一的世界难题。

2000 年 7 月，当他应邀到法国南部城市阿尔勒参加国际标准化组织的图像编码专家组会议时，他的论文还未正式发表。根据会议安排，他报告了他的研究成果。报告一出，石破天惊，引起了轰动。然而许多中外科学家都不相信他把问题完全解决了，随之而来的是质疑和否定。他们不相信抑或是不愿意相信一个初出茅庐的黄皮肤小字辈，能解决困扰了他们多年的世界难题。会议期间，专家组确定由两名美国专家专门对他的结果进行验证，在验证的结果面前，那些金发碧眼的科学家一个个心服口服，不得不对这个中国青年刮目相看。事实上，这个数学成果是图像无损有损编码统一的基础，对应的图像编码方法很快被国际标准化协会图像编码专家组采纳成为国际标准。这个矩阵分解后来又被他发展成一种新的矩阵分解形式，即 PLUS 分解。它的

2014 年，郝鹏威在英国伦敦大学玛丽皇后学院时留影

应用则远远超出图像编码本身。这一成果的取得，奠定了他在国际信息与信号处理行业的地位，郝鹏威也因此成为制定图像编码国际标准的专家。

我国古代伟大的思想家庄子在他的《逍遥游》里描述了鲲鹏展翅九万里的壮观形象。郝鹏威，一个从山村里走出来的孩子，成为名扬世界的信息与信号处理专家，不仅源于他的天赋和勤奋，更源于他的执着和追求。当初父亲给他取名鹏威，正是寄托了父母亲对他的殷切期望，他没有辜负父母亲以及一路的付出和努力。我们也衷心祝愿他像大鹏展翅，直冲九霄，在世界信息与信号处理科学领域再创辉煌，为人类认识世界做出更大的贡献。

后　记

　　府谷县政协本着"存史、资政、团结、育人"之目的，启动编写"人物系列丛书"，先后已出版《走进府谷的他乡人》和《走出家乡的府谷人》两本书，得到社会各界的广泛好评。为了做好新时期文史工作，2022 年县政协再编"人物系列丛书"，将书名确定为《天南地北府谷人》，辑录"家乡骄子"32人，编排以人物所在区域和来稿先后为序。由于本书的容量有限，后期征集到的稿件，我们将继续列入"人物系列丛书"中予以编辑出版。

　　在本书的编写过程中，按照编委会的统一安排，政协文史工作人员和文史资料员根据各界人士提供的资料和线索，先后到北京、上海、南京、西安、济南、深圳等地进行专访，与家乡骄子们进行交流，了解他们的工作及生活情况，受到家乡骄子们的普遍欢迎和大力支持。

　　在成书过程中，编辑人员本着实事求是的原则，认真审阅修改稿件，多次和本人、作者联系，做了大量工作，付出了辛勤劳动；走出家乡的骄子们密切配合，社会各界人士大力支持，为本书的编辑出版做出了积极的贡献，在此一并致谢！

　　由于编者水平有限，书中的错误和疏漏在所难免，敬请广大读者提出宝贵意见。

《天南地北府谷人》编委会

2023 年 12 月

2022 年 7 月，采编组和高海清（前排左一）、王建国（前排左二）、张玉玺（前排左三）、陈军（后排右一）在一起

2023 年 4 月，采编组和贺建刚（右五）、李二占（右四）在一起

采编组正在校稿中

2023 年 6 月，采编组在西安采访郭利平（右列中）

2023 年 6 月，采编组和杨卫明（右二）在一起

2023 年 6 月，采编组正在采访赵媛（左二）

2023 年 7 月，采编组和杨振华（中）在一起

2023 年 9 月，采编组和付瑞吉（中）在一起

2023 年 10 月，采编组和付峰（右二）在一起

政协主席尚建林（左三）、副主席谭玉山（左五）听取采编组汇报

采编组成员合影

《天南地北府谷人》编委会议

图书在版编目（ＣＩＰ）数据

天南地北府谷人 / 中国人民政治协商会议陕西省府
谷县委员会编 . -- 北京 : 中国文史出版社 , 2023.12
ISBN 978-7-5205-4502-0

Ⅰ . ①天… Ⅱ . ①中… Ⅲ . ①文史资料—府谷县
Ⅳ . ① K294.14

中国国家版本馆 CIP 数据核字 (2023) 第 231005 号

责任编辑：李晓薇

出版发行：中国文史出版社
社　　址：北京市海淀区西八里庄路 69 号　邮编：100142
电　　话：010-81136606　81136602　81136603（发行部）
传　　真：010-81136655
印　　装：廊坊市海涛印刷有限公司
经　　销：全国新华书店
开　　本：787mm×1092mm　1/16
字　　数：310 千字
印　　张：23
印　　数：3000 册
版　　次：2024 年 2 月北京第 1 版
印　　次：2024 年 2 月第 1 次印刷
定　　价：128.00 元